DER GROSSE GU KOMPASS

CORNELIA NITSCH

Alte Vornamen neu entdeckt

W0355607

Karl

Theo
Matteo

Peter
Philipp
Florian
Fabian
Erik
Moritz
Tobias
Jan
Niklas
Jonas
Hannes

Mathis
Tom
Felix
Jakob
Emil
Nils
Lasse
Hendrik

Schmeling

Über die Autorin

Cornelia Nitsch hat Soziologie studiert und war viele Jahre lang Redakteurin bei verschiedenen Elternzeitschriften. Heute arbeitet sie als freie Journalistin und gilt als eine der erfolgreichsten deutschen Autorinnen von Elternratgebern. Bei GU sind von ihr unter anderem die Titel »Vornamen« und »Kinder gezielt fördern« erschienen.
Sie lebt mit ihrem Mann bei Bad Tölz und ist Mutter von vier inzwischen erwachsenen Söhnen.

INHALT

Ein Wort zuvor

Früher war die Namenswahl kein Thema: Ein Junge hieß einfach Johann, ein Mädchen Maria. Oder das Baby wurde nach Mutter oder Vater, Paten oder Großeltern benannt. Heute suchen werdende Eltern sorgfältig einen individuellen Namen für ihr Baby aus. Sie beschäftigen sich intensiv damit, den »richtigen«, passenden Namen zu finden.

Alte Namen neu entdeckt

Lagen vorübergehend Namen im Trend, die von fernen Ländern und Abenteuern erzählten, sind heute eher die klassischen, bodenständigeren im Gespräch, etwa Karl und Karla, Hans und Hanna, Paul und Paula. Die Kinder von heute bekommen wieder Namen, die schon zu Großmutters Zeiten gefragt waren und auch viel früher. Dazu kommt: Ein Vorname allein tut es heute nicht mehr. Doppelnamen, Zweit- und Drittnamen sind wieder aktuell, mal mit, mal ohne Bindestrich. Vor Jahrzehnten gab es einen gegensätzlichen Trend – so schnell ändern sich die Namensmoden.

Warum sind alte Namen heute wieder so gefragt? Sie klingen gut und sind oft einfach zu schreiben. Und sie verkörpern in unserer schnelllebigen Zeit ein Stück Stabilität und Kontinuität, ein Quäntchen Sehnsucht nach überschaubarem Leben. Mit einem traditionellen Namen wollen Eltern ihrem Kind vielleicht auch Werte mitgeben, die wieder ins Gespräch gekommen sind. Viele sind an der Vergangenheit interessiert, an unseren kulturellen Wurzeln und den unterhaltsamen, spannenden, manchmal tragischen Geschichten, die mit alten Namen verknüpft sind – Geschichten von Menschen, die ein aufregendes Leben geführt, die in ihrer Zeit Spuren hinterlassen haben. Manche dieser Ahnen taugen zum Vorbild für kommende Generationen und beflügeln unsere Fantasie. Etwa heldenhafte Heilige, begnadete Künstler, legendäre Figuren der Literatur, geniale Wissenschaftler, große Staatsmänner und -frauen …

Der große GU Kompass »Alte Vornamen« begleitet Sie bei der Suche nach einem Vornamen für Ihr Kind, gibt Hilfestellungen und Hinweise darauf,

- woher die Namen stammen und was sie bedeuten, welche Figuren und Geschichten mit ihnen verbunden sind,
- was ihre besondere Ausstrahlung ausmacht,
- welche Kose- und Spitznamen sich aus den Namen ergeben können (oft sind die Kurzformen sogar besonders ansprechend, nicht selten ganz eigenständige Formen),
- welche verwandten Namensformen es gibt,
- wie die Namen in anderen Ländern heißen, in denen sie üblich sind.

Der Kompass lotst Sie durch die unerschöpfliche Fülle alter Vornamen – übliche, unübliche, kurze, lange, deutsche, französische, italienische … Darüber hinaus finden Sie viele wertvolle Informationen, die Ihnen helfen, sich bei der Namenswahl zu orientieren (siehe Übersicht Seite 223).

Vornamen – ein Spiegel der Zeit

Angehenden Eltern ist wichtig, dass ihr Kind seinen Namen mag, denn es trägt ihn sein Leben lang als Teil seiner Persönlichkeit. Die auf den ersten Blick so private Entscheidung wird durch immer neue Faktoren beeinflusst. Spielten zum Beispiel früher religiöse Vorbilder eine entscheidende Rolle, kamen mit der Verweltlichung neue Vornamen auf. Oder alte Namen wurden in neuem Licht gesehen: Während manche Eltern, die ihr Kind heute Franz oder Elisabeth nennen, an Heilige dieses Namens denken, freuen sich andere eher an der praktischen Einsilbigkeit des Namens oder denken an die stoische Gelassenheit der Queen. Oder ein jahrzehntelang verpönter Name wie zum Beispiel Emma ist plötzlich wieder sehr gefragt – dank eines Kinohits, in dem eine Emma ihren Charme versprüht.

Ich wünsche Ihnen viel Vergnügen beim Schmökern in den alten »Namens-Geschichten«. Vielleicht ist ja auch für Ihr Kind genau der richtige Name dabei!

Cornelia Nitsch

Mädchennamen von A bis Z

Abelina: weibliche Form von Abel. Bedeutung: Wind, Hauch. Auch Kosename für Namen wie →Apollonia oder →Alberta. Abkürzungen: Alia, Alja, Lina, Line.

Abigail: beschwingt, heiter. Ein biblischer Name. Aus dem Hebräischen. Bedeutung: Vaterfreude. Vor allem in Großbritannien beliebt. In der Bibel ist von einer schönen, klugen Abigail die Rede, die versucht, →David, den zweiten König von Israel, vor üblen Racheattacken zu bewahren. Sie ist so eindrucksvoll, dass David sich entschließt, sie zur Frau zu nehmen. Die Stelle ist eine der wenigen in der Bibel, in denen eine Frau die zentrale Person ist. Abkürzungen: Abbi, Abbie, Abby, Alja, Gail.

Ada, Adda: schlicht, schnörkellos. International. Ein biblischer Name. Aus dem Hebräischen. Bedeutung: die Schmucke, Edle. Die Ada aus der Bibel ist eine unter mehreren Frauen des Esau. Sie gilt als Urmutter, auf die sich viele Nachkommen berufen. Der Name Ada wird aber auch als Kurzform von →Adelheid verstanden. Eine Ada aus dem 19. Jh.: Ada Christen, die eigentlich Christiane von Breden hieß, nach dem Tod des Vaters ihr Geld als Blumen- und Handschuhverkäuferin verdiente, schließlich Schauspielerin wurde. Veröffentlichte Gedichte, die wegen ihrer erotischen und sozialen Inhalte Aufsehen erregten, später auch Bühnenstücke und Erzählungen.

Adalberta, Adelberte: weibliche Form von Adalbert. Aus dem Althochdeutschen. Bedeutung: edel und glänzend. Ein zu Beginn des 20. Jh. entdeckter Himmelskörper heißt Adalberta – ein sehr kleiner Asteroid, der nur geschätzte sieben bis fünfzehn Kilometer Durchmesser hat. Niederdeutsche Kosenamen: Abelke oder Abelina, Abeline. Abkürzungen: Ada, Adda, Alja, Berta, Berte. → Alberta.

Adela, Adele: abgeleitet von Namen wie → Adelheid, Adelaide. Aus dem Althochdeutschen. Bedeutung: edel. Seit Jahrhunderten in Königshäusern und bei Adelsgeschlechtern beliebt. Schon im 11. Jh. wurde eine hoch gebildete, einflussreiche Tochter von → Wilhelm I., Herzog der Normandie und König von England, auf den Namen Adela getauft. Im 12. Jh. hieß die dritte Frau von Ludwig VII., König von Frankreich, Adela von Champagne. Verfügte als Regentin über viel Macht. Aus dem 19./20. Jh.: Adele Sandrock, talentierte Theaterschauspielerin, erfolgreicher Filmstar – eine berühmte Künstlerin. In Frankreich: Adèle; in Italien: Adelia, Adelina; in Spanien: Adelita. Kosenamen: Adalie, Adeline, Adelina, Alina, Aline. Abkürzungen: Ada, Alja, Lia, Line.

Adelaide: wohlklingend. Seit dem 18. Jh. bekannt. Aus Frankreich importiert und von → Adelheid abgeleitet. Erinnert auch an die gleichnamige Küstenstadt in Australien, zu Beginn des 19. Jh. nach der englischen Königin Adelaide benannt. Kosenamen: Adalie, Adelina, Adeline, Alina, Aline. Abkürzungen: Ada, Alia, Alja, Lia, Line.

Adelgund, Adelgunde, Adelgundis: klingt nach Mittelalter und dem Leben auf den Burgen. Aus dem Althochdeutschen. Bedeutung: edel und Kampf. Im 7. Jh. gibt es eine heilige Adelgunde (7. Jh.), die aus dem Merowinger Königshaus stammte, ein Kloster gründete und viel für die Armen tat. Namenstag: 30. Januar. Kosenamen: Adelina, Adeline. Abkürzungen: Ada, Adda, Alja, Alya, Gundel, Gundis, Aletta, Alette.

Adelheid, Aleid, Aleida, Alheid, Alheide, Alheidis: aus dem Althochdeutschen. Bedeutung: von edlem Wesen. Im Mittelalter ganz oben auf der Hitliste beliebter Mädchennamen. Bereits im 10. Jh. war der Name bekannt. Als besonders edel galt Adelheid von Burgund, mit Kaiser → Otto I. vermählt. Sie wurde als liebreich und großzügig gepriesen. Namenstag: 16. Dezember. Mit der Romantik im 18./19. Jh. kam der Name erneut in Mode. Im 20. Jh. weniger aktuell.

In England: Adelaide; in Frankreich: Adélaide, Adaliz, Aliz. Kosenamen: Alida, Alide, Adelina, Adeline, Aleka, Alke, Alkje, Alesia, Aletta, Alette. Abkürzungen: Ada, Adda, Alda, Aleida, Aleide, Alia, Aliz, Alja, Heide, Heidi, Lida, Theda.

Adelind, Adelinda, Adelinde, Adelindis: klingt nach einer sanften Brise. Aus dem Althochdeutschen. Bedeutung: edel, sanft. Ein bereits im 9. Jh. bei französischen Adeligen bekannter Name. Kosenamen: Adelina, Adeline, Aleka, Alenka, Aletta, Alette, Alida, Alide, Alina, Aline. Abkürzungen: Ada, Adda, Alia, Alja, Linda, Linde, Lina, Line.

Adelmut, auch **Almod, Almudis,** neuere Formen: **Almud, Almut, Almute, Almuth, Allmut, Allmuth:** aus dem Althochdeutschen. Bedeutung: edel und Geist, Gemüt. Im 15. Jh. ist schon von einer Almuth aus dem Norden die Rede: Tochter des Friesenkönigs Ulrich. Abkürzungen: Ada, Adda, Alda.

Adeltraud, Adeltrud: erinnert an Ritterspiele und Minnesang. Aus dem Althochdeutschen. Bedeutung: edel und Kraft. Kosenamen: Traudel, Traute, Trude. → Edeltraud.

Adina: ein biblischer Name. Aus dem Hebräischen. Bedeutung: weich, zart. Einst vor allem in Italien gebräuchlich. Bekannt durch die Oper »L'Elisir d'Amore« von Gaetano Donizetti, in der sich der schüchterne Bauer Nemorino in die junge, reiche Pächterin Adina verliebt. Abkürzungen: Ada, Adda, Dina.

Adriana, Adriane: in vielen Ländern bekannt und beliebt. Weibliche Form von Adrian. Aus dem Lateinischen. Bedeutung: vermutlich von einer Ortsbezeichnung (Hadria) abgeleitet. Berühmt ist das Liebesverhältnis zwischen dem erfolgreichen Feldherrn → Moritz von Sachsen und der berühmten Tragödin Adrienne Lecouvreur (18. Jh.), auch Gegenstand einer italienischen Oper von Francesco Cilea. In Frankreich und England: Adrienne; in den Niederlanden: Aria; in Rumänien: Riana. Abkürzungen: Ada, Ana, Ria.

Aemilia, Aemilie: → Emilia, Emilie.

Agatha, Agathe: aus dem Griechischen. Bedeutung: gut. Schon im 3. Jh. ist von einer Agatha in Catania die Rede, die mehrmals vor Ausbrüchen des Vulkans Aetna warnte. Wird seitdem als Schutzpatronin verehrt. Ihr Tod als Märtyrerin ist von Malern wie Tintoretto, Verones, Tiepolo, van Dyk dargestellt worden. Namenstag: 5. Februar. Im 19. Jh.: In der Oper »Freischütz« von Carl Maria von Weber spielt eine Agathe mit. Mit den Jahren wurde der Name jetzt immer beliebter. Einige Jahrzehnte später ist Agatha Christie besonders gefragt: eine englische Schriftstellerin, die mit ihren Büchern Krimi-Geschichte schrieb. In Italien: Agata, Agatina; in Dänemark, in Schweden: Agda. Abkürzungen: Agda, Aga, Agi, Aggi, Aggie.

Aglaia: blumig und anmutig. Aus dem Griechischen. Bedeutung: Glanz. In der griechischen Mythologie zählt Aglaia, so lieblich wie ihr Name und Tochter von Zeus und Eurynome, zu den drei Chariten, den Göttinnen der Grazie. Sie heiratete den König Abas von Argos, ihre Kinder waren die Zwillinge Proitos und Akrisios. Abkürzungen: Aga, Agi, Aggi, Lia.

Agnes, Agnesa: ursprünglich aus dem Griechischen. Bedeutung: die Reine. Agnes ist ein schönes, zartes Mädchen zur Zeit der Christenverfolgung. Der Legende nach wies sie den Sohn des römischen Präfekten ab, der Agnes deshalb verriet. Sie starb als Märtyrerin, wurde später heilig gesprochen. Namenstag: 21. Januar. Im 11. Jh. ist Agnes von Poitou mit Kaiser → Heinrich III. verheiratet. Nach dem Tod ihres Mannes ist die Kaiserin, stellvertretend für ihren Sohn, zehn Jahre lang Regentin des Heiligen Römischen Reiches – im Mittelalter keine leichte Aufgabe für eine Frau, an der sie letztlich auch scheiterte. Im 15. Jh.: Agnès Sorel, attraktiv, klug, wird die Geliebte des französischen Königs Karl VII. Gerüchte sagen, sie sei später ermordet worden, vielleicht sogar von Karls Sohn, dem späteren Ludwig XI. Aber Genaues weiß man nicht. Eine weitere Berühmtheit aus dieser Zeit: Agnes Bernauer, zart und blond, heimlich mit dem bayerischen Thronfolger Albrecht verbandelt, wurde wegen dieser unstandesgemäßen Liebe verhaftet und umgebracht. Friedrich Hebbel und Carl Orff haben ihre traurige Geschichte Jahrhunderte später erzählt. In Italien: Agnese, Agnete; in Spanien: Inés; in Schweden: Agda, Agneta, Agnetha. Abkürzungen: Ada, Agda.

Welche Namen sind erlaubt?

Bei der Eintragung durch den Standesbeamten gibt es Schwierigkeiten, wenn der gewünschte Vorname

- Anstoß erregt und die Persönlichkeitsrechte des Kindes verletzt,
- eine lächerliche Wirkung erzielt,
- äußerliches Zeichen einer extremen Gesinnung ist,
- das Geschlecht des Kindes nicht erkennen lässt. (Soll ein Kind einen Namen tragen, der sowohl für Jungen als auch für Mädchen in Frage kommt, etwa Kay oder Andrea, braucht es einen eindeutigen Zweitnamen.)

Innerhalb dieses behördlich vorgegebenen Rahmens dürfen Eltern aber durchaus auch neue Namen erfinden beziehungsweise eigene Abwandlungen gebräuchlicher Namen angeben. Eine Freiheit, von der immer mehr Eltern Gebrauch machen.

Aida: alt, aber selten. In Spanien jedoch auch heute öfter zu finden. Vermutlich aus dem Arabischen. Bedeutung: zurückkehren. Bekannt geworden durch die Oper gleichen Namens von Giuseppe Verdi. Darin wird die tragische Liebesgeschichte zwischen der nubischen Prinzessin Aida und dem Heerführer Radames erzählt. Abkürzung: Ida.

Aja: kurz und klangvoll. Aus dem Italienischen. Bedeutung: die Hüterin. Zur Zeit der Karolinger bereits im Gespräch, wie die folgende Geschichte zeigt: Goethes Mutter (18./19. Jh.) wurde Aja genannt, auch von ihrem Sohn. Der Grund: Sie hatte gerne viele Kinder um sich, so wild und wüst wie die Rangen aus der damals beliebten Heldendichtung von den vier Heimonskindern, die am Hof Karls des Großen ihr Unwesen getrieben haben sollen und deren geplagte Mutter Aja hieß. Der wahre Name von Frau Goethe war übrigens Catharina Elisabeth.

Alba: klang- und geheimnisvoll. Aus dem Lateinischen. Bedeutung: weiß. Diesen schlichten, schönen Namen trägt eine besonders edle, zart duftende Rosensorte, die bereits in den Gärten der alten Griechen und Römer kultiviert wurde. Sie ist eine der Urformen unserer heutigen Rosenvielfalt: Rosa Alba. Eine der Rosa-Alba-Züchtungen, leicht rosa gefärbt, heißt übrigens Amelia (→ Amalia).

Alberta, Alberte, Albertina, Albertine: weibliche Form von Albert. Bedeutung: edel, glänzend. Lange als Fürstenname gefragt. Aus dem 18./19. Jh.: Königin Luise von Preußen hatte eine heiß geliebte Großmutter, Marie Luise Albertine. (In dieser Phase waren Namen mit der Endung »-ine« besonders in Mode.) Der Name Alberta erinnert auch an eine Provinz Kanadas mit weiten Prärie- und dramatischen Berglandschaften, benannt nach Prinzessin Louise Caroline Alberta, Herzogin von Argyll, (19./20. Jh.), ein Mitglied der britischen Königsfamilie, das in Kanada sehr beliebt war. Abkürzungen: Alja, Allie, Ally, Berta, Berte, Tina, Tine. → Adalberta.

Alcina: ein Fantasiename. Im 18. Jh. bekannt geworden dank der betörenden, gefährlichen Zauberin aus der gleichnamigen Oper von → Georg Friedrich Händel: Alcina lockt etwas unbedarfte Rittersleute in einen wundervollen Palast auf ihrer Insel, um sie in wilde Tiere, Steine und Wellen zu verwandeln. Abkürzungen: Ally, Cina, Ina.

Alda: gilt als Kurzform von → Aldegunde. Aus dem Althochdeutschen. Bedeutung: edel. Schon in karolingischen Epen vom sagenhaften → Roland hieß die Braut Alda. Daran erinnert auch das Gedicht »Donna Alda« von Joseph von Eichendorff. Kosename: Aldina.

Alexandra, Alexandrina, Alexandrine: traditionell, immer beliebt. Weibliche Form von Alexander. Aus dem Griechischen. Bedeutung: schützen, verteidigen und der Mann. Auch ein Heiligenname. Namenstag: 21. April. Im 18./19. Jh. besonders in Königs- und Fürstenhäusern beliebt. So hieß die letzte russische Zarin Alexandra. Etwas früher: eine hellwache Alexandra Petronella Francina Tinne, Afrikaforscherin, kämpfte mutig gegen den Menschenhandel, unternahm viele Reisen, um etwas für die Gefangenen tun zu können. In Irland: Ailis; in Italien: Alessandra; in Polen und Russland: Aleksandra, Aleksascha. Kosenamen: Alessa, Alessia, Alexandrina, Alexandrine, Aljona. Abkürzungen: Alex, Alexa, Alexia, Alexis, Alia, Alja, Alix, Sascha.

Alfrada, Alfreda, Alfredina: heute fast vergessen. Abgeleitet von Alfred. Aus dem Altenglischen. Bedeutung: Elf und Rat. Abkürzungen: Ally, Freda.

Alice: klingt nach Leichtigkeit des Seins. Abgeleitet von → Adelheid oder den älteren Formen Adaliz, Adaliza, Aliz. Aus dem Althochdeutschen. Bedeutung: von edlem Wesen. Im 13. Jh. hieß die Tochter Eduards I., König von England, Alice. Nicht nur von Kindern hochgeschätzt: Alice im Wunderland, eine Schöpfung des britischen Schriftstellers Lewis Carroll (19. Jh.). In England: Adeliz, Alison; in den Niederlanden: Alisia; in Polen: Alicja; in Spanien: Alicia. Kosenamen: Alesia, Alisa, Alinda, Alinde, Allissa. Andere Formen und Abkürzungen: Alison, Alix, Allison, Liz.

Alina: → Adelind, → Helena.

Allegra: aus dem Italienischen. Bedeutung: heiter, munter. Schon im Spätmittelalter präsent. Im 19. Jh. hieß eine Tochter des romantischen englischen Dichters Lord Byron Allegra. Von ihrer Mutter Claire Clairmont soll sie → Alba gerufen worden sein. → Arabella. Abkürzungen: Alli, Allie.

Alma: gibt es in Spanien, Ungarn, Skandinavien, jeweils in einer anderen Bedeutung. Ursprünglich aus dem Hebräischen. Bedeutung: junge Frau. Auch aus dem Lateinischen. Bedeutet dann: die Nährende. Gilt dazu als Abkürzung von → Amalia, Amalie. Berühmt im 19./20. Jh.: Alma Mahler-Werfel, Künstlerin, Muse, mit dem Komponisten Mahler, dann mit dem Architekten Gropius, danach mit dem Dichter Franz Werfel verheiratet. Wegen ihres Charmes, ihrer Schönheit, ihrer ganzen Persönlichkeit immer umworben.

Almut: → Adelmut.

Aloisa, Aloisis, Aloysia: im Süden nicht unbekannt. Weibliche Form von Alois. Aus dem Althochdeutschen. Bedeutung: vollkommen, weise. Abkürzungen: Alis, Loisa.

Alwina, Alwine: weibliche Form von Alwin. Aus dem Althochdeutschen. Bedeutung: edel und Freund. Im 18./19. Jh. besonders beliebt. In England: Alwyne; in Skandinavien: Alvina. Abkürzungen: Ina, Winni, Winnie.

Amalia, Amalie, Amelie, Amelia: liebenswert, luftig. Abgeleitet von Amalberga, Amalburga, Amalfrieda. Aus dem

Althochdeutschen. Bedeutung: tapfer. Lässt sich eventuell auf das ostgotische Königsgeschlecht der Amaler zurückführen. Im 18./19. Jh. recht beliebt. Durch Johann Wolfgang Goethe und durch die nach ihr benannte Bibliothek in Weimar bis heute im Gespräch: Herzogin Anna-Amalia von Sachsen Weimar. Eindrucksvoll auch: Amalie von Gallitzin, munter, geistreich, musikalisch, gebildet und dazu schön. Tochter eines preußischen Feldmarschalls. Heiratet einen russischen Fürsten. Lernt Voltaire, Diderot und andere Größen ihrer Zeit kennen. Kämpft für die Erneuerung des deutschen Katholizismus. In England: Amely; in Frankreich: Amélie. Koseform: Amina. Abkürzungen: Alma, Amei, Ami, Amy, Ammy, Lia, Mila, Mina, Mine.

Amata: aus dem Lateinischen. Bedeutung: geliebt. Unter anderen erzählt Vergil von einer Amata, in der römischen Mythologie die Frau von König Latinus. Ihr Leben ist eine große Tragödie. Im 13. Jh. gab es eine heilige Amata, Nichte der Klara von Assisi. Sie führte ein ausschweifendes Leben, bis sie in den Klarissenorden eintrat. Namenstag: 20. Februar. In Frankreich: Aimée. Abkürzungen: Ada, Ata, Mata.

Ambrosia: weibliche Form von Ambrosius. Aus dem Griechischen. Bedeutung: göttlich. Ambrosia ist der Legende nach ein Trank, eine Salbe, ein duftender Balsam – ein Lebenselixier, dem die griechischen Götter ihre Schönheit und Unsterblichkeit verdankten. Abkürzungen: Amy, Sia, Sita.

Anastasia: aus dem Griechischen. Bedeutung: vom Tode auferstanden. Seit dem 5. Jh. feiert die Kirche eine Anastasia, die im 4. Jh. verfolgten Christen ihre Qualen erleichtern wollte. Namenstag: 25. Dezember. 19./Anf. 20. Jh.: Eine Tochter des letzten russischen Zaren Nikolaus II. hieß Anastasia. In England: Anstice; in Russland: Anastasija. Abkürzungen: Ana, Assia, Asta, Nanja, Naschda, Nastja, Stase, Stasi, Stasia, Sita, Tasja, Tassia.

Andrea: weibliche Form von Andreas. Aus dem Griechischen: Bedeutung: tapfer, tüchtig. Kam mit anderen griechischen Namen der Antike nach Palästina und wurde so zum Apostelnamen. Seit dem 18. Jh. gleichbleibend beliebt, in den fünfziger Jahren des 20. Jh. ein Modename. In

A

Frankreich: Andrée; in Irland: Aindrea; in Italien: Andreana, Andreina; in slawischen Ländern: Andreana, Andriana, Andrijana. Abkürzungen: Ana, Andi, Andie, Anja, Rea.

Angela, Angelia, Angelina, Angeline: aus dem Griechischen/Lateinischen. Bedeutung: Engel. Im 16. Jh. wurde der Ursulinenorden von einer Angela geführt, die sich sehr für das Wohl von Kindern einsetzte. Namenstag: 27. Januar. In Frankreich: Angèle, Ange; in Polen: Aniela. Abkürzungen: Ana, Angie, Ela, Geli.

Angelika, Angelica: abgeleitet von →Angela. Aus dem Griechischen und Lateinischen. Bedeutung: Engel. Im 18./19. Jh. wurde Angelika Kauffmann berühmt, eine einfühlsame, professionelle Porträtmalerin von europäischem Rang. Ihr erster Mann entpuppte sich als Hochstapler. Mit ihrem zweiten Mann lebte sie glücklich in Rom. Kannte viele bedeutende Italienreisende wie Herder und Goethe. Im 19./20. Jh.: Henriette Angelika Hartmann, eine deutsche Pädagogin, setzt sich maßgeblich für den Ausbau des Kindergartenwesens ein. In Frankreich: Angélique; in Russland: Gelja. Abkürzungen: Ana, Angie, Ika, Lica, Lika.

Anima: klingt modern, war aber schon bei den alten Römern bekannt. Aus dem Lateinischen. Bedeutung: Seele, Atem. In einer Verserzählung aus dem 14. Jh. von William Langland erklärt eine Anima den Sinn der Nächstenliebe. Kosenamen: Ima, Nina, Ninni, Mimi, Mimmi.

Ann, Anna, Anne, in vielen Ländern auch **Ana:** aus dem Hebräischen. Bedeutung: die (von Gott) Begnadete. Die Mutter der Jungfrau →Maria hieß Anna. Über sie weiß man nicht viel, trotzdem wird sie verehrt. Namenstag: 26. Juli. Mit den Kreuzzügen wurde der Name in Europa bekannter. Auch Königinnen trugen ihn, wie im 15./16. Jh. die beliebte Frau des französischen Königs Karl VIII: Anna von Bretagne, genannt »die kleine Königin«, die der König dem deutschen Kaiser Maximilian I. kühn ausgespannt hatte. Später heiratete sie Ludwig XII. Zu ihrer Zeit wurden an der Loire großartige Schlösser gebaut. In einem dieser Prachtbauten, dem Schloss von Blois, ließ es sich die Königin zusammen mit ihren Damen gut gehen. Eine andere berühmte Anna, die ein weit traurigeres Schicksal hatte: Anna Boleyn, die von ihrem Mann, dem englischen König Heinrich VIII., umgebracht wurde. In den Niederlanden: Anissa, Anneke; in slawischen Ländern: Anka. Kosenamen: Aenne, Änne, Andina, Andine, Anica, Anik, Anika, Aniko, Anja, Anje, Anjuscha, Anjuta, Annik, Annika, Annike, Annina, Aniska, Anissa, Anjuscha, Anjuschka, Anjuta, Anke, Anni, Annie, Annine, Anny, Antina, Antine, Antje. Anuschka, Annuska, Nana, Nanette, Nanna, Nannerl, Nannette, Nannina.

A

Annemaria, Annemarie, Annamaria, Annamarie: zusammengesetzt aus → Anna/Anne und → Maria/Marie. Als Zusammensetzung nicht wirklich alt: erst seit Ende des 19. Jh. populärer. Kosenamen: Annamirl, Annemie, Annemieke. Abkürzungen: Amrei, Anna, Anne, Maria, Marie, Mirl.

Annette, Annett, Anette, Anett: im 17./18. Jh. aus dem Französischen übernommen. Abgeleitet von → Anna. Bedeutung: die Begnadete. Eine bedeutende Namensträgerin aus dem 18./19. Jh.: die Dichterin Annette von Droste-Hülshoff. Sie war sich bewusst, mit ihrer literarischen Arbeit große Kunst zu schaffen. Ihre Balladen wurden berühmt (etwa »Der Knabe im Moor«), wie auch ihre Novelle »Die Judenbuche«. Lebte zurückgezogen bei ihrer Familie im Münsterland. Hielt mit intellektuellen Zeitgenossen vornehmlich über Briefe Kontakt. Ihr Porträt zierte den letzten im Umlauf befindlichen Zwanzigmarkschein. Abkürzungen: Ana, Anna, Anne, Nena, Neta, Teda.

Anselma: weibliche Form von Anselm. Aus dem Germanischen/Althochdeutschen. Bedeutung: Gott und Helm. Abkürzungen: Ana, Selma.

Antoinette: weibliche Form von Antonius. Aus dem Lateinischen. Hinweis auf eine römische Familie. Eine verführerische Antoinette aus dem 18. Jh.: Jeanne-Antoinette Poisson, Marquise de Pompadour, die bereits als junge Frau davon geträumt haben soll, die Geliebte des französischen Königs zu werden. Sie wurde es: indem sie auf einem Maskenball seine Aufmerksamkeit erregte. Diplomatisch geschickt, behielt sie ihren enormen Einfluss als

Mätresse bis zum Tod des Königs. Erreichte viel Gutes für die Künstler und Intellektuellen Frankreichs. Im 18. Jh. erlangt die verschwenderische, schöne und unglückliche Marie Antoinette, Tochter von Maria Theresia, verheiratet mit Ludwig XVI. von Frankreich, traurige Berühmtheit. Abkürzungen: Ana, Anna, Nette, Netta, Toni, Tonja, Tony.

Antonia, Antonie, Antonina: weibliche Form von Anton/Antonius. Aus dem Lateinischen. Erinnert an eine römische Familie. Antonia hieß im 1. Jh. v. Chr. die Tochter des römischen Staatsmannes → Marcus Antonius. Etwas später: Mutter und Tochter von → Claudius Germanicus heißen ebenfalls Antonia. Die Mutter hatte eine Sklavin, die ebenfalls Antonia hieß. Später wurde sie freigelassen, gewann, sehr geschäftstüchtig, an Einfluss, wurde schließlich die Geliebte von Kaiser Vespasian. Im 17. Jh. wurde eine Antonia zu Württemberg, genannt die gelehrte Prinzessin, als Literatin und Mäzenatin verehrt. Im 18./19. Jh.: Antonie Brentano, wurde als Achtzehnjährige verheiratet mit Franz Dominicus Brentano. Durch ihre Schwägerin → Bettina von Arnim lernte sie Beethoven kennen. Vielleicht ist sie die Frau, an die Beethoven drei Liebesbriefe geschrieben hat, die nach seinem Tod im Geheimfach seines Schreibtisches gefunden wurden. Es gibt auch einen kleinen Stern mit Namen Antonia, Ende des 19. Jh. von Nizza aus entdeckt. In Italien: Antonella, Antonietta, Antonetta, Antonette; in slawischen Ländern: Antonia; in Spanien: Antonita. Abkürzungen: Ana, Anne, Nina, Ninni, Nita, Tona, Tone, Tonerl, Tonia, Toni, Tonja, Tonya, Tony, Tosja, Tosya.

Apollonia, Apolline: weibliche Form von Apollonius. Aus dem Griechischen. Bedeutung: dem Gott Apollo geweiht. Ein Name, der die Schönheit feiert, denn laut griechischer Sage ist Apollon, Sohn des Zeus und der Leto, der Gott des Lichts, des Frühlings, der sittlichen Reinheit sowie der Künste, auch der Heilkünste. Bekannter wurde der Name durch die Verehrung der heiligen Apollonia im 3. Jh. Namenstag: 9. Februar. In Dänemark, in Norwegen: Abelone; in den Niederlanden: Abela; in Ungarn: Apolka. Als Kosename: Abelina. Abkürzungen: Loni, Lonja, Lony, Polly.

Arabella, Arabelle: vielleicht aus dem Spanischen. Bedeutet dann: kleine Araberin. Vielleicht auch aus den Namen →Anna und →Bella entstanden. Im 19. Jh. vor allem in England in Mode, nicht zuletzt durch Lord Byron, einem romantischen Dichter und damaligen Trendsetter, der eine seiner Töchter Arabella nannte. →Allegra. Im 20. Jh. erfreute die Oper »Arabella« von Richard Strauss das Publikum. Die gleichnamige Heldin findet nach einigen Verwicklungen und Verwechslungen glücklich zum Mann ihres Lebens. Ein kleiner Stern, der zu Beginn des 20. Jh. von Heidelberg aus entdeckt wurde, ist nach dieser Arabella benannt. Abkürzungen: Ana, Anna, Bella, Belle.

Ariadne, Ariana, Ariane: erinnert an die Fruchtbarkeitsgöttin Ariadne aus der griechischen Mythologie, die für allerlei Unruhe sorgte. Sie rettete den Königssohn Theseus und seine Gefährten davor, im Labyrinth des Minotaurus unterzugehen, indem sie Theseus ein Knäuel Wolle und ein magisches Schwert mitgab. Kein Wunder, dass sich Künstler mit ihr beschäftigten, wie Tintoretto, Tizian, Richard Strauss mit seiner Oper »Ariadne auf Naxos«. In den Niederlanden: Arina; in Italien: Arianna. Kosename: Aretta. Abkürzungen: Ana, Ara, Ina, Nanna, Ria.

Armgard: abgeleitet von →Irmgard. Aus dem Althochdeutschen. Bedeutung: groß und Schutz. Im 18./19. Jh. gebräuchlich: In Schillers »Wilhelm Tell« und in Fontanes Roman »Stechlin« tritt eine Armgard auf, ebenso bei Jacques Offenbach in seiner großen romantischen Oper »Die Rheinnixen«. Abkürzungen: Ami, Gala, Garda.

Arnoldina, Arnoldine, Arnolda, Arnolde: weibliche Form von Arnold. Aus dem Althochdeutschen. Bedeutung: Adler und walten. Abkürzungen: Ana, Anna, Dina, Dine.

Artemis: aus der griechischen Mythologie: die Göttin der Jagd, des Mondes, auch Hüterin der Frauen und Kinder. Abkürzungen: Ana, Mia. →Cynthia, →Delia.

Assunta: italienisch. Bezieht sich auf Mariä Himmelfahrt. Tizian hat im 16. Jh. für die Kirche Maria Gloriosa in Venedig eine Assunta gemalt. Namenstag: 15. August. Abkürzungen: Assa, Asta, Asja, Suna, Una.

Asta: wird meist als Kurzform von → Anastasia, → Astrid, → Augusta verstanden. In der norwegischen Geschichte kommt eine Asta, Mutter von König → Olav II. Haraldsson, schon im 11. Jh. vor. Später heiratete diese Asta → Sigurd Syr, bekam einen zweiten Sohn Harald, der wiederum König wurde. Im 19./20. Jh. war die dänische Schauspielerin Asta Nielsen der erste weibliche Filmstar überhaupt.

Astrid: altnordisch. Bedeutung: Gott und schön. Im 10. Jh. hieß die Mutter des norwegischen Königs Olaf I. Tryggvason Astrid, und auch seine Schwester und im 11. Jh. die Schwester von König → Knut dem Großen. Viel, viel später: Fast das komplette 20 Jh. erlebte die große schwedische Kinderbuchautorin Astrid Lindgren. Abkürzung: Asta.

Augusta, Auguste, Augustina, Augustine: traditionell. Weibliche Form von Augustus. Aus dem Lateinischen. Bedeutung: ehrwürdig. Neben dem männlichen Vornamen August war im 19. Jh. auch der Name Auguste beliebt. Eine sehr preußische Auguste: Kaiserin Auguste Victoria, verheiratet mit Kaiser Wilhelm II. Eine eigenständige Auguste aus dem 19. Jh.: Auguste Cornelius, Schriftstellerin. Wollte von Kind an Sängerin werden, ergatterte ein Stipendium für ihre Ausbildung. Erkrankte dann schwer und musste ihren Traum aufgeben. Eine Ausflucht aus der Misere: Sie schrieb. Übersetzte zum Beispiel Werke von Molière. Abkürzungen: Asta, Austine, Gosta, Guscha, Gussy, Gusta, Guste, Gustchen, Gutja, Stani, Tina, Tine.

Aurelia, Aurelie: lieblich, klangvoll. Weibliche Form von Aurel/Aurelius. Aus dem Lateinischen. Bedeutung: die Goldene. Aurelia hieß schon die Mutter von → Julius Caesar. Zu Goethes Zeiten war der Name recht beliebt. In Ungarn: Aranka; bei den Basken: Orella. Abkürzungen: Ela, Elia, Ella, Elli, Elly, Lia.

Aurora: aus dem Lateinischen. Bedeutung: Morgenröte. Schön wie die Morgenröte war Aurora von Königsmarck (16./17. Jh.), Geliebte Friedrich Augusts I. von Sachsen, dazu klug, gebildet, musikalisch. Sogar der gern sarkastische Voltaire bewunderte sie. In Frankreich: Aure, Aurore. Kosenamen: Aurica, Aurika. Abkürzungen: Aura, Zora.

Babetta, Babette: französischer Name, abgeleitet von → Barbara. Bedeutung: die Fremde. Abkürzungen: Babett, Betsy, Bette, Betty.

Bärbel: Kurzform von → Barbara.

Baptista: weibliche Form von Baptist. Aus dem Griechischen. Bedeutung: der Täufer. Abkürzungen: Isa, Tita.

Barbara: ein Klassiker. Aus dem Griechischen. Bedeutung: die Fremde. Der Legende nach wurde die in der katholischen Kirche verehrte heilige Barbara von Nikomedia (3. Jh.) von ihrem Vater getötet, als er erfuhr, dass sie Christin geworden war. Sie ist Patronin der Bergleute, Dachdecker, Architekten, Feuerwerker und der Gefangenen. Namenstag: 4. Dezember. Im 16. Jh. taucht der Name Barbara recht häufig in alten Büchern auf. So heiratete etwa im 16. Jh. in St. Sebaldus zu Nürnberg ein Ambrosius Quietz eine Barbara Hallerin. In Schweden: Barbro. Abkürzungen: Barbe, Barbo, Barbie, Bärbe, Bärbel, Bärbl, Babs, Babsi, Bibi.

Barberina, Barberie: abgeleitet von → Barbara. Bedeutung: die Fremde. Die Tänzerin Barberina Campanini erfreute Mitte des 18. Jh. das Berliner Opernpublikum, ganz besonders aber beglückte sie den kulturbegeisterten Preußenkönig → Friedrich II., den »Alten Fritz«. Das Bild des Hofmalers Antoine Pesne »La Barberina« soll eigens für ihn gemalt worden sein. Abkürzungen: Barbe, Ina.

Bastienne: weibliche Form von Bastien/Sebastian. Aus dem Französischen, ursprünglich Griechischen. Bedeutung: erhaben. Im Singspiel »Bastien und Bastienne« des 12-jährigen Mozart ist die Schäferin Bastienne verliebt in einen Bastien. Abkürzungen: Asta, Stine, Tina, Tine.

Beata, Beate: aus dem Lateinischen. Bedeutung: die Glückliche. Im 14. Jh. lebte Beate von Ribnitz, Tochter Herzog

Heinrichs von Mecklenburg, in einem Kloster der Klarissen, bewundert für ihre Nächstenliebe und Friedfertigkeit. Namenstag: 8. April. Abkürzungen: Bea.

Beatrice: → Beatrix.

Beatrix: bis heute ein häufiger Kaiserinnen- und Königinnenname. Bedeutung: die Beglückende. Schon im 11. Jh. gab es eine Königs- und Kaisertochter Beatrix, spätere Äbtissin in Quedlinburg. Ihr Vater war → Heinrich III., der Schwarze. Beatrix von Burgund war im 12. Jh. deutsche Königin und Kaiserin des Heiligen Römischen Reiches. Im 12./13. Jh. heiratete Thomas I. von Savoyen eine besonders schöne, intelligente Beatrix von Genf. Eines der zehn Kinder aus dieser Ehe, Beatrix von der Provence, hatte erneut eine Beatrix zur Tochter. Abkürzungen: Bea, Trix.

Belina: verwandt mit → Benigna. Bedeutung: gütig. Bei Molière hat es eine Béline im Stück »Der eingebildete Kranke« nicht leicht mit ihrem Gatten. In Frankreich: Béline. Abkürzungen: Bella, Lina, Line.

Belinda, Belinde: aus dem Englischen. Wahrscheinlich abgeleitet vom italienischen »bello« (schön) im Sinne von »die Schöne«. Abkürzungen: Bea, Bela, Ina, Linda, Linde.

Bella: Kurzform von → Arabella, → Isabella.

Benedikta, Benedicta: weibliche Form von Benedikt. Aus dem Lateinischen. Bedeutung: die Gesegnete. Im 4. Jh. starb eine Benedicta im französischen Origny-sur-Oise für ihren Glauben. Wurde später heilig gesprochen. Namenstag: 8. Oktober. Im 17. Jh. brachte Anna Benedikta von Nippenburg den Stammsitz ihrer Familie als Mitgift in ihre Ehe ein, mit sämtlichen Geistern und Gespenstern, die dort noch heute spuken sollen. In England: Benita; in Frankreich: Bénédicte, Benoite; in Italien: Benedetta; in Spanien: Benita; in Dänemark, in Schweden: Bengta. Abkürzungen: Bea, Beta, Dicta, Dikta, Dita, Ika, Ditta, Nita.

Benigna: klassisch. Besonders. Aus dem Lateinischen. Bedeutung: die Gütige. Im 12./13. Jh. lebte die Zisterziensernonne Benigna in Breslau. Kam beim Überfall der Mongolen ums Leben. Namenstag: 20. Juni. Abkürzungen: Bina, Bine, Ina, Nigna, Nike, Nika, Nina, Ninni, Nita.

Benita: → Benedikta.

Berenike: aus dem Griechischen. Bedeutung: den Sieg bringend. Der römische Autor Catull beschreibt die ägyptische Herrscherin Berenike von Kyrene (um 250 v. Chr.): eine grazile, strahlende, selbstbewusste Schönheit, sehr mutig, aber auch skrupellos. Nach ihr ist das Sternbild »Haar der Berenike« benannt. Im 1. Jh. verliebte sich der römische Kaiser → Titus in Berenike, die Tochter des Herodes Agrippas II., König von Judäa. Weil aber eine Heirat politisch nicht opportun war, konnten sie nicht zueinander kommen, blieben jedoch Freunde. In Werken von Racine, Corneille, Händel wird diese traurige Liebesgeschichte erzählt. In Frankreich: Bérénice; in England: Berenice. Abkürzungen: Nike, Nika. Die lateinische Form ist → Veronika.

Bernadette: klangvoller französischer Name. Schon lange in Deutschland bekannt. Abgeleitet von Bernhard, verwandt mit Bernarde, → Bernhardine. Bedeutung: der Bär und stark. In der katholischen Kirche ist die Heilige Bernadette Soubirou unvergessen. Als Kind erschien ihr in einer Grotte in Lourdes mehrmals eine weiß gekleidete Frau, das Wasser dort soll seitdem Wunder wirken. Franz Werfels »Lied von Bernadette« erinnert an sie. Namenstag: 16. April. Bernadette heißt auch eine köstlich süße, selten zu findende Birnensorte. Abkürzung: Berna.

Bernharda, Bernharde, Bernhardine, Bernardina, Bernardine: gewichtig, traditionell. Aus dem Althochdeutschen. Weibliche Form von Bernhard. Bedeutung: Bär und hart. Im 19. Jh. schrieb Bernhardine Schulze-Smidt zu Herzen gehende »Kränzchen«-Bücher mit Titeln wie »In Moor und Marsch« oder »Eiserne Zeit«. Sie veröffentlichte auch unter dem Pseudonym Ernst Oswald, denn Männer wurden zu der Zeit als Autoren eher akzeptiert. In Friesland Bendine, Berendina, Berendine; in Schweden, den Niederlanden, Osteuropa: Bernarda; in Frankreich: Bernarde. Abkürzungen: Ada, Bea, Berna, Dina, Harda.

Berta, Berte, Bertha, Berthe, Bertina, Bertine: Kurzform von Namen, die mit »-berta« enden wie etwa → Alberta. Im 9. Jh. wird eine Bertha in der Familiengeschichte der

Karolinger als Tochter von → Lothar I. und → Irmingard von Tours erwähnt. Eine weitere Bertha, welche die Welt im 19./Anf. 20. Jh. ein Stück weiter gebracht hat: Bertha von Suttner. Arbeitete zuerst als Gouvernante und verliebte sich in einen Sohn des Hauses, sieben Jahre jünger als sie. Diese Liebe wurde nicht gerne gesehen. Die beiden heirateten dennoch und wurden daraufhin enterbt. Verdienten dann ihren Lebensunterhalt als Schriftsteller, und zwar sehr erfolgreich. Später schrieb Bertha von Suttner über soziale Missstände und Pazifismus. Sie erhielt als erste Frau den Friedensnobelpreis. → Alfred.

Bertholde, Bertolda, Bertolde: weibliche Form von Berthold. Aus dem Althochdeutschen. Bedeutung: glänzend und walten, herrschen. War im Mittelalter in Süddeutschland sehr beliebt. Abkürzungen: Berta, Berte, Holda, Holde.

Bettina, Bettine: seit dem 18. Jh. mal mehr, mal weniger in Mode. Ursprünglich ein Kosename von → Elisabeth. Eine wirbelige, lebhafte Bettina im 18./19. Jh.: Bettina von Arnim, Schwester von Clemens Brentano, Ehefrau von Achim von Arnim, Mutter von sieben Kindern. Schrieb Romane, führte ein offenes Haus, mischte sich in die Politik ein, hielt Kontakt mit vielen Berühmtheiten ihrer Zeit. Abkürzungen: Betti, Betty, Betsy, Ina, Ine, Tine, Tina.

Bianca, Bianka: italienisch. Bedeutung: weiß. Aus dem 13. Jh.: Die schöne piemontesische Adlige Bianca Lancia hatte mit dem Stauferkaiser → Friedrich II. einen unehelichen Sohn namens → Manfred. Auf dem Sterbebett ließ sich Friedrich II. mit Bianca trauen, um seinen Sohn zu legitimieren. In Spanien: Blanda; in Frankreich: Blanche; in Portugal: Branca. → Blanka. Abkürzungen: Ana, Anca, Anka, Bibi, Bibbi, Inca, Inka, Kara.

Birgit, Birgitt, Birgitta, Birgid, Bergit, Bergita, auch **Birte, Birthe:** aus Schweden. Ursprünglich aus dem Keltischen. Bedeutung vermutlich: die Erhabene, verwandt mit → Brigitta/Brigitte. Andere Namensforscher sagen, der Name sei verwandt mit dem skandinavischen Jungennamen → Birger. Im 14. Jh. lebte Birgitta von Schweden, Tochter aus reichem Hause, Mutter von acht Kindern, Hofmeisterin des

Königspaars. Engagierte sich politisch weit über Schweden hinaus. Hatte Aufsehen erregende Visionen. Wollte Frieden stiften. Nach dem Tod ihres Mannes gründete sie den Orden der Birgitten. Namenstag: 23. Juli. Abkürzungen: Bibi, Bibbi, Biddy, Brit, Gitt, Gitta, Gitte, Gitti.

Blanka, Blanca: spanischer Vorname mit langer Geschichte. Bedeutung: weiß. Im Jahre 1200 heiratete Blanka von Kastilien Ludwig VIII., König von Frankreich. Sinn dieser Heirat: England und Frankreich zu versöhnen. Das Ziel wurde erreicht. Die beiden bekamen zwölf Kinder, und damit lösten sich alle dynastischen Unsicherheiten in Luft auf. Nach dem Tod ihres Mannes wurde Blanka Regentin. Im 13. Jh. hieß die jüngste Tochter des englischen Königs → Eduard I. und seiner Frau Eleonore Blanche. Etwa zur gleichen Zeit heiratete Jakob II. von Aragonien die zwölfjährige Blanka, Tochter Karls II. von Anjou. Blanka begleitete ihren Mann auf abenteuerlichen Expeditionen, sogar Feldzügen. Sie bekam zehn Kinder, starb im Alter von 27 Jahren bei der Geburt eines Mädchens mit Namen → Violante. In Frankreich: Blanche, Blanchette; in Portugal: Branca. Abkürzungen: Anca, Anka, Lana. → Bianca.

Branda: ein alter Name, abgeleitet von dem altdeutschen Namen Hildebrand. Bedeutung: der Kampf und das Feuer. In England: Brenda. Abkürzungen: Ana, Anna.

Brigitt, Brigitta, Brigitte, Brigid, Brigida: keltischen Ursprungs. Bedeutung: die Erhabene. Bezieht sich auf die irisch-schottische Sagengestalt Brigid, Beschützerin der Dichter und der Dichtkunst. Außerdem wird in Irland der Brigida von Kildare gedacht, auch Brigitta von Irland genannt (5./6. Jh.). Sie war laut Legende eine Königstochter und Christin, freigiebig, hilfsbereit, was ihren heidnischen Vater erboste. Sie ließ sich nicht beirren, gründete ein Kloster und wurde später heilig gesprochen. Namenstag: 1. Februar. Der Name Brigid, Brigitte existiert seitdem und breitete sich aus. So hatte im 12. Jh. der norwegische König Harald IV. mit seiner Frau Ingerid, einer schwedischen Königstochter, eine Tochter namens Brigitta. Abkürzungen: Biddy, Brida, Brit, Britt, Britta, Gitta, Gitte, Rita.

Cäcilie: → Cecilia.

Camilla, Camille: weibliche Form von Camill. Aus dem Lateinischen. Bedeutung: ehrbar. Im 19. Jh. hieß die Tochter des Schweizer Dichters → Conrad Ferdinand Meyer Camilla. Aus dem 19. Jh.: Camilla Collett, norwegische Schriftstellerin mit Sinn für Realismus, außerdem eine aktive Frauenrechtlerin. Im 19./20. Jh. lebte Camille Claudel, Bildhauerin, Muse und Geliebte → Auguste Rodins, von dem sie sich bald ausgenutzt fühlte. Sie bereicherte und inspirierte seine Arbeit, erlebte aber leider selbst nie den Erfolg, den sie sich gewünscht hatte. Abkürzungen: Cara, Ille, Illa, Kara, Mila, Milla. → Kamilla.

Candida: edel und klassisch. Weibliche Form von Candid. Aus dem Lateinischen. Bedeutung: die Glänzende. In Rom wurde im 3./4. Jh. eine Candida wegen ihres Glaubens verfolgt und später heilig gesprochen. Namenstag: 19. August. Abkürzungen: Ana, Anna, Caja, Candie, Candy, Cara, Dina, Ida. → Kandida.

Namen kommen und gehen

Ella – nicht gerade ein Name, bei dem man eine Dreijährige vor Augen hat. Der Name war doch anno dunnemals, zu Kaisers Zeiten gefragt. Stimmt. Aber er ist wieder im Anmarsch. Die alten Namen haben heute Hochkonjunktur. Theopold, Benedikt und Lotta sind gar nicht mehr so selten in der Kita zu finden. Von Robert über Richard, Olga über Emma – alles wieder da! Die alten Vornamen sind ein richtiger Schatz für diejenigen, die heute nach dem supergeeigneten Namen für ihr Kind fahnden. Und gerade sie klingen oft taufrisch, total neu, richtig unverbraucht.

Caren, Carena: dänisch und schwedisch. Angelehnt an Karin, → Katharina. Aus dem Griechischen. Bedeutung: rein, sauber. Abkürzungen: Caia, Caja, Calla, Cary, Caja, Cari, Rena. → Karen.

Carin: Seit langem über Skandinavien hinaus bekannt. Angelehnt an → Katharina. Aus dem Griechischen. Bedeutung: rein, sauber. Abkürzungen: Ina, Caia, Caja, Calla, Cara, Cary, Caja, Cari, Ria. → Karin.

Carina, Carine: → Catharina.

Carla: weibliche Form von Carl/Karl. Aus dem Althochdeutschen. Bedeutung: die Freie. Im 19. Jh./Anf. 20. Jh. besonders beliebt. So hieß beispielsweise eine sehr geliebte Schwester der Schriftsteller Heinrich und → Thomas Mann Carla. Abkürzungen: Kara, Ina, Lale. → Karla.

Carlina, Carline: traditionell. Im 18./19. Jh. wurden weibliche Namen gerne von männlichen abgeleitet. Angelehnt an Carl/Karl. Aus dem Althochdeutschen. Bedeutung: die Freie. Abkürzungen: Cara, Cay, Lina, Line. → Karline.

Carlota, Carlotta: → Charlotte.

Carmen, Carmel, Carmela, Carmelia, Carmina, Carmine, Carmelina: warm. Weich. Sonnig. Aus dem Spanischen. Bedeutung: Jungfrau Maria vom Berg Karmel. Eine Carmen aus dem 19. Jh., die weltbekannt ist: die leidenschaftliche Carmen der Oper von Georges Bizet, welche zu den am meisten aufgeführten Opern zählt. Ihre persönliche Freiheit und Selbstständigkeit sind der schönen Carmen höchst wichtig – wohl ein Grund dafür, warum das Werk zunächst sehr verhalten aufgenommen wurde. Abkürzungen: Cara, Ela, Ina, Lia, Lina, Line, Mela, Mele, Mina.

Carola, Carole: weibliche Form von Carl/Karl. Aus dem Althochdeutschen. Bedeutung: die Freie. Im 19. Jh. wurde eine der schönsten Prinzessinnen Europas Königin von Sachsen: Carola von Wasa-Holstein-Gottorp. Abkürzungen: Cara, Caro, Lola, Lale, Ola. → Karola.

Carolin, Carolina, Caroline: weibliche Form von Carl/Karl. Aus dem Althochdeutschen. Bedeutung: die Freie. Im 18./19. Jh. ein Modename. Eine Caroline, über die in jener Zeit getuschelt wurde: Caroline Schlegel. Selbstbewusst, eigenständig, hellwach. Muse bedeutender Männer ihrer Zeit. Mehrmals verheiratet. Tat sich schließlich mit dem Philosophen Schelling zusammen. Eine andere eigenständige Caroline aus dem 18./19. Jh.: Caroline von Wolzogen, Schwägerin und Freundin → Friedrich Schillers, Schriftstellerin. Heiratete nach ihrer Scheidung Schillers Jugendfreund Wilhelm von Wolzogen. Ihr Haus in Weimar war Treffpunkt für an Literatur und Philosophie Interessierte. In England: Carolyn. Abkürzungen: Cara, Carol, Carry, Caja, Casja, Line, Lina. → Karolina.

Carstine: die weibliche Form von Carsten, der niederdeutschen Fassung von → Christian. Aus dem Lateinischen. Bedeutung: die Christin. Abkürzungen: Kara, Tina, Tine, Stina, Stine. → Karstine.

Cassandra: aus dem alten Griechenland. Bedeutung: Verführerin. Der Name ist mit einer tragischen Geschichte verknüpft: Bei Homer wird eine Cassandra erwähnt, Tochter von Priamos und Hekabe. Weil sie seine Liebe nicht erwidert, macht Apollon sie zu einer Weissagerin, der aber niemand ihre Weissagungen glaubt. So sieht sie das Verderben der Stadt Troja kommen, kann es aber nicht aufhalten. Auch → Friedrich Schiller hat ihr Schicksal beklagt: »Und sie schelten meine Klagen, und sie höhnen meinen Schmerz …« Abkürzungen: Cara, Cassia.

Catharina, Catherina, Catherine, Cathrin, Catarina, Caterine, Catreina: klassisch, durch die Zeiten gleichbleibend beliebt. Aus dem Griechischen. Bedeutung: die Reine. Im 17. Jh. taucht der Name im Hexendrama auf um Catherine Monvoisin, genannt die La Voisin. Sie lebte am Rande von Paris, braute giftige Getränke, zelebrierte schwarze Messen, sagte die Zukunft voraus und verbreitete üblen Hokuspokus. Kam vor Gericht und mit ihr die französische Hofgesellschaft ins Gerede. Sie habe Gift an Aristokraten verkauft, hieß es, auch an Madame de Montespan, Mätresse Ludwig XIV. Sollte der König umgebracht werden? Das wurde nie geklärt. Im 18. Jh. weckte Maria Catharina Prestel Interesse, verheiratet mit dem Kupferstecher und Maler Johann Gottlieb Prestel. Sie war nicht nur Ehefrau, sondern auch Grafikerin. Zusammen mit ihrem Mann schuf sie wunderbare Meisterzeichnungen. Andere Formen: Caterina, Carina, Carine, Cathia, Catia, Catiana, Catina, Chatrina. In Portugal: Catarina; in Italien: Caterina; in England: Catherine, Cathleen; in Frankreich: Cathérine; in Spanien: Catalina; in Schweden: Catrin, Catrine; in Irland: Caitria; in Schottland: Catriona. Abkürzungen: Cara, Cai, Caj, Caja, Carey, Casja, Cassja, Cassia, Cata, Cathi, Cathrin, Cathy, Cati, Catia, Catrin, Catrine, Caty, Katty, Kay, Kaya, Kayla, Tina, Tine, Tinka. → Katharina.

Cecilia, Cecilie, Cäcilia, Cäcilie, Cäzilia, Caecilia, Zäzilie: aus dem Lateinischen. Bezieht sich auf das alte Geschlecht der Cäcilier. Schon im 3. Jh. wird von einer christlich erzogenen, aus einer berühmten römischen Familie stammenden Cäcilie erzählt, die sich nicht verheiraten lassen wollte, ihr Vermögen lieber an die Armen verschenkte. Sie fiel der Christenverfolgung zum Opfer. Namenstag: 22. November. Im 11. Jh. kommt der Name im englischen Königshaus vor: Eine Tochter König Wilhelms I. hieß Cecilia. Der Name bleibt in Fürstenhäusern durch die Jahrhunderte beliebt. Im 19. Jh. ist er generell gefragt. Ende des 19. Jh. ging eine Cäcilie Wendt an die Universität nach Wien, studierte Mathematik, Physik, Philosophie, promovierte sowohl in Mathe, Physik als auch Philosophie. Sie war die erste Frau, die an einem Gymnasium unterrichten durfte. In Frankreich: Cécile; in England: Cecily, Sheila. Abgeleitet von Cecilia sind die Namen Silka, Silke, Silja, Silje. Abkürzungen: Cessie, Celia, Cicily, Cilia, Cilja, Cilla, Cilli, Cilly, Cillia, Cillja, Zilia, Zilja, Zilla, Zilli.

Celestina: → Cölestina.

Celina, Celine: eine mehr als hundert Jahre alte Kurzform von Marcelina. Bezieht sich auf eine alte römische Familie. In Frankreich: Céline. Abkürzungen: Cela, Celia, Cella, Cilli, Lina, Line. → Marcella.

Chantal: aus dem Lateinischen. Bedeutung: die Sängerin. Ein französischer Name, der sich wohl auf die heilige Johanna → Franziska von Chantal bezieht, eine Mitbegründerin des Ordens der Salesianerinnen.

Charlotte: ursprünglich die weibliche Variante von Charles, Carl, was »freier Mann« bedeutet. Im 18./19. Jh. sehr beliebt. Viele eindrucksvolle Frauen trugen diesen Namen: Charlotte Buff, Vorbild für die Lotte in Goethes »Die Leiden des jungen Werthers«. Charlotte von Kalb, Schriftstellerin, war mit Goethe, Hölderlin, Jean Paul und Schiller befreundet. Charlotte Brontë, britische Schriftstellerin, die mit dem Roman »Jane Eyre« erfolgreich wurde. Sie veröffentlichte, wie auch ihre Schwestern, zuerst unter männlichem Pseudonym, um mehr Chancen auf dem Markt zu haben. Im 19. Jh. machte die Tänzerin Carlotta Griesi auf sich aufmerksam. Ihr Gefährte Jules Perrot schuf für sie das Ballett »Giselle«. In Spanien: Carlota; in Italien: Carlotta. Abkürzungen: Cara, Lola, Lota, Lotta, Lotte, Sheryl.

Chloe: poetisch und verspielt. In vielen Ländern bekannt. Aus dem Griechischen. Bedeutung: das junge Grün. Bekannt geworden durch Longos von Lesbos, einen griechischen Schriftsteller der Antike (2./3. Jh.), der einen liebenswerten Hirtenroman über Daphnis und Chloe mit einem glücklichen Ende geschrieben hat.

Christa, Christel: Kurzform von → Christiane. Bedeutung: die Christin. In Skandinavien auch Krista. Abkürzungen: Chris, Chrissie, Tita.

Christabel: ein englischer Name, zusammengesetzt aus → Christa und → Bella. Klar und gleichzeitig romantisch. Vielleicht heißt der kleine Quellsee in den Bergen der neuseeländischen Südinsel Christabel, weil er klar und idyllisch ist. Abkürzungen: Chris, Chrissie, Tita.

Christiana, Christiane, Christianne, Cristiana: weibliche Form von Christian. Aus dem Lateinischen. Bedeutung: die Christin. Im 4. Jh. geriet eine gläubige Christiane in Gefangenschaft Kaiser Konstantins, aus der sie der Legende zufolge nach Georgien floh, wo sie König Mirian heilte und zum christlichen Glauben bekehrte. Namenstag: 14. Januar. Im 18./19. Jh.: Eine Liebesgeschichte um eine unbekümmerte, natürliche Christiane hat viele Gemüter lange beschäftigt: Die Blumenbinderin Christiane Vulpius bat Goethe um Hilfe für ihren Bruder. Sie blieb bei dem

Dichter, zuerst als seine Geliebte, später als seine Frau und Mutter seines Sohnes. → Wolfgang. In Italien: Cristiana; in der Schweiz: Christelle. Kosenamen und Abkürzungen: Chris, Chrissie, Christa, Christel, Cinja, Cinnia, Nana, Nane, Nanette, Nanna, Tiana, Tjana. → Kristiana.

Christina, Christine, Cristina: hell wie ein klares Lüftchen. Seit langem beliebt. Ursprünglich eine Variante von → Christiane, weibliche Form von Christian. Aus dem Lateinischen. Bedeutung: die Christin. Aus dem 16. Jh.: Christina, Königstochter aus Dänemark. Heiratete Francesco II. Sforza, Herzog von Mailand. Gerade vierzehn Jahre alt, wurde sie bereits Witwe. Eine Heirat mit Heinrich VIII., König von England, lehnte sie ab, da dieser seine zweite Frau → Anne Boleyn hatte köpfen lassen. Ihr zweiter Mann war Franz I. von Lothringen, mit dem sie drei Kinder hatte. Auch er starb, und sie musste die Regentschaft für ihren Sohn übernehmen. Der französische König Heinrich II. besetzte das Land und vertrieb sie. Im 17./18. Jh.: Elisabeth Christine von Braunschweig Wolfenbüttel war die Frau von Kaiser Karl VI., der sie ob ihrer hellen Haut die »weiße Liesel« nannte. Sie war die Mutter Maria Theresias. In Irland: Cristiona; in Italien: Cristina. Abkürzungen: Cissie, Cris, Chrissie, Cinja, Cinnia, Ina, Ine, Stina, Stine, Tina, Tine, Tinka, Tineke, Tinia, Tita. → Kristin.

Christophine: weibliche Form von Christoph. Aus dem Griechischen. Bedeutung: Christus tragend. Im 18./19. Jh. nicht unbekannt. So hieß zum Beispiel die Lieblingsschwester → Friedrich Schillers Christophine. Abkürzungen: Cissie, Cris, Chrissie, Cinja, Cinnia, Fine, Fina.

Chrysantha: besonders. Ungewöhnlich und selten. Aus dem Griechischen. Bedeutung: Gold und Blume (daher auch der Name der Pflanzengattung Chrysantheme). Abkürzungen: Chris, Chrys, Sana, Sandra, Santa.

Cira, Cyra: klang- und anspruchsvoll. Aus dem Griechischen. Verwandt mit dem alten Namen Kyrana, Bedeutung: Frau aus Kyrenaika. Andere sehen in dem Namen die weibliche Variante des altpersischen Könignamens Cyrus. Bedeutung: die Sonne. → Kira, → Kyros.

Cita, Sita: aus dem Italienischen. Bedeutung: die Hurtige. Wird auch als Kurzform von → Felicitas/Felizitas verstanden. → Zita, Zitta.

Clara, auch **Clarisa, Clarissa, Clarisse:** aus dem Lateinischen. Bedeutung: klar, hell. Eine Chiara aus dem 12./13. Jh.: die heilige Chiara von Assisi, Gründerin des Ordens der Klarissen. Begleiterin von → Franz von Assisi. Namenstag: 11. August. Wesentlich später, im 19. Jh.: Clara Schumann, Pianistin, Komponistin und Frau von → Robert Schumann. Ihr Vater wollte aus ihr ein Wunderkind machen, so wie es mit Mozart geschehen war. Streng und autoritär bestimmte er ihr Leben. Versuchte ihre Ehe mit seinem Schüler Schumann zu verhindern – vergebens. Sie heiratete Schumann, der sie allerdings ebenfalls gängeln wollte. Er sah ungern, dass Clara als Pianistin arbeitete. Acht Kinder kamen zur Welt. Trotz allem gelang es Clara, auf Konzertreisen zu gehen. In Italien: Chiara, Chiarella; in Frankreich: Claire, Clairette; in den Niederlanden und Friesland: Claartje. Andere Namensformen: Cläre, Clarina, Clarinde, Clarinde. → Klara.

Claudia: aus dem Lateinischen. Bedeutung: aus dem Geschlecht der Claudier. Im 15. Jh. war die heilige Claudia von Genf Äbtissin im Klarissenkloster in Genf. Namenstag: 18. August. Eine Claudia aus dem 16. Jh.: die Mutter von Fürst René von Oranien aus dem Haus Nassau, Statthalter von Holland, Friesland, Seeland, Mitglied des Ritterordens vom Goldenen Vlies, hieß Claude. Verwandte Namen: Clodia, Claudette, Claudine, Claudinette. Abkürzungen: Claude, Dina, Dine. → Klaudia.

Clementia, Clemenza, Clementina, Clementine: klassisch. Die weibliche Form von Clemens. Aus dem Lateinischen. Bedeutung: sanftmütig, gütig. Im 13. Jh. heiratete eine Klementia von Habsburg König Karl Martell von Ungarn. Deren Tochter hieß wiederum Klementia, heiratete den König von Frankreich und hieß fortan Clémence. Abkürzungen: Clea, Emma, Ena, Tina, Tine. → Klemenza, Klementina, Klementine.

Clio: → Klio.

Clothilde, Clotilde, Clothilda, Clotilda: aus dem Althochdeutschen. Bedeutung: berühmt und Kampf. In Frankreich wird an eine heilige Clothilde aus dem 5./6. Jh. erinnert. Namenstag: 3. Juni. Im 5. Jh. heiratete der Frankenkönig Chlodwig I. Chlothilde aus Burgund, sie gilt als eine Wegbereiterin des Christentums in Europa. Der Name taucht auch danach in den Stammbäumen alter Familien auf: So war Clothilde von Frankreich (18./19. Jh.) die Schwester des französischen Königs Ludwig XVI. und Schwägerin der berühmten Marie → Antoinette. Sie war Königin von Sardinien-Piemont, Herzogin von Savoyen. Abkürzungen: Cleo, Hilda, Hilde, Tilda, Tilde. → Klothilde.

Cölestina, Cölestine, Coelestina, Coelestine: die weibliche Form von Cölestin, Zölestin. Aus dem Lateinischen. Bedeutung: himmlisch. Die Bedeutung passt zu einem kleinen Stern (Asteroid), der nach der Frau des Entdeckers Theodor von Oppolzer Coelestina benannt worden ist. In Italien: Celestina. Abkürzungen: Celia, Stine, Stina, Tina, Tine. → Zölestina.

Conrade, Conradine: liebenswert altmodisch, aber nicht verstaubt. Die weibliche Form von Konrad. Aus dem Althochdeutschen. Bedeutung: kühne Ratgeberin. Abkürzungen: Conny, Dina, Nadine. → Konrade.

Constanze, Constantine: traditionell. Aus dem Lateinischen. Bedeutung: beständig. Ein Name mit langer Tradition. Eine berühmte Constanze aus dem 18./19. Jh: Constanze Mozart. Im Gegensatz zu vielem Gerede, das sie als bequem, treulos, faul abqualifiziert, soll sie liebe- und verständnisvoll gewesen sein, eine gute Ehe mit → Wolfgang Amadeus Mozart geführt haben. Viele Jahre nach Mozarts Tod heiratete sie den dänischen Diplomaten Georg Nikolaus Nissen. In Italien: Constanca; in Frankreich, in England: Constance. Abkürzungen: Koko, Nanderl, Stanze, Tana, Tania, Tanne. → Konstanze.

Cora: abgeleitet von dem Namen Cornelia. Aus dem Lateinischen. Bezieht sich auf das römische Geschlecht der Cornelier. In dem im 19. Jh. erschienenen Roman »Der letzte Mohikaner« von James Fenimore Cooper aus der »Lederstrumpf«-Reihe ist von einer Cora die Rede: Der Häuptlingssohn Uncas opfert sein Leben für sie und ihre Schwester. → Kora.

Cordelia: zeitlos. Eine Variante von → Cordula. Aus dem Griechischen. Bedeutung: das Mädchen. Vor allem in den Niederlanden ist der Name zu finden. Abkürzungen: Conni, Conny, Corrie, Corry, Lia. → Kordelia.

Cordula: weich. Freundlich. Aus dem Griechischen. Bedeutung: das Mädchen. Verwandt mit → Corinna. Eine traurige Legende zeigt, dass der Name Cordula schon im 3./4. Jh. bekannt war: Die heilige → Ursula und ihre Begleiterinnen seien auf einem Schiff von Hunnen überfallen worden, heißt es. Eine dieser Begleiterinnen soll Cordula geheißen haben und wurde von ihren Häschern umgebracht. Namenstag: 22. Oktober. Abkürzungen: Coco, Cordel, Cordi, Cordl, Cordy. → Kordula.

Corinna, Corinne: aus dem Griechischen. Bedeutung: das Mädchen. Ein Name mit poetischer Vergangenheit. Der römische Dichter Ovid (um Christi Geburt) erzählt in seinen Gedichten »Amores« von der Liebe zu einem Mädchen namens Corinna. Andere Formen: Corynna, Corrina. In Spanien, in Portugal, in Italien: Corina. Abkürzungen: Coco, Cora, Corrie, Corry, Cinna, Ina, Ona. → Korinna.

Cornelia, Cornelie: die weibliche Form von Cornelius. Aus dem Lateinischen. Bezieht sich auf das Geschlecht der Cornelier. Zu dieser Familie zählten im 2. Jh. v. Chr. auch Scipio Africanus und dessen Tochter Cornelia, die, nicht mehr ganz jung, den Konsul Tiberius Sempronius Gracchus heiratete, mit ihm glücklich wurde und zwölf Kinder bekam. Sie wurde als erste Frau und als Beispiel einer tugendhaften Matrona mit einer Statue geehrt. Ihre Söhne versuchten das politische System in Rom zu reformieren, scheiterten aber an dieser Aufgabe. Reichlich viel später im 18. Jh.: Cornelia Schlosser, geb. Goethe, nur fünfzehn Monate jünger als ihr Bruder Johann → Wolfgang. Erhielt zusammen mit ihm eine hervorragende Ausbildung. Litt darunter, dass sie als Frau nicht annähernd so gute Chancen auf ein Studium und eine anspruchsvolle Tätigkeit hatte wie ihr

Bruder. Auch die Heirat mit dem Juristen Johann Georg Schlosser brachte nicht das ersehnte Glück. In England: Cornela, Cornell; in Frankreich: Cornélie; in den Niederlanden: Cora. Abkürzungen: Conne, Conni, Connie, Conny, Cora, Corny, Corry, Lilli, Neela, Neele, Neelke, Neeltje, Nela, Nele, Nelli. → Kornelia.

Cosima: originell, aber schlicht und angenehm im Klang. Aus dem Griechischen. Bedeutung: die Sittsame. Die bekannteste Cosima im 19./20. Jh.: Cosima Wagner, Tochter des Komponisten → Franz Liszt. Bekam ihren Namen nach dem Drama »Cosima« von George Sand, die eine Freundin ihrer Mutter war. Wuchs in Paris auf. Heiratete erst Hans von Bülow, Schüler ihres Vaters. Nach turbulenten Scheidungswirren tat sie sich mit → Richard Wagner zusammen. Nach seinem Tode war sie die Herrin auf dem Grünen Hügel, es gelang ihr, die Bayreuther Festspiele zu einer Institution zu machen. Abkürzungen: Coco, Cosi, Cosy, Sima.

Creszenzia: heute fast vergessen. Aus dem Lateinischen. Bedeutung: die Wachsende. Wer in alten Familienstammbäumen forscht, findet den Namen bereits im 15. Jh. Abkürzungen: Centa, Centia, Cessie. → Kreszenzia.

Cynthia: märchenhaft, geheimnisvoll. Aus dem Englischen/Griechischen. Bedeutung: vom Berg Cynthos. Nicht häufig, aber auch in vergangenen Zeiten zu finden, vor allem in England. Cynthia war auch der Beiname von → Artemis, der griechischen Göttin der Jagd, des Mondes, des Waldes, Hüterin der Frauen und Kinder. In Ungarn: Cintia; in Italien: Cinzia. Abkürzungen: Cindy, Cyn, Cynth.

Cyprienne: romantisch, verspielt. Aus dem Französischen. Die weibliche Form von Cyprien/Cyprian. Bedeutung: Einwohner von Zypern.

Dagmar: dänischer Name. Bedeutung: der Tag und berühmt. Mitte des 20. Jh. war der Name eine Weile in Mode, heute ist er eher selten. Eine in ganz Europa berühmte Dagmar aus dem 19./20. Jh. war die schöne, kluge, beliebte und familienbewusste Dagmar, Prinzessin von Dänemark, die den russischen Zaren Alexander III. heiratete und als Mutter des letzten Zaren Nikolaus II. in die Geschichte einging. Abkürzungen: Dagi, Daggi, Mare, Mari.

Dagny: liebenswert, verträumt – ungewöhnlich für einen alten Wikingernamen. Bedeutung: der Tag und neu.

Daniela, Daniele, Danielle: weibliche Form von Daniel. Aus dem Hebräischen. Bedeutung: Gott ist mein Richter. In Italien: Daniella; in Frankreich: Danielle; in Osteuropa: Danaila, Danilka, Danila; in Polen: Danuta. Abkürzungen: Ela, Dana, Dani, Danja, Dany, Danny, Nele.

Daphne, Dafne: besonders, aber nicht zu exotisch. Aus dem Griechischen. Bedeutung: Lorbeer. Eine liebreiche, umworbene Daphne, vom in sie verliebten Apollon bedrängt, wird in der griechischen Mythologie in einen Lorbeerbaum verwandelt. → Richard Strauss hat darüber eine Oper komponiert. Abkürzung: Dana.

Davida: weibliche Form von David. Aus dem Hebräischen. Bedeutung: geliebt. Der Dichter Hoffmann von Fallersleben, den Frauen zugetan, machte im 19. Jh. auch einer schönen Davida den Hof. Der Name war damals schon selten und ist es heute noch. In England: Davina, Davine; in den Niederlanden: Davide, Davita. Abkürzungen: Dana, Danny, Vida, Vita.

Debora, Deborah: aus dem Hebräischen. Bedeutung: Hummel oder Biene. Der Name zählt zu den ältesten Vornamen überhaupt. Deborah ist eine Richterin aus dem

Buch der Richter im Alten Testament. Von ihr stammt das berühmte Deborahlied. Abkürzungen: Debbie, Debby, Debra, Deda, Dedda, Deta.

Delia, Deliah, Deliane: aus dem Griechischen. Bedeutung: von Delos stammend. Beiname der Göttin → Artemis, die auf der Insel Delos geboren sein soll. → Cynthia. Abkürzungen: Ela, Ella, Lia.

Denice, Denise: → Dionysia.

Desideria: klassisch, anspruchsvoll. Aus dem Lateinischen. Bedeutung: die Erwünschte. Eine Bernadine Eugénie Désirée hat auf ungewöhnliche Weise Geschichte gemacht: Erst mit Napoleon Bonaparte verlobt und wieder entlobt, dann mit Jean → Baptiste Bernadotte verheiratet, wurde sie zusammen mit diesem von den Schweden zu Königin und König gekrönt (18./19. Jh.). → Oskar. In Frankreich: Désirée. Abkürzungen: Daisy, Deda, Sita.

Diana, Diane: international. Aus dem Lateinischen. Bedeutung: Name der römischen Göttin des Mondes und der Jagd. Eine schöne, kapriziöse Diana aus dem 15. Jh.: Diana von Poitiers, Geliebte des Königs von Frankreich, Heinrich II. Als sich die beiden zusammentaten, war Heinrich 17, Diana 37 Jahre alt. Heinrich war mit Katharina von Medici verheiratet. Die einflussreiche Diana mischte auch als geschickte Intrigantin in der Politik mit. Ihr wurden sogar die Kronjuwelen geschenkt, die sie bei öffentlichen Anlässen trug. In Frankreich oft Dianne; in England auch Dyana. Abkürzungen: Ana, Dina, Ina.

Dietlind, Dietlinde, Dietlindis: aus dem Althochdeutschen. Bedeutung: Volk und Schild aus Lindenholz. Eine Dietlinde aus dem 6./7. Jh. heiratete zuerst Authari, der bald darauf starb, danach Agilulf, beides Langobardenkönige. Sie hatte großen Einfluss auf ihren zweiten Mann, der sich daraufhin mit der Kirche arrangierte. Als er starb, übernahm sie für ihren Sohn die Regentschaft. Später beeinflusste sie diesen Sohn, eine kirchenfreundliche Politik umzusetzen. Eckte damit im Reich allerdings an. Von der Kirche wurde sie selig gesprochen. Namenstag: 22. Januar. Abkürzungen: Deta, Dieta, Ditta, Linda, Linde.

Dionysia: weibliche Form von Dionys/Dionysius, bezieht sich auf den griechischen Gott Dionysos. Ein 1908 entdeckter Asteroid heißt Dionysia. In England: Denise, Denice; in Frankreich: Dénise. Abkürzungen: Deda, Dena, Denny, Dona, Donna, Nice, Niz.

Diotima: aus dem Griechischen. Bedeutung: Gott bestimmt. Berühmt geworden ist die Diotima aus Platons »Symposion« und → Friedrich Hölderlins »Hyperion«.

Dirka: weibliche Form von Dirk/Dietrich. Käme dann aus dem Althochdeutschen und hieße: das Volk und mächtig. Der Name scheint aber auch schon in der Antike eine Rolle gespielt zu haben. In der Stadt Pula in Istrien fand man alte Mosaiken von Dirka und ihrer Mutter Antiopa, beides Gestalten aus der Mythologie. Abkürzungen: Ika, Itje.

Dolores: aus dem Lateinischen. Bedeutung: die Schmerzensreiche. In England: Delora. Abkürzungen: Doda, Dodo, Lola, Lora, Lore.

Dominica, Dominika: aus dem Lateinischen. Bedeutung: Gott geweiht. Erinnert an Maria Domenica Mazzarello, im 19. Jh. Mitbegründerin der Don Bosco Schwestern. Namenstag: 14. Mai. In Frankreich: Dominique; in Italien: Domenica; in Spanien: Domina; in Russland; Domka, Donka. Abkürzungen: Inca, Inka, Nica, Nika.

Donata, Donate, Donatina: weibliche Form von Donatus. Aus dem Lateinischen. Bedeutung: Geschenk Gottes. Eine Märtyrerin aus dem 2. Jh. hieß Donata. Namenstag: 17. Juli. Der Name taucht nicht selten in den Stammbäumen alter Aristokratenfamilien auf. Als Kosename: Donatella. Abkürzungen: Ana, Dona, Donna, Dota, Nana, Nata.

Dora, Dore: Kurzformen von → Dorothea, → Fedora, → Isidora, → Theodora. Eine Dora aus dem 20. Jh.: die Fotografin und Malerin Dora Maar, Muse und Geliebte Pablo Picassos. In Ungarn: Dorina. Abkürzungen: Dorle, Dorita.

Doralies, Doralis, Doraliesa, Doraliese, Doralisa, Doralise: einst beliebte Namen, zusammengesetzt aus → Dora und → Lies, Lis, Liesa, Liese, Lisa, Lise.

Dorett, Dorette: klingt zärtlich wie ein Kosename. Schon vor Jahrhunderten aus dem Französischen übernommen, abgeleitet von →Dorothea/Dorothee. Bedeutung: Geschenk Gottes. Abkürzungen: Dora, Doro, Dodo, Rea.

Dorina, Dorine: aus dem Italienischen/Französischen, abgeleitet von →Dorothea/Dorothee. Schon im 17. Jh. bekannt. So wirbelt durch Molières Theaterstück »Tartuffe« eine fröhliche, ehrliche, gewitzte Dorine, eine Frau, die bei sämtlichen Verstrickungen den Überblick behält. Abkürzungen: Dodo, Dora, Doro, Dörchen, Ina, Ria, Rina.

Doris: abgeleitet von →Dorothea/Dorothee. Aus der griechischen Mythologie. Doris, so rein wie Wasser, ist die Tochter des Meeresgottes Okeanos, Frau des Seegottes Nereus und Mutter von fünfzig Sprösslingen: den Nereiden. Etwa seit dem 17. Jh. in unseren Breiten bekannt. Kosenamen: Dodo, Dorle, Doro, Dörchen.

Dorothea, Dorothee: klassisch. Aus dem Griechischen. Bedeutung: Geschenk Gottes. Im 3. Jh. wurde eine Dorothea als Christin verfolgt. Vor ihrer Hinrichtung soll ihr ein Engel Früchte und Blumen geschenkt haben, deshalb gilt sie als Schutzpatronin der Gärtner und Frischvermählten. Namenstag: 6. Februar. Eine Heilige aus dem 14. Jh.: Dorothea von Montau. Stammte aus einer wohlhabenden Bauernfamilie. Musste früh heiraten. Bekam neun Kinder. Hatte religiöse Visionen. Nach dem Tode ihres Mannes verschenkte sie ihr Vermögen. Günter Grass erzählt von ihr in seinem Roman »Der Butt«. Namenstag: 25. Juni. In den vergangenen vier Jahrhunderten war der Name an vielen deutschen Fürstenhöfen beliebt. Die resolute, machtbewusste Mutter →Friedrichs des Großen hieß Sophie Dorothea. Auch in der Literatur taucht der Name auf, so in Goethes Epos »Hermann und Dorothea«. Im 18. Jh.: Dorothea Christiane Erxleben. Sie wurde von ihrem Vater, einem Mediziner, unterrichtet, half ihm bald bei der Behandlung seiner Patienten. Trotz ihres Könnens durfte sie als Frau nicht auf die Universität. Auf Intervention von Preußenkönig →Friedrich II. musste die Universität Halle sie zur Promotion zulassen. So wurde sie zur ersten deutschen Ärztin mit Doktortitel. In England: Dorothy. Abkürzungen: Dora, Dore, Dorle, Dorita, Dorte, Dortje, Dodo, Doro, Thea. →Dorett.

E

Ebba: weibliche Form von Ebbo, abgeleitet von dem Wort Eber. Eine berühmte schwedische Ebba aus dem 17. Jh.: Ebba Magnusdotter Brahe, Hofdame bei der Königinwitwe Christine und so hübsch, dass König → Gustav Adolf sie heiraten wollte – aber nicht heiraten durfte: Seine Mutter war dagegen. Diese schwedische Ebba war nicht nur schön, sondern auch geschäftstüchtig, resolut und ziemlich emanzipiert. Sie vermehrte das Vermögen ihrer Familie beträchtlich. Ein Kosename: Ebbine.

Eberharde, Eberhardine: bodenständig. Weibliche Form von Eberhard. Aus dem Althochdeutschen. Bedeutung: Eber und stark. Aus dem 17./18. Jh.: Christiane Eberhardine, Kurfürstin von Sachsen. Als ihr Mann, Kurfürst Friedrich August I. von Sachsen, katholisch wurde, um König von Polen werden zu können, blieb sie protestantisch und verzichtete darauf, Königin zu werden. In ihrem freiwilligen Exil entfaltete sie ein beachtliches kulturelles Leben. Besonders lag ihr das Schicksal von Waisenkindern am Herzen. Nach ihrem Tod schrieb Johann → Sebastian Bach zu ihrer Trauerfeier die so genannte Trauerode (»Lass, Fürstin, lass noch einen Strahl«). Abkürzungen: Ebba, Dina, Harda.

Edda, Etta: abgeleitet von dem alten Namen Edwardina. Altenglisch. Bedeutung: Segen, Reichtum.

Edeltraud: verwandt mit → Adelheid. Aus dem Althochdeutschen. Bedeutung: edel und Kraft. Im 7. Jh. wird eine fromme Etheldreda (Edeltraud) erwähnt, die nach zwei Ehen ein Kloster auf der Insel Ely in Essex gründete. Namenstag: 23. Juni. Abkürzungen: Traudel, Traudl, Traute.

Edith, Editha, Edita, Edyth: aus dem Englischen. Bedeutung: reiche Gabe. Ein Name mit langer Geschichte, denn schon im 11. Jh. hieß eine Schwester des englischen Herrschers Harald II. Edith. Auch die Geliebte Haralds, mit der er viele Kinder hatte, hieß Edith – mit dem schönen Zusatz »Schwanenhals«. In Frankreich: Édith. Abkürzungen: Ditta, Dita, Edda, Etta.

Edna: lässt aufhorchen. Ein alter englischer Name, abgeleitet von dem biblischen Namen Adna. Aus dem Hebräischen. Bedeutung: Wonne.

Edwina, Edwine: weibliche Form von Edwin. Aus dem Althochdeutschen. Bedeutung: Erbgut und Freund. Louis Mountbatten, später Admiral, Vizekönig von Indien, heiratete Anf. des 20. Jh. Edwina Cynthia Annette Ashley. Die beiden machten Furore dank ihres unkonventionellen Lebens. Abkürzungen: Edda, Win, Wini, Winnie, Winny.

Ehrentraud, Ehrentrud: aus dem Althochdeutschen. Bedeutung: Adler und Kraft. Im 7./8. Jh. war eine Erentrudis die erste Äbtissin der Benediktinerabtei Nonnberg in Salzburg. Sie ist die Schutzpatronin Salzburgs. Namenstag: 30. Juni. Abkürzungen: Ela, Traudel, Traute, Trude, Trudis.

Elena: edel. Abgeleitet von → Helena. Aus dem Griechischen. Bedeutung: die Strahlende. Einst in Italien, Spanien, Osteuropa, Griechenland gebräuchliche Form, heute international. Im 17. Jh. schaute sich eine Italienerin namens Elena Lucrezia Cornaro Piscopia, hochgebildete Philosophin und Gelehrte, das frivole Leben ihrer Mitbürger in Venedig verständnislos an. Da ging sie lieber zu den Benediktinerinnen. Nach langen Kämpfen erreichte es ihr Vater, dass sie in Philosophie promovieren durfte. Eine der ersten Frauen mit einem Doktortitel, die erste mit einem der Philosophie. Abkürzungen: Ela, Lena, Lene. → Helena.

Eleanor, Elenora, Eleonora, Eleonore, Elinor: ein Klassiker. Wohl aus dem Arabischen. Bedeutung: Gott ist mein Licht. Eleonore von der Provence (13. Jh.) kam viel in Europa herum. Heiratete den englischen König → Heinrich III., war die Mutter des späteren Herrschers Eduard I. Mit diesen zwei mächtigen Mannsbildern hatte sie ziemlich kernige Haudegen an ihrer Seite. Wer in alten Stammbäumen forscht, stößt dauernd auf den Namen, denn er war schon immer hoch beliebt, auch in den Königshäusern Frankreichs, Englands, Schwedens, Portugals und auch in der Kirche. Eine Geschichte von Edgar Allan Poe (→ Alan) mit dem Titel »Eleonora« beginnt mit dem vielversprechenden Satz: »Ich stamme aus einem Geschlecht, das durch kraftvolle Fantasie und heiße Leidenschaft ausgezeichnet ist …« Im 19./20. Jh. brillierte eine Italienerin mit ihrer Schauspielkunst: Eleonora Duse. In England: Eleanor, Ellinor; in Spanien: Leanor; in Frankreich: Alinor, Aliénor, Eléonore; in Schweden: Eleanor, Ellenor, Ellinor. Abkürzungen: Ela, Elea, Eleane, Eli, Ella, Ellen, Elli, Lola, Lora, Lore, Lorle, Nell, Nelli, Nonna, Nonno, Nora. → Leonora.

Elfriede, auch **Elfrida:** selten geworden. Deutsche Form des englischen Namens Elfreda. Bedeutung: Naturgeist und Kraft. Eine literarische Gestalt ist die schöne Elfriede in der gleichnamigen Tragödie von F. J. Bertuch (18. Jh.). Abkürzung: Effi.

Elisa, Elise: Kurzform von → Elisabeth. Aus dem Hebräischen. Bedeutung: die Gott verehrt. Bekannt geworden ist der Name durch eine beschwingte, heitere Komposition von → Ludwig van Beethoven. »Für Elise« heißt sie. Allerdings wird angenommen, dass es sich um einen Transkribierungsfehler handelt und das Stück eigentlich einer angebeteten Therese gewidmet war.

Elisabeth: traditionell. Durch die Zeiten immer gleichermaßen beliebt. Aus dem Hebräischen. Bedeutung: die Gott verehrt. Im Alten Testament der Bibel heißt → Aarons Frau Elischeba, und im Neuen Testament heißt die Mutter von → Johannes dem Täufer Elisabeth. Namenstag: 23. September. Eine unvergessene Elisabeth aus dem 13. Jh.: Elisabeth, Landgräfin von Thüringen, hilfsbereit, großzügig, immer bemüht, das Leid der Armen und Kranken zu lindern, ist die bekannteste Heilige in Deutschland. Namenstag: 19. November. Durch die Jahrhunderte auch ein beliebter Kaiserinnen-, Königinnen-, Zarinnenname. Die eindrucksvollste Königin diesen Namens: Elisabeth I., Tochter Heinrichs VIII., die nach langem Hin und Her die Herrschaft eroberte, nie heiratete, im 16./17. Jh. eine fähige Regentin war, auch durch ihre Fehde mit → Maria Stuart in die Geschichte eingegangen ist. In Irland: Eilis; in Rumänien: Elisabeta; in Italien: Elisabetta; in Russland: Elizaveta. Andere Formen: → Bettina, Bettine, Elsbeth, → Lilian, → Ilsa, Ilsabe, → Isabelle. Abkürzungen: Elies, Ella, Elli, Elly, Elsbeth, Elsi, Lis, Lisi, Liska, Lissy, Liza, Sisy, Sissa, Sisse, Sissy.

Ella, Ellen: → Eleanor.

Elsa, Else: Kurzform von → Elisabeth. Aus dem Hebräischen. Bedeutung: die Gott verehrt. Wer → Richard Wagner kennt, weiß auch um die tragische Heldin Elsa von Brabant aus seiner Oper »Lohengrin«, die auf Wolfram von Eschenbachs Versepos »Parzival« basiert. Eine abenteuerlustige schwedische Elsa aus dem 19./Anf. 20. Jh.: Elsa Andersson, Pionierin der Luftfahrt, genannt »die verwegene Schonin«. Kosenamen: Elseke, Elske.

Elsabe, Elsabea, Elsebe: klingt zärtlich und verspielt. Im 19. Jh. nicht selten. Eine Tochter des Dichters Theodor Storm hieß Elsabe. Abkürzungen: Ella, Elli, Elsa, Else, Elsie.

Elsbeth: → Elisabeth.

Emilia, Emilie: weibliche Form von Emil/Aemilius. Aus dem Lateinischen. Alter Familienname. Mehrere Heilige tragen diesen Namen. Im 18. Jh. ist der Name Emilia dann durch Lessings »Emilia Galotti« ins Gespräch gekommen. War zu jener Zeit recht beliebt. Im 18./19. Jh. ist von einer Emilie Ortlepp die Rede, der späteren Gräfin von Reichenbach-Lessonitz, Tochter eines Goldschmieds, Geliebte des Kurfürsten Wilhelm II. von Hessen, Mutter von acht Kindern und schließlich Ehefrau des Kurfürsten. Dass ihre Verbindung mit dem Kurfürsten von vielen als Skandal empfunden wurde, störte sie wenig. Eine bis heute berühmte Emily aus dem 19. Jh.: Emily Brontë, eigenwillige, geliebte und bewunderte Schriftstellerin, die zusammen mit ihren ebenfalls schreibenden Schwestern berühmt wurde, vor allem durch ihren einzigen Roman »Sturmhöhe«. → Charlotte. Andere Formen: Aemilia, Aemilie. In England: Emily; in Frankreich: Emilie. Abkürzungen: Ela, Emma, Emmi, Miele, Mila, Milli.

Emily: → Emilia.

Emma, Emmi, Emmina: schlicht und ergreifend. Verwandt mit → Hemma. Aus dem Althochdeutschen. Bedeutung: gewaltig. Kaiserin Adelheid (9. Jh.) hatte aus ihrer ersten Ehe mit König Lothar von Italien eine Tochter Emma, später Stieftochter Kaiser → Ottos I., deshalb heiß begehrt auf dem Heiratsmarkt. Etwas später machte eine weitere Emma auf sich aufmerksam: Als Schwester König Richards von der Normandie heiratete sie den etwas ungehobelten Aethelred, der über England herrschte. Diese Emma wusste genau, was sie wollte: den Engländern endlich die etwas feinere Lebensart ihrer Heimat beibringen. Sie soll nicht sehr erfolgreich bei ihren pädagogischen Bemühungen gewesen sein. Nach dem Tod ihres Mannes heiratete sie seinen Rivalen → Knut.

Emmanuelle: französisch. Weibliche Form von Emmanuel. Aus dem Hebräischen. Bedeutung: Gott ist mit uns. In Italien: Emanuela; in Spanien: Manuela, Manuelita. Abkürzungen: Ela, Ella, Ema, Emma, Lulu, Manu.

Enrica: ein italienischer/spanischer Name, verwandt mit → Heinrich. Aus dem Althochdeutschen. Bedeutung: Einfriedung und mächtig. Abkürzungen: Cara, Ica, Rica.

Erica, Erika: weibliche Form von Erik. Nordisch. Bedeutung: alleiniger Herrscher. Kann sich auch auf den Pflanzennamen Erika (Heidekraut) beziehen. War im 19./20. Jh. recht beliebt. So hieß etwa die älteste, vielseitig begabte Tochter von → Thomas und Katja Mann Erika. Abkürzungen: Ica, Ika, Ria, Rica, Ricca, Rika.

Erna: → Ernesta.

Ernesta, Ernestina, Ernestine, Ernstina: verspielter Name, der nach früheren Zeiten klingt. Weibliche Form von Ernst. Aus dem Althochdeutschen. Bedeutung: Ernst, Entschlossenheit. Eine Ernestine aus dem 18. Jh.: Ernestine Theodora Auguste, Tochter des Herzogs von Pfalz-Sulzbach, Frau des Grafen Wilhelm von Rheinhessen, ging als Witwe in das Karmelitinnenkloster in Neuburg an der Donau. Namenstag: 4. April. Abkürzungen: Ena, Erna, Nena, Stine, Tina, Tine.

Ester, Esther: ein biblischer Name. Aus dem Hebräischen. Bedeutung: der Stern. Das Buch Esther zählt zum Alten Testament. In den Niederlanden, in England: Hester.

Eugenia, Eugenie: weibliche Form von Eugen. Aus dem Griechischen. Bedeutung: die Wohlgeborene. Die Nichte der heiligen Odilia hieß Eugenia, wurde im 8. Jh. ihre Nachfolgerin als Äbtissin im Kloster Hohenburg, Elsass. Namenstag: 26. September. → Ottilia. Im 18/19. Jh. ist der Name in Königs- und Fürstenhäusern beliebt. So hieß die Tochter des schwedischen, norwegischen Königs → Oskar I. Charlotte Eugénie. Ihre Mutter war → Joséphine Beauharnais von Leuchtenberg, eine bayerische Prinzessin. Abkürzungen: Gena, Genia, Jeni, Jenni, Nia, Nini, Ninni.

Eulalia, Eulalie: fast vergessen. Aus dem Griechischen. Bedeutung: beredt. Im Jahr 1902 entdeckte Max Wolf einen neuen Stern (Asteroid), den er Eulalie nannte, nach der Großmutter seiner Frau. Abkürzungen: Lale, Lia, Lulu.

Eustacia, Eustachia: weibliche Form von Eustach. Aus dem Griechischen. Bedeutung: ährenreich. Abkürzungen: Staci, Tasia, Tassia, Tazzia, Zia.

Eva, Eve: ein biblischer Name. Aus dem Hebräischen. Bedeutung: Lebensspenderin. Nach der Bibel ist Eva der älteste Name überhaupt. Jeder kennt die Geschichte von Adam und Eva und ihrer Vertreibung aus dem Paradies. Nach der Reformation ist der Name häufiger im Gespräch. Eva ist jetzt auch ein Synonym für Weiblichkeit und nicht vor allem für Sünde. Im 19. Jh. ist Eva auch eine Figur aus → Richard Wagners Oper »Die Meistersinger von Nürnberg«: Der junge Ritter Walther von Stolzing erlernt das Singen, eigens um Evas Hand zu gewinnen. In Finnland: Eeva: in Spanien: Evita; in Frankreich: Ève; in Polen: Ewa.

Evelin, Eveline, Evelina, Evelyn: aus dem Englischen. Geht auf den altfranzösisch-normannischen Namen Ava zurück. Bedeutung: Kraft. Im 19. Jh. schrieb → Honoré de Balzac tausende von Briefen an Gräfin Eveline de Hanska, die in der fernen Ukraine auf ihn wartete. Holte sie später nach Frankreich. Abkürzungen: Eva, Eve, Linn, Lina, Line.

F

Fabia, Fabiana, Fabiane: weibliche Form von Fabian. Aus dem Lateinischen. Bedeutung: ein Familienname, weist auf das Geschlecht der Fabier hin. In Frankreich: Fabienne; in Spanien: Fabiola. Abkürzungen: Aba, Abba, Bina.

Fabrizia: weibliche Form von Fabrizius. Aus dem Lateinischen. Bedeutung: ein alter Familienname. Abkürzungen: Aba, Isa, Issi, Izia, Izzi, Zia.

Fanni, Fanny: Kurzform von → Franziska oder → Stefanie. Eine hochbegabte Fanny aus dem 19. Jh.: Fanny Hensel, Schwester von → Felix Mendelssohn Bartholdy. Wurde als Pianistin ausgebildet und komponierte. Ihre Familie verhinderte, dass sie die Musik als Beruf ausübte. Heiratete den Hofmaler Wilhelm Hensel. Die Musik spielte aber immer eine große Rolle in ihrem Leben. Im 19. Jh. lebte auch Fanny Lewald. Trat auf Wunsch des Vaters vom Juden- zum Christentum über. Aber einen ungeliebten, von den Eltern ausgesuchten Heiratskandidaten wollte sie nicht nehmen. Stattdessen begann sie zu schreiben, zog nach Berlin. Sie konnte von ihrer Schriftstellerei leben, reiste viel. Sie heiratete dann doch noch, und zwar ihren Schriftstellerkollegen Adolf Stahr. Kosename: Fannerl.

Federica: → Friederike.

Fedora, Feodora, Fjodorowna: russischer Name, verwandt mit dem aus dem Griechischen stammenden Namen → Theodora. Bedeutung: Gabe Gottes. Ein zeitloser Name mit Geschichte: Die Prinzessin Sophia Dorothea Augusta Luisa von Württemberg (18./19. Jh.) heiratete den russischen Zaren Paul, trat zum orthodoxen Glauben über und nannte sich fortan Maria Fjodorowna. Sie bekam zehn Kinder. Auch Marie Sophie Friederikke Dagmar, Prinzessin von Dänemark (19. Jh.), nannte sich als Frau von Zar

Alexander III. Marie Fjodorowna. → Dagmar. Abkürzungen: Fee, Feo, Dodo, Dora, Doro.

Felicia, Felizia: fröhlich und beschwingt. Weibliche Form von Felix. Aus dem Lateinischen. Bedeutung: die Glückliche. Eine britische Dichterin aus dem 18./19 Jh. namens Felicia Hemans veröffentlichte als 15-Jährige ihre ersten Gedichte und erregte damit schon Aufmerksamkeit. Selbst während ihrer Ehe und als Muter von fünf Söhnen behielt sie ihre literarische Karriere im Blick. Felicia heißt auch ein 1890 entdeckter kleiner Stern. Abkürzungen: Fee, Lia, Licia, Lisi, Liz, Lizia, Lizzie, Lizzy.

Felicitas, Felizitas: aus dem Lateinischen. Bedeutung: Glück, Glückseligkeit. Im 3. Jh. ließ sich eine Sklavin namens Felicitas in Karthago taufen. Namenstag: 7. März. Eine Felicitas aus dem 17. Jh.: Gräfin Maria Felicitas von Portia, Hofdame bei Kaiserin Eleonora Gonzaga am Wiener Hof. Abkürzungen: Cita, Sita, Fee, Ina, Ita, Lia, Liz, Lizia, Lizzie, Lizzy, Tassia, Tessa, Tini.

Felipa: spanische Form des griechischen Namens → Philippa. Bedeutung: die Pferdefreundin. Bereits im 15. Jh. bekannt. So hieß etwa die Frau von → Christoph Kolumbus Felipa Perestrello e Moniz. Sie stammte aus einer portugiesisch-italienischen Adelsfamilie. Abkürzungen: Ela, Fee, Lia, Pia.

Feodora: → Fedora.

Fernanda, Fernande, Ferdinanda: zeitlos. Von → Ferdinand/Fridunanth. Aus dem Althochdeutschen. Bedeutung: der Friede und kühn. Eine strahlend schöne Fernanda aus dem 19. Jh.: Marie Luisa Fernanda de Borbón, Frau von Antoine Maria Philippe d'Orléans. Sie bekam zehn Kinder, und jedes Kind wurde mit einem schönen alten spanischen Vornamen bedacht. In den Niederlanden: Ferdinandine. Abkürzungen: Ana, Nane, Nana, Nanda, Nande.

Fidelia: weibliche Form von Fidelius. Aus dem Lateinischen. Bedeutung: treu, zuverlässig. In der frühen Puccini-Oper »Edgar« hat eine Fidelia ihren großen Auftritt. Abkürzungen: Delia, Fidis, Fila, Filia, Fita, Lia.

Fiene: niederdeutsche Form von Namen wie → Josefine.

Filomena: → Philomena.

Flavia: aus dem Lateinischen. Bedeutung: Bezieht sich auf die römische Familie der Flavier. Im 1. Jh. heiratete die ehemalige Mätresse Flavia Domitilla den römischen Kaiser Vespasian, und Rom staunte. Eine zweite Flavia Domitilla sorgt im 2./3. Jh. für Aufmerksamkeit: Auf dem Grundstück der als Christin getöteten Märtyrerin entstand ein erster christlicher Friedhof, nach ihr benannt. Namenstag: 7. Mai. Abkürzungen: Fita, Lia.

Fleur: → Flora.

Flora, Floria, Floretta, Florette: aus dem Lateinischen, Name der altrömischen Frühlingsgöttin. Bedeutung: die Blume. Eine einsatzbereite, attraktive Flora aus dem 19. Jh.: Flora Tristan, Sozialistin, Schriftstellerin, Frauenrechtlerin. Verdiente ihren Lebensunterhalt als Reiseführerin, schrieb Reiseberichte und Reportagen, hielt politische Vorträge. Ihr Enkel war → Paul Gauguin. In Frankreich:

Mehr als einen Vornamen?

Pippilotta Viktualia Rollgardina Pfefferminz Efraimstochter Langstrumpf – so der vollständige Name der Pippi Langstrumpf aus Astrid Lindgrens Kinderbuchklassiker. Mal abgesehen davon, dass wohl keiner der Vornamen einen gewissenhaften Standesbeamten überzeugen würde, wären ihm fünf Vornamen möglicherweise bereits zu viel für ein kleines Mädchen. Eine Mutter sah das ganz anders: Zwölf Vornamen sollte ihr Kind bekommen – die Mutter wollte mit Namen aus allen Teilen der Welt zum Ausdruck bringen, dass es keine Grenzen im Herzen der Menschen gibt. Laut Bundesverfassungsgericht sind zwölf Vornamen jedoch zu viel. Wie viele Vornamen der Standesbeamte zulässt, ist weitgehend seiner Entscheidung überlassen. Normalerweise werden aber bis zu fünf Vornamen problemlos eingetragen. Bekommt ein Kind zwei oder drei Namen und wünschen die Eltern, dass die Namen durch Bindestriche verbunden werden, dann muss der Namensträger später bei einer offiziellen Unterschrift alle Namensteile ausschreiben.

Fleur, Fleurette; in Italien: Fiora; in England: Floris, Florry, Flower; in Spanien: Floreta. Abkürzung: Flori.

Florentia, Florenzia, Florenze: duftig wie ein Blumenstrauß. Angelehnt an → Florian. Aus dem Lateinischen. Bedeutung: blühend, glänzend. Eine Florence aus dem 19./20. Jh., die von vielen verehrt wurde: Florence Nightingale. Engagierte sich in der Krankenpflege. Bekannt geworden während ihres Einsatzes im Krimkrieg. Sie professionalisierte die Krankenpflege. Im Englischen: Florence; in Italien: Fiorenza. Abkürzungen: → Flora, Florrie, Florry, Ona, Rena, Tina, Tine.

Floriana, Floriane, Florianne, Florina, Florine, Florentina: fühlt sich warm und sonnig an. Angelehnt an → Florian. Aus dem Lateinischen. Bedeutung: blühend, glänzend. Eine Florentina aus dem Spanien des 6./7. Jh.: Florentina von Cartagena. Wird noch heute als heilige Nonne und Äbtissin verehrt. Namenstag: 20. Juni. Abkürzungen: Flora, Florrie, Florry, Ina, Ria.

Fortunata, Fortuna: wohlklingend. Weibliche Form von Fortunatus. Aus dem Lateinischen. Bedeutung: die Glückliche, die Gesegnete. Quer durch Europa und quer durch die Jahrhunderte taucht dieser Name in Adels- und anderen Geschlechtern auf, besonders im 17./18 Jh., als lateinische Namen »in« waren. Abkürzungen: Nana, Nane, Nata, Nuna, Ona, Ota, Una.

Franziska: fern jeden Zeitgeists. Aus dem Lateinischen. Bedeutung: die Französin. Im 16./17. Jh. gründete Johanna Franziska von → Chantal nach dem Tod ihres geliebten Mannes den Orden der Salesianerinnen. Franz von Sales, Mitbegründer des Ordens, sagte über sie: »Man kann wohl nicht größeren Verstand mit tieferer Demut vereint sehen.« Später wurde sie heilig gesprochen. Namenstag: 12. Dezember. Aus anderem Holz geschnitzt: Françoise d'Aubigné, Madame de Maintenon. Zuerst Erzieherin der beiden Kinder von Sonnenkönig → Louis XIV. mit der Marquise de Montespan, bald wurde sie, immer schwarz gekleidet und dabei sehr attraktiv, die Vertraute des Königs. Ob es wirklich zu einer geheimen Ehe mit Ludwig gekommen ist, wissen die Historiker bis heute nicht. Übrigens hieß auch ihre Konkurrentin um die Gunst des Königs, Madame de Montespan, mit Vornamen Françoise. In Frankreich: Françoise; in England: Frances, Francis; in Osteuropa: Franciska, Franeka, Franika. Abkürzungen: Fanni, Fannerl, Fanny, France, Franja, Franny, Franze, Franzi, Siska, Sissy, Ziska.

Freda: → Frederica.

Frederica, Frederika, Frederike: schwedische und norddeutsche weibliche Fassung von Frederik, → Friederich. Aus dem Althochdeutschen. Bedeutung: der Friede und mächtig. In Frankreich: Frédérique. Abkürzungen: Deda, Fita, Freda, Ita, Rica, Rike.

Freia, Freya, Freyja: isländisch. Name der germanischen Göttin der Liebe und Fruchtbarkeit. Bedeutung: die Herrin. Abkürzungen: Aja, Aya.

Frida, Frieda, Friede: Kurzform von → Friederike, abgeleitet von → Friedrich. Aus dem Althochdeutschen. Bedeutung: der Friede und mächtig. Eine sehr selbstständige Frieda aus dem 19. Jh.: Frieda von Bülow, leitete eine Farm in Ostafrika, war außerdem Schriftstellerin und laut Literaturgeschichte Begründerin der »Kolonialromane«.

Friederika, Friederike: mädchen- und zauberhaft. → Friedrich. Aus dem Althochdeutschen. Bedeutung: der Friede und mächtig. Eine besonders kecke, selbstbewusste Friederike aus dem 18./19. Jh.: Friederike von Preußen. Kam zusammen mit ihrer Schwester → Luise, die Königin wurde, an den Hof. Heiratete einen preußischen Prinzen. Hatte es schwer am Hof, weil sie sich nicht anpassen wollte. In Italien: Federica; in Frankreich: Fédérique. Abkürzungen: Freda, Fita, Fricka, Frida, Frieda, Friede, Frigga, Frika, Frieke, Fritza, Fritzi, Frizzi, Rica, Rieke, Rika, Rike.

Friedrun: fast vergessen. Aus dem Althochdeutschen. Bedeutung: Friede und Zauber, Geheimnis. Abkürzungen: Frieda, Friede.

Gabriela, Gabriele, Gabriella: aus dem Hebräischen. Weibliche Form von Gabriel. Bedeutung: Mann Gottes. Mitte des vergangenen Jahrhunderts als Mädchenname gefragt, auch schon vorher aktuell. Wer die Stammbäume von Herrscher- und Adelshäusern studiert, stößt häufiger auf diesen Namen, oft in Verbindung mit Maria, Marie oder Johanna. Ein Beispiel aus dem 18. Jh.: Eine besonders liebenswerte, gutmütige Tochter der österreichischen Erzherzogin Maria → Theresia und ihres Mannes Kaiser Franz Josef war Johanna Gabriele von Österreich. Abkürzungen: Ela, Ella, Gabi, Jella, Yella.

Genovefa, Genoveva: fremdartig, ungewöhnlich. Vielleicht aus dem Gälischen. Bedeutet möglicherweise: Volk und Frau. Die Experten grübeln noch. Auf jeden Fall »alt«: Im 5. Jh. sagte eine junge Genoveva der Legende nach voraus, dass die Hunnen Paris verschonen würden. Die Männer glaubten ihr nicht und griffen zu den Waffen. Die Frauen glaubten ihr und beteten. Die Stadt wurde verschont. Deshalb gilt Genoveva als Schutzpatronin von Paris. Namenstag: 3. Januar. In Frankreich: Geneviève, Ginette. Abkürzungen: Efa, Efe, Eva, Genia, Genna, Nora.

Georgette: → Georgia.

Georgia, Georgina, Georgine, Georgette: weibliche Form von Georg. Aus dem Griechischen. Bedeutung: die Bäuerin. International beliebt: seit Generationen in vielen Familienchroniken rund um den Globus zu finden. In Frankreich: Georgette; in Italien: Giorgina. Abkürzungen: Gia, Gina, Ina.

Geralde, Geraldina, Geraldine: weibliche Form von Gerald/Gerwald. Aus dem Althochdeutschen. Bedeutung: Speer und walten, herrschen. Kosenamen: Aldina, Aldine.

Gerda, Gerdi, Gerdie, Gerta, Gerti: nordisch. Bedeutung: Schützerin. Oft Kurzform von → Gertrud. Aus dem Althochdeutschen, Bedeutung: Speer und Zauberkraft oder traut, lieb. Zu Beginn des 20. Jh. ein Modename, im 19. Jh. aufgekommen.

Gerharda, Gerharde, Gerhardine: bodenständig und solide. Weibliche Form von Gerhard. Aus dem Althochdeutschen. Bedeutung: Gabe und hart. Taucht bereits im 15. Jh. in Kirchenbüchern auf. Wer ein paar Generationen zurückgeht, findet manche Gerharda, Gerharde. Der Name war vor allem im 18./19. Jh. nicht selten, als die weiblichen »Jungennamen« in Mode kamen. Abkürzungen: Gerda, Gerta, Gela, Harda, Harde.

Gertraud: → Gertrud.

Gerlind, Gerlinde, Gerlindis: aus dem Althochdeutschen. Bedeutung: Speer und Lindenholzschild. Abkürzungen: Gerda, Gerta, Linde, Lindis.

Germaine: abgeleitet von → German. Aus dem Lateinischen. Bedeutung: die Germanin oder die Schwester. Im 16. Jh. musste eine kleine Schafhirtin namens Germaine im Stall schlafen und wurde von ihrer Stiefmutter schlechter behandelt als das Aschenputtel im Märchen. Trotzdem war das Kind guter Dinge. Die anderen Kinder des Dorfes liebten es, auf der Schafweide ihre Geschichten von der Güte Gottes zu hören. Sie wurde heilig gesprochen. Namenstag: 15. Juni. Abkürzungen: Mani, Minna.

Gertrud, Gertrude, Gertrudis, Gertraud: klingt nach alten Zeiten. Früher häufig, heute selten. Aus dem Althochdeutschen, Bedeutung: Speer und Zauberkraft oder traut, lieb. Die Liste berühmter Frauen namens Gertrud ist lang, darunter auch etliche Heilige mit den Namenstagen 17. September, 17. März oder 16. November. Eine norddeutsche Gertrud war im 11./12. Jh. mit Graf Heinrich dem Fetten von Northeim verheiratet. Später wurde sie Markgräfin von Meißen. Ihre Tochter heiratete später → Lothar von Süpplingenburg, erst Herzog von Sachsen, dann Kaiser. (→ Richarda.) Eine spätere, sehr neugierige, mutige Namensträgerin aus dem 19./20. Jh.: Gertrude Bell, britische

Historikerin, Archäologin, Alpinistin, Schriftstellerin, auch Geheimdienstlerin – sie wird noch mehr gekonnt und getan haben. Vor allem jedoch war sie eine begeisterte Forschungsreisende. Weil sie sich im Nahen und Mittleren Osten gut auskannte, wurde sie bei der Neuordnung dieser Gebiete während und nach dem Ersten Weltkrieg zu Rate gezogen. Andere Formen: Gesa, Gesche, Gescha, Gesina, Gesine. In Italien: Gertruda; in England, in Frankreich: Gertrude; in Friesland: Geertruid. Abkürzungen: Gena, Gerda, Gerta, Gerte, Gerti, Gerty, Traudel, Traute, Truda, Trude, Trudi, Trudis.

Gesa, Gesine, Gesina, Gesche: → Gertrud.

Gisela, Gisla, Giselinde: im 20. Jh. beliebt. Aus dem Althochdeutschen. Bedeutung: Geisel, Bürge. Im Mittelalter Frauenname der Herrschenden. Bereits 9. Jh. bekannt. Eine Tochter der → Irmingard von Tours, verheiratet mit dem karolingischen Mitkaiser Lothar I., hieß Gisla. Im 11. Jh.: Die Mutter Heinrichs III., die Königin und Gemahlin → Konrads II., hieß Gisela von Schwaben. Hat als eine besonders einflussreiche, schöne, kluge Frau Geschichte gemacht. In Frankreich Gisèlle, Giselle; in Italien: Gisella. Abkürzungen: Gisa, Gila, Gilla, Illa, Ille,

Gloria: wie eine Fanfare und ein Jauchzen. Aus dem Lateinischen. Bedeutung: Ruhm. Eine Maria II. da Gloria Herzogin von Porto, liebenswert, gutmütig, glücklich verheiratet und Mutter vieler Kinder, war im 19. Jh. Königin von Portugal, die letzte Herrscherin aus dem Haus Braganza. Zur ihrer Regierungszeit erlebte Portugal eine der bewegtesten Perioden seiner Geschichte. Trotz der vielen Konflikte, der harten Zeiten wurde die Königin verehrt.

Gratia, Grazia, Graziana, Gracia, Graziella: aus dem Lateinischen. Bedeutung: die Anmutige. Der Name klingt entsprechend graziös.

Greta, Grete, Grethe: eigentlich eine schwedische Kurzform von → Margarete. Aus dem Griechischen. Bedeutung: die Perle. Der Name ist durch das Gretchen (Margarete) in Goethes Faust bekannt geworden. Hieraus stammt auch der Begriff »Gretchenfrage«: eine direkte, an den Kern eines Problems gehende Frage, die vom Gefragten ein Bekenntnis verlangt. Ein abenteuerlustige Grete aus dem 19. Jh.: Grethe Güterbrock, die sich durch Marokko dazu anregen ließ, ihre Reiseerlebnisse aufzuschreiben und von da ab als Schriftstellerin zu arbeiten. In den Niederlanden: Gretske.

Griselda, Griselde, Griseldis: aus dem Althochdeutschen. Bedeutung: grau und Held. Im 14. Jh., in Giovanni Boccaccios Novellensammlung »Decamerone«, ist Griselda, eine Bauerntochter, die Heldin der letzten, höchst eindrucksvollen Geschichte. In England: Grishilda; in Schottland: Grizelda, Griteld. Abkürzungen: Zela, Zelda, Zia.

Grit, früher **Grid:** nordisch. Die Tochter des Gottes → Odin, wichtigster Gott der nordischen Mythologie, hieß Grid. Der Name wird auch als Kurzform von → Margarete verstanden. Aus dem Lateinischen. Bedeutung: die Perle.

Gudrun: aus dem Altnordischen. Bedeutung: Gott und Zauber, Geheimnis. Der Name ist durch die Gudrunsage aus dem 13. Jh. bekannt geworden, die in Bayern entstanden ist und das zweite große Heldenepos der mittelalterlichen deutschen Literatur neben dem Nibelungenlied darstellt. Im Vergleich zu diesem ist sie aber verspielter und dank ihrer Heldin Gudrun/Kudrun auch wesentlich versöhnlicher. → Hartmut. Abkürzungen: Gulja, Gunda.

Gustava, Gustafa: handfest und bodenständig. Weibliche Form von Gustav, Gustaf. Aus dem Schwedischen. Bedeutung: Gott und Stab, Stütze. Abkürzungen: Ava, Gutja, Gusta, Gustel, Gustl.

Gwendolin, Gwendolyn: geheimnisvoll. Fremdartig. Aus England. Ursprünglich aus dem Keltischen. Bedeutung: weiß und Ring, Bogen. Erinnert an eine verliebte Fee aus der Artussage. Abkürzungen: Gwen, Gwenda, Linn, Lynn.

H

Hanna, Hanne: Kurzform von → Johanna, seit langem verselbstständigt. Aus dem Hebräischen. Bedeutung: Der Herr ist gnädig. In Polen, Tschechien und auch England: Hana. Kosenamen: Hannele, Hannerl, Hanni.

Hannah: ein biblischer Name. Aus dem Hebräischen. Bedeutung: die Anmutige. Die Mutter des Propheten → Samuel heißt in der Bibel Hannah.

Hannelore: zusammengesetzt aus den Namen → Hanne und Lore (→ Eleanor). Mitte des vorigen Jahrhunderts beliebt. Abkürzungen: Hanna, Hanne, Lore, Lorle.

Hedda: Kurzform des nordischen Namens Hedevig. Aus dem Althochdeutschen. Bedeutung: Streit und Kampf. »Hedda Gabler« ist ein bekanntes Theaterstück des Norwegers Henrik Ibsen. → Hendrik.

Hedwig, Hadwig: aus dem Althochdeutschen. Bedeutung: Streit und Kampf. Die Geschichte einer Heiligen dieses Namens: Im 14. Jh. sollte die junge, schöne Hedwig polnische Königin werden. Es gäbe keine andere Lösung, sagten die hohen Herren in Polen. Sie solle ihre Verlobung mit Herzog Wilhelm von Habsburg aufgeben. Das war sehr schwer für sie, denn sie liebte ihn. Aus politischem Interesse musste sie dann einen ungehobelten älteren Großfürsten aus Litauen heiraten. Statt um ihn kümmerte sie sich intensiv um Land und Leute, vor allem um die Armen und Kranken. Namenstag: 17. Juni. Eine Hedwig, die sich im 19./20. Jh. als Schriftstellerin für die Frauen stark machte: Hedwig Dohm. Obwohl ihre Eltern von gebildeten jungen Damen wenig hielten, sie früh aus der Schule nahmen, wurde sie eine bekannte Autorin. Heiratete Ernst Dohm, Chefredakteur des Satireblatts »Kladderadatsch«. Ihre Enkelin Katia wurde die Frau von Thomas Mann. In Skandinavien:

Hedvig, Hedvig; in Frankreich: Edwige; in Italien: Edvige; in England: Hazel; in den Niederlanden: Hadewig, Hedwigs; in Polen: Jadwiga. Abkürzungen: Eve, Hede, Hedi, Hedel, Hedy, Hedda, Hella, Viga, Wiga.

Heidi: im 19. Jh. als Koseform von → Adelheid entdeckt. Damals bekannt geworden durch das Buch »Heidi« von Johanna Spyri. Später auch abgeleitet von → Heidrun oder von Doppelnamen wie Heidemarie, die nicht zu den wirklich alten Namen zählen.

Heidrun: zusammengesetzt aus zwei althochdeutschen Silben. Bedeutung: Gestalt und Zauber, Geheimnis. Abkürzungen: Heide, Heidi.

Heike: → Henrike.

Heilwig: ungewohnt für heutige Ohren. Aus dem Althochdeutschen. Bedeutung: heil und Kampf. Ursprünglich ein Jungenname, war aber bereits im Mittelalter auch als Mädchenname bekannt. Abkürzungen: Hella, Wicki.

Heinrike: weibliche Form von Heinrich. Aus dem Althochdeutschen. Bedeutung: Einfriedung und mächtig, reich. In Norddeutschland auch Heimke, Heinke. → Henrike.

Helena, Helene, Helen: unangetastet von allen Moden. Aus dem Griechischen. Bedeutung: die Strahlende. Helena war in der griechischen Mythologie die Tochter von Leda und Zeus und Königin von Sparta. Sie galt als die Allerschönste unter allen Schönen. Viele Griechenfürsten umschwärmten sie. Ihre Entführung durch Paris, den Sohn des trojanischen Königs, löste den Trojanischen Krieg aus. Diese aufregende Geschichte wurde von vielen Dichtern bearbeitet, von Euripides bis Goethe. Der Name war europaweit gefragt, auch in Fürstenhäusern. Die Form Helene wirkt weit bodenständiger als Helena und war im 19. Jahrhundert höchst beliebt. Eine Helene aus dieser Zeit: Helene Demuth. Ging mit Karl Marx und seiner Frau Jenny als Haushälterin, gleichzeitig auch politische Weggefährtin und Freundin nach England. Als sie einen Sohn zur Welt brachte, wurde auf die Vaterschaft von Marx getippt. Sie gab den Namen nie preis. Nach dem Tod von Marx arbeitete Helene bei Engels als Haushälterin. In England: Eileen, Helen; in Frankreich: Elaine, Hélène; in Italien, in Spanien: Elena; in Tschechien: Alena, Alina; in Russland: Jelena. Weitere Formen: → Ellen, → Elena, Ilana, Ileana, Ileane, → Ilona. Kosenamen: Alenica, Alenka, Ena, Eni, Helja, Jelka, Lea, Lena, Lene, Leni, Lenka, Nena, Nene.

Helga, Hilga: nordische Namen. Mitte des 20. Jh. sehr beliebt. Bedeutung: heil, gesund. In Finnland: Aila.

Helma: Kurzform von → Wilhelmina. Aus dem Althochdeutschen. Bedeutung: Wille und Helm. Oder abgeleitet von Namen mit der Anfangssilbe »Hel«. Im 18./19. Jh. arbeitete eine Helmina von Chézy als Journalistin für deutsche Zeitungen in Paris, war auch als Übersetzerin, Schriftstellerin, Librettistin tätig.

Heloise: ursprünglich französischer Name, abgeleitet vom althochdeutschen Namen Helewidis. Bedeutung: gesund, groß. In unseren Breiten selten. Erinnert an eine tragische Liebesgeschichte aus dem Mittelalter. Héloïse, im 12. Jh. in Paris geboren, gebildet, intelligent, voller Bewunderung für die Wissenschaften, Nichte des Domherrn von Notre-Dame de Paris, verliebte sich als Sechzehnjährige in ihren viel älteren Lehrer Abaelard, einen berühmten Theologen. Wurde schwanger. Heiratete ihn heimlich. Beide traten

Was gilt als Name, was nicht?

Der Vorname muss als solcher erkennbar sein. Darum sind Sachbezeichnungen wie zum Beispiel »Telefon«, »Polygraph« oder »Eisenbahn« ebenso wenig gestattet wie eindeutig als Nachnamen definierte Namen. Heftig gestritten wird übrigens über Ortsbezeichnungen als Vornamen, nicht zuletzt weil es hier viele internationale Beispiele gibt. Etwa sind Namen der amerikanischen Bundesstaaten oder von Inseln als Vornamen in den USA akzeptiert, bei uns dagegen können Eltern ihr Kind nicht »Sylt« oder »Bayern« nennen (»Bavaria« allerdings schon!).

Die gebräuchliche Kurzform eines Vornamens (wie zum Beispiel Rudi, Susi) wird als selbstständiger Vorname anerkannt, ein Kosename dagegen nicht (etwa Nannerl).

nach dem tragischen Ende der Beziehung ins Kloster ein. Die bewegende Liebesgeschichte der beiden ist immer neu erzählt worden. In Frankreich: Héloise. Abkürzungen: Hela, Hella, Loise, Loisa.

Hemma: verwandt mit Namen wie → Emma, Erma, Irma. Aus dem Althochdeutschen. Bedeutung: gewaltig. Schon zur Zeit → Karls des Großen bekannt. Eine Heilige dieses Namens (10./11. Jh.): Hemma von Gurk. Gründete bei Klagenfurt ein Benediktinerinnenkloster. Sie ist Patronin von Kärnten. Namenstag: 27. Juni.

Henny: → Henriette, → Henrika.

Henrietta, Henriette: mit wachsender Beliebtheit der französischen Sprache im 17. Jh. populärer geworden. Weibliche Form von Heinrich/Henri. Ursprünglich aus dem Althochdeutschen. Bedeutung: die Einfriedung und reich, mächtig. Zuerst in Herrscher-, dann auch in anderen Häusern beliebt. Eine besondere Henriette aus dem 18./19. Jh.: Henriette Herz, Schriftstellerin. Führte emanzipiert und geschickt einen Literarischen Salon in Berlin – recht ungewöhnlich zu ihrer Zeit. Bei ihr traf sich die intellektuelle Prominenz. Auch abenteuerlustig, aber auf ganz andere Weise: Mary Henrietta Kingsley, die alles über Afrika gelesen hatte und unbedingt dorthin wollte. Nach dem Tod ihrer Eltern konnte sie endlich reisen. Und wie sie reiste! Allein im Kanu auf dem Ogowe-Fluss, allein bei Kannibalenstämmen … Diese Reisen machten sie berühmt. Auch im 19. Jh. populär: Henriette Davidis, die erste wichtige Kochbuchautorin. Ihr »Praktisches Kochbuch« war damals der Renner. Zu Beginn des 20. Jh. wurde Henriette Arendt die erste deutsche Polizistin – mit ihrer Auslegung der Dienstvorschriften, vor allem zugunsten von Kindern und Frauen, eckte sie bei den Kollegen unweigerlich heftig an. Abkürzungen: Edda, Etta, Henny, Jette, Ria.

Henrika, Henrike, Henrieka, Henrieke, Henrica, Henrice, Hendrika, Hendrike: abgeleitet von → Hendrik/Heinrich. Bedeutung: die Einfriedung und reich, mächtig. Aus dem Althochdeutschen. Die Franziskanernonne Henrika Fassbender wollte Ende des 19. Jh. mit vier Begleiterinnen auf dem Dampfer »Deutschland« in die USA reisen. Als das Schiff in Seenot geriet, verzichteten die Nonnen Familienvätern zuliebe auf ihre Plätze in den Rettungsbooten. Noch heute wird ihrer gedacht. Namenstag: 6. Dezember. Verwandte Formen: Hinderika, Hinderike. In den Niederlanden: Hendrikje. Abkürzungen: Heike, Henni, Henny, Ria, Rica, Rika, Rike.

Hera: aus dem Griechischen. In der griechischen Mythologie war Hera die eifersüchtige Gattin des Zeus. Auch Kurzform von Namen wie Herlinde, Herlindis, die aus dem Althochdeutschen stammen. Bedeutung dann: Heer und Lindenholzschild.

Hermia, Herminia, Hermina, Hermine: von Hermanna/Hermanne, der weiblichen Form von → Hermann. Aus dem Althochdeutschen. Bedeutung: das Heer und der Mann. In William Shakespeares »Ein Sommernachtstraum« spielt die Liebesgeschichte zwischen Hermia und → Lysander eine entscheidende Rolle. In Frankreich: Armande, Armandine; in Italien: Erminia; in Russland: Germina. Abkürzungen: Herma, Hermi, Mia.

Herta, Hertha: gilt als Ableitung des lateinischen Götternamen Nerthus, sagen die einen. Andere meinen, der Name stamme aus dem Althochdeutschen, die Anfangssilbe bedeute Heer. Auf jeden Fall hat der Name eine lange Geschichte: Aus dem 4. Jh. ist die Märtyrerin Herta oder Hertula von Rom bekannt. Namenstag: 12. April. In unseren Breiten ist der Name Ende des 19. Jh. aktueller geworden.

Hilda, Hilde: Kurzform von Namen wie → Hildegard, → Mathilde. Aus dem Althochdeutschen. Bedeutung: Kampf. In der Gudrunsage ist Hilde die Mutter → Gudruns. Kosenamen: Hilja, Hilla, Hiltje, Hillu.

Hildegard, Hildegarda, Hildegarde, Hildegardis, Hildegart: aus dem Althochdeutschen. Bedeutung: Kampf und Hort, Einfriedung. Eine berühmte »frühe« Hildegard aus dem 8. Jh.: Die zweite Frau → Karls des Großen trug diesen Namen. Im 12. Jh.: Hildegard von Bingen, Äbtissin, die tat, was Frauen in jener Zeit eigentlich verwehrt war: Sie schrieb umfangreiche philosophische und medizinische

Werke, dichtete, komponierte und brachte das Abendland zum Staunen. Ihr Wissen ist noch heute gefragt. Namenstag: 17. September. Im Mittelalter war der Name nicht selten, dann ließ das Interesse nach. Erst Mitte des 20. Jh. wurde er wieder gebräuchlich, um dann erneut aus der Mode zu kommen. Kosenamen: Hilda, Hilde, Hilja, Hilla, Hillu, Hiltje.

Hippolyta: die weibliche Form von Hippolyt. Aus dem Griechischen. Bedeutung: der die Pferde ausspannt. Vor Jahrhunderten nicht selten. In dem Stück »Ein Sommernachtstraum« (16. Jh.) von William Shakespeare ist Hippolyta die Königin der Amazonen. Abkürzungen: Litta, Lyta.

Holda, Holde: → Hulda

Hortense, Hortensia: aus dem Lateinischen. Bedeutung: ein altrömischer Familienname, der auf das lat. Wort für »Garten« zurückgeht. Eine frühe Hortensia (1. Jh. v. Chr.) ist die einzige bekannte Rednerin Roms. Berühmt: ihre Rede gegen eine geplante Sondersteuer für Frauen, mit der sie erreichte, dass auch die Männer besteuert wurden. Im 18./19. Jh.: Die Tochter aus erster Ehe der schönen, faszinierenden → Joséphine de Beauharnais (sie heiratete später Napoleon Bonaparte) hieß Hortense und war mit Louis Bonaparte verheiratet, einem Bruder Napoleons. Ein Sohn Hortenses kam später als Napoleon III. an die Macht. Die Blume Hortensie soll nach ihr benannt worden sein. Eine Enkelin von Joséphine hieß ebenfalls Hortense: Eugénie Hortense Auguste von Beauharnais. Eine spätromanische Form: Ortensia. Abkürzungen: Holly, Hora.

Huberta, Hubertina: weibliche Form von Hubert. Aus dem Althochdeutschen. Bedeutung: der Verstand und glänzend. Abkürzung: Berta.

Hulda, auch **Holda, Holde, Holle:** schwedischer Name. Aus dem Althochdeutschen. Ende des 19. Jh. recht beliebt. Bedeutung: weiblicher Geist. Abkürzungen: Ula, → Ulla.

Hyazintha: weibliche Form von Hyazinth. Aus dem Griechischen. Erinnert an die griechische Sage von einem Jüngling, der von Apollo nach seinem Tode in eine Hyazinthe verwandelt wurde. Abkürzungen: Zinzia, Zita.

I

Ida, früher auch **Ita, Itha:** schlicht und klangvoll. Aus dem Althochdeutschen. Bedeutung: Frau. Wird auch als Kurzform anderer Namen mit dem Anfangsbuchstaben I verstanden. War schon im Mittelalter aktuell. Im 11. Jh. heiratete Radbot von Habsburg, der die Habichtsburg (Habsburg) erbaute, eine Ida, die nun als Stammmutter der Habsburger gilt. Zusammen mit ihrem Mann stiftete sie das Kloster Muri in der Schweiz. Ihr Name taucht auch als Iia, Itha und in der französischen Form Ide auf. Im 11./12. Jh. wird von einer Ida berichtet, Tochter von Gottfried dem Bärtigen von Lothringen und Frau von Eustach II. von Boulogne, dazu die Mutter des Königs von Jerusalem: Balduin I. Im 19./20. Jh.: Ida Boy-Ed, eine deutsche Schriftstellerin, verfasste Romane und Erzählbände und beeinflusste mit ihrem Lübecker Salon das kulturelle Leben von Lübeck nachhaltig. Zu dieser Zeit ist Ida dann zu einem Modenamen geworden.

Idita: norddeutsch. Abgeleitet von → Jutta. Wird auch als Form von → Judith/Judita verstanden. Bedeutung: die Gepriesene. Abkürzungen: Ida, Ita, Itta, Dita.

Ilana, Ileana: → Helena.

Ildico, Ildiko: seit jeher in Ungarn beliebt, hierzulande erst seit Beginn des 20. Jh. bekannter. Einst Koseform zu Namen mit der Silbe »hild«, wie etwa Kriemhild. Aus dem Althochdeutschen. Bedeutung: Kampf. Einer Sage nach wurde Ildico, Tochter eines Fürsten, im 5. Jh. mit dem Hunnenkönig → Attila verheiratet. Attila starb jedoch schon in der Hochzeitsnacht. In späteren Sagenfassungen trägt diese Ildico den Namen Kriemhild. Abkürzungen: Illa, Ille, Dikta.

Iliane: → Juliane.

Ilka: → Ilona, Ilonka.

Ilona, Illona, Ilonka: ursprünglich ein ungarischer Name. Heute international. Mit dem Namen → Helene verwandt. Aus dem Griechischen. Bedeutung: die Glänzende. Ende 19./Anf. 20. Jh. vor allem in Ungarn beliebt. Abkürzungen: Ila, Ilka, Illa, Ille, Lona, Loni, Lonny, Lonka.

Ilsa, Ilse: norddeutsch. Zu Beginn des 20. Jh. gefragt. Abgeleitet von → Elisabeth. Aus dem Hebräischen. Bedeutung: die Gott verehrt. Kosenamen: Illa, Ille, Ilske, Ilsebill.

Ilsabe, Ilsabet, Ilsabeth: zärtlich, verspielt. Wie → Ilsa zu Beginn des 20. Jh. im Interesse, ursprünglich Kosename von → Elisabeth. Aus dem Hebräischen. Bedeutung: die Gott verehrt. Bereits im 16. Jh. ist dieser Name in Familienchroniken zu finden. Abkürzungen: Bette, Betty, Illa, Ille, Ilsa, Ilse, Isa.

Imma, Imme, Immi, Imina: schlicht, von gutem Klang. Verwandt mit Namen wie → Irmgard, Irmhild, auch → Emma, Emmina, → Hemma. Aus dem Althochdeutschen. Bedeutung: groß, gewaltig. Der Name ist weit älter als tausend Jahre. Bereits im 8. Jh. gründete eine Imma, Tochter des Thüringerherzogs Hetan II., in Würzburg ein Kloster. Viel mehr ist über sie leider nicht bekannt.

Imogen, in weit früheren Zeiten **Innogen:** mädchen- und märchenhaft. Aus dem Englischen, aber längst international. Bedeutung wahrscheinlich: unschuldig. Vielleicht auch aus dem Lateinischen mit der Bedeutung: das Bild. Andere sagen, der Name Imogen sei als Ergebnis eines Druckfehlers aus Innogen entstanden. In William Shakespeares Stück »Cymbeline« spielt eine bezaubernde Imogen mit (17. Jh.). Abkürzungen: Ima, Imma, Imme, Gwen.

Ina: norddeutsch. Kurz und knapp, gleichzeitig wohlklingend. Kurzform von Namen wie → Christina, → Josefina, → Catharina ... Zu Beginn des 20. Jh. startete die Abenteuerin Ina von Grumbkov eine Expedition durch das menschenleere Island – auf den Spuren ihres tödlich verunglückten Verlobten. Verliebte sich während der Expedition in ihren Begleiter Reck. Sie heiratete ihn und schrieb ein faszinierendes Buch über ihre Reise. Ging später mit ihrem Mann nach Afrika. Übrigens hieß auch ihre Mutter schon Ina.

Ines, Inés: → Agnes.

Inga, Inge, Inger: schwedisch. Verwandt mit Namen wie etwa → Ingrid, → Ingeborg. Der Name bezieht sich auf den germanischen Gott Ingwio und kam bei uns erst mit dem 20. Jh. auf. In Skandinavien ist Inge auch ein Jungenname aus der Wikingerzeit. → Ingo.

Ingeborg, Ingeburg: nordisch. Erinnert an den Gott Ingwio oder an eine Burg, an Schutz. Andere sehen eine Verbindung zum Wort Engel. Ende des 19. Jh. wurde der Name langsam immer beliebter, ist aber viel älter. Kommt auch in alten Sagen vor. Im 12. Jh. heiratete der französische König Philipp August, ein rechter Schurke, die dänische Königstochter Ingeborg. Gleich nach der Hochzeit verlangte er die Scheidung, die Ingeborg aber standhaft ablehnte. In ihrer Gegenwart überfiel den König ein unerklärliches Zittern. Man weiß nicht, warum, denn die dänische Prinzessin wird als schöne Frau beschrieben, die ihrem Stiefsohn Ludwig eine gute Ersatzmutter war. Namenstag: 30. Juli. Friesische Variante: Inken. Abkürzungen: Inge, Inga, Inia, Inja. → Ingo.

Ingrid, Ingerid: nordisch. Etwa seit Ende des 19. Jh. über Skandinavien hinaus zunehmend bekannt. Bezieht sich auf den germanischen Stammesgott Ingwio, bedeutet außerdem: schön. War und ist in skandinavischen Königshäusern beliebt. Im 12. Jh. hieß eine schwedische Königstochter Ingerid Ragnvaldsdatter, Enkelin von König Inge Stenkilsson. Eine andere Ingrid aus dem 13. Jh.: die eindrucksvolle Ingrid Elovsdotter. Obwohl bisher nicht heilig gesprochen, wird sie in Schweden ob ihrer guten Taten verehrt. Ging schließlich in ein Kloster, das sie selbst gegründet hatte. Namenstag: 2. September. In Dänemark: Inger, Ingerid, Ingfred, Ingred; in Norwegen: Ingefrid, Ingfrida; in Schweden auch: Ingra, Ingri. Abkürzungen: Grid, Grit, Gritt, Inga, Inge, Inia, Inja. → Ingo.

Inka, Inken, Ineken: norddeutsch. Verwandt mit Namen mit der Anfangssilbe »ing« wie etwa Ingrid. Bezieht sich auf den germanischen Gott Ingwio. Und ähnlich wie beim Namen → Inga: vor allem im Norden bekannt.

Innozentia, Innocentia: aus dem Lateinischen. Bedeutung: die Unschuldige. Ein in der katholischen Kirche beliebter Name. In Russland: Innokentija. Abkürzungen: Ina, Tissa, Zentia, Zenzi.

Iphigenia, Iphigenie: anspruchsvoll. Aus dem Griechischen. Bedeutung: von Geburt an kräftig. In der griechischen Mythologie ist Iphigenia die älteste Tochter Agamemnons, des Königs von Mykene. Sie wurde entführt. Ihr Bruder Orest fand sie wieder. Goethe hat ihr Schicksal in seinem Bühnenstück »Iphigenie auf Tauris« in Verse gefasst. Auch andere Dichter haben den Stoff aufgegriffen. Abkürzungen: Ena, Gena, Genia, Gina, Ina, Pia.

Ira: → Irene.

Irena, Irene: traditionell. Aus dem Griechischen. Bedeutung: die Friedliche. In der griechischen Mythologie ist Eirene eine der drei Horen, Tochter von Zeus und Themis. Sie gilt als Verkörperung des Friedens. Eines ihrer Attribute ist ein Füllhorn, das die segensreiche Wirkung des Friedens verdeutlichen soll. Im 3. Jh. soll die heilige Irene von Rom der Legende nach den heiligen Sebastian gesund gepflegt haben. Wird deshalb als Patronin der Krankenpflege verehrt. Namenstag: 22. Januar. Der Name war auch in Herrscherhäusern präsent. Irene von Athen war im 8./9. Jh. Kaiserin des Oströmischen Reiches. Im 12./13.Jh.: Irene von Schwaben, von Walther von der Vogelweide als Rose ohne Dornen gepriesen, heiratete König Philipp von Schwaben, den Sohn → Friedrich Barbarossas. Hunderte Jahre später, im 19./20. Jh., war Irène Curie, Tochter von Marie Curie, eine berühmte Wissenschaftlerin, die zusammen mit ihrem Mann den Nobelpreis für Chemie bekam. In Frankreich: Irène; in Ungarn: Irén; in Polen, in Tschechien: Irina; in Griechenland: Irini. Abgekürzt: Ina, Ira, Irka, Nena, Nina, Rena, Rina.

Irina: → Irene.

Iris: zart, mädchenhaft. Unabhängig von Trends. Aus dem Griechischen. Erinnert an eine Götterbotin der griechischen Mythologie: Als Mittlerin zwischen Himmel und Erde personifiziert sie den Regenbogen, also den Bogen, die Brücke zwischen Götterwelt und Menschheit. Wenn ein Regenbogen erschien, war dies in der altgriechischen Welt das Zeichen, dass eine Botschaft der Götter durch Iris, die Götterbotin, überbracht wurde. Mit dem 20. Jh. wird der Name bekannter. Heute wird er gern mit der Blume Iris gleichgesetzt.

Irmgard, älter: **Irmengard, Irmingard:** ein alter deutscher Name, heute seltener. Aus dem Althochdeutschen. Bedeutung: Welt und Schutz. Schon im 8./9. Jh. gefragt. Kaiser → Lothar I. heiratete eine Irmingard von Tours. Die beiden bekamen neun Kinder. Im 9. Jh.: Irmengard von Chiemsee, Tochter König Ludwigs des Deutschen und seiner Frau Hemma. Lebte im Kloster auf der Insel Frauenchiemsee. Namenstag: 16. Juli. Es gibt noch weit mehr Heilige diesen Namens. Vor allem im Mittelalter war der Name recht gebräuchlich. In Italien: Ermengarde. Abgekürzt: Irm, Imma, Imme. → Armgard.

Isa: einfache Schreibweise, guter Klang. Ursprünglich Kurzform von Namen wie → Isabel, → Isidora, Isadora → Isolde, auch → Luise. Nicht wirklich alt, aber immerhin schon in Familienalben aus dem 19. Jh. zu finden.

Isabelle, Isabella, neuere Schreibweise **Isabell:** klassisch. Seit jeher beliebt. Ein portugiesischer und spanischer Name. Kurzform von → Elisabeth. Aus dem Hebräischen. Bedeutung: die Gott verehrt. Andere sagen: Hergeleitet von Jesebel, Isebel. Auch aus dem Hebräischen. Bedeutung: nicht einheimisch. Seit Jahrhunderten gefragt, auch in Fürsten- und Königshäusern. Eine Isabel aus dem 19. Jh., fast schon modern: Isabel Burton, britische Reiseschriftstellerin. Hatte als junges Mädchen Fernweh, träumte von der großen weiten Welt. Aus den Träumen wurde Wirklichkeit: Sie reiste mit und ohne ihren Ehemann, erkundete Arabien, den Amazonas, Indien … Eine weitere von Fernweh geplagte Isabelle aus dem 19./20. Jh.: Isabelle Eberhardt, Reiseschriftstellerin. In Russland groß geworden, lebte sie nach der Emigration in der Schweiz.

Lernte schon mit zwölf Jahren Arabisch. Führte ein Wanderleben. Ritt durch die Sahara. Reiste durch Tunesien, Algerien, Marokko … Als Mann verkleidet, erlebte sie, was sie als Frau nie erlebt hätte. In Frankreich: neben Isabelle auch Isabeau; in England: Isobel; in Schottland: Iseabal; in Spanien: Isabel. Abkürzungen: Bel, Bella, Belle, Billa, Isa, Isabe.

Isalie: liebenswert. Zärtlich. Eigentlich ein Kosename. Angelehnt an den Namen → Isa, Kurzform von Namen mit der Anfangssilbe »is«.

Isidora, Isidore, auch **Isadora, Isadore:** aus dem Griechischen. Bedeutung: Geschenk der Göttin Isis. Abkürzungen: Isa, Isi, Dodo, Dora, Dore.

Isis: aus dem Griechischen. Nach der ägyptischen Göttin Isis, die den alten Ägyptern unter anderem als Göttin der Liebe, Meergöttin und »Mutter der Sonne« galt.

Isolde: vielleicht aus dem Keltischen, vielleicht aus dem Althochdeutschen. Bedeutung: Rüstung und walten. Bereits im 12./13. Jh. wird von → Gottfried von Straßburg eine Isolde in melodischen Reimen besungen. Die tragische Liebesgeschichte des jungen → Tristan und der schönen Königstochter Isolde von Irland ist weltbekannt – nicht zuletzt durch die Oper von → Richard Wagner. Eine Tochter Wagners hieß Isolde. In Italien: Isotta. Abkürzungen: Isa, Oda, Otta.

Ivonne: französisch. Weibliche Form von Yvon. Bedeutung: die Eibe. Andere Namensforscher sehen eine Verwandtschaft zum Namen → Adelheid. Bedeutung dann: edel. Abkürzungen: Iva, Nona, Nonna, Ona, Vonne, Vonny, Yva. → Yvonne.

Jakoba, Jakobea, Jakobäa, Jakobina, Jaobine: weibliche Form von Jakob. Aus dem Hebräischen. Bedeutung: der Fersenhalter, vielleicht auch: Gott möge beschützen. Die Experten sind sich da nicht einig. Im 16. Jh. war der Name keine Seltenheit, so gab es etwa die Markgräfin Jakobe von Baden, die in München zu einer schönen, lebenslustigen jungen Frau mit zahlreichen Verehrern heranwuchs. Leider zwang man ihr aus politischen Gründen eine Heirat auf, durch die ihr Leben aus den Fugen geriet. Trotz allem bewahrte sie immer Haltung und Format. Später ist der Name ganz aus der Mode gekommen. In Frankreich: Jacqueline, Jacquetta; in England: Jaimie. Abkürzungen: Bea, Bine, Bina, Jacky, Jana, Janni, Jannie.

Jane: englisch, verwandt mit dem Namen → Johanna. Aus dem Hebräischen. Johanna hat die Bedeutung »Gott ist gnädig«. Eine berühmte Lady Jane aus dem 16. Jh. hatte allerdings kein gnädiges Schicksal: Dass sie von ihrem Vetter König Edward VI. von England zur Thronerbin bestimmt wurde, war für sie eine Tragödie, denn sie wurde bald des Verrats beschuldigt und nach nur neun Tagen Regentschaft im Tower hingerichtet. Eine glücklichere Jane: Im 18./19. Jh. lebte die schon damals und noch heute gern gelesene englische Autorin Jane Austen, die mit ihrer scharfen Beobachtungsgabe und viel Humor und Gefühl die menschliche Natur aufs Korn nahm. Calamity Jane schließlich, die eigentlich Martha Jane Cannary hieß, war eine wahre Wildwest-Heldin (19./Anf. 20. Jh.). Nach dem Tod beider Eltern beschützte sie ihre jüngeren Geschwister, ernährte die Familie als Postkutschenfahrerin, Salondame, Krankenschwester, Goldgräberin, Wirtin, Kunstschützin. Sie verschaffte sich überall Respekt. Kosenamen: Janet, Janey.

Jenny, Jenni, Jenna: Kurzformen von Jennifer oder → Johanna. Bereits im 19. Jh. im deutschen Sprachraum bekannt und damals gebräuchlicher als der Name Jennifer. Berühmt geworden ist zu der Zeit Jenny Treibel aus → Theodor Fontanes Roman »Frau Jenny Treibel«. Außerdem: Jenny Lind, die »schwedische Nachtigall«, eine Opernsängerin, die wegen ihrer fantastischen Stimme, ihrer Anmut und Schönheit bewundert wurde.

Jessica, Jessika: wohl aus dem Hebräischen. Bedeutung: Gott blickt. Auch schwedische Form von → Johanna. In Shakespeares Drama »Der Kaufmann von Venedig« spielt eine Jessica mit. Wirklich bekannt geworden ist der Name bei uns allerdings erst im 20. Jh. Abkürzungen: Ica, Jessie.

Johanna, Johanne: ein biblischer Name. Aus dem Hebräischen. Bedeutung: Gott ist gnädig. In der Bibel heilt Jesus eine Johanna. Im 15. Jh. führte Johanna von Orléans (Jeanne d'Arc) die französischen Truppen gegen die Engländer. Heute gilt sie als Nationalheldin und Heilige. Namenstag: 30. Mai. Eine zu ihrer Zeit (18./19. Jh.) erstaunlich emanzipierte, weltoffene Frau: Johanna Schopenhauer, Schriftstellerin. Mutter des Philosophen → Arthur Schopenhauer. Ging als Witwe nach Weimar. Ihre Teegesellschaften waren »Kult«, sie gehörte zum literarischen Kreis um Goethe. Noch heute lieben kleine Mädchen »Heidi«, die Geschichte von dem kleinen Schweizermädel aus den Bergen, das in die große Stadt Frankfurt kommt. Die Schöpferin dieser beliebten Romanfigur hieß Johanna Spyri, Schweizer Schriftstellerin (19. Jh.). Eine dänische Johanne, die im 19. Jh. als Schauspielerin Triumphe feierte, bis heute unvergessen: Johanne Luise Heisenberg, für ihre Bewunderer »die Unsterbliche«. In Frankreich: Jeanne, in England: Joanna, Joanne, Joana; in Spanien: Juana; in Italien: Giovanna, Gioana, Gianna; in Skandinavien: Jonna; in Osteuropa: Janina. Abkürzungen: Hana, Hanka, Hanna, Hanne, Hannerl, Jane, Jana, Janna, Janne, Jenni, Jenny, Jodie, Jody, Joke, Jonna, Nettie, Nanna.

Jolanda, Jolande, Jolantha, Jolanthe: der Name stammt wohl aus Griechenland. Bedeutung: das Veilchen und die

Blüte. Im Mittelalter im Adel bekannt. In Ungarn: Jólanká; in Griechenland heute: Iolandi. Abkürzungen: Ana, Dana, Jola, Lana, Landa, Lanta. → Yolanda.

Josefa, Josepha, Josefine, Josephine, Josefina: traditionell. Weibliche Form von Josef. Bedeutung: Gott möge hinzufügen. Aus dem Hebräischen. Im 18./19. Jh. recht häufig, gerade in Herrscherhäusern. So gab es einige Prinzessinnen namens Maria Josepha bei den Wittelsbachern und Habsburgern. Napoleons erste Frau, die spätere Kaiserin von Frankreich, hieß Joséphine de Beauharnais (→ Hortense) und gab ihren Namen an ihre Enkelin weiter. Später heiratete diese den König von Schweden und Norwegen, → Oskar I. In Spanien: Josefita; in Frankreich auch Josette. Abkürzungen: Fina, Fine, Fita.

Judita: ein Name, der schon im 9./10. Jh. aus den beiden Namen → Judith und → Jutta zusammengesetzt wurde. Abkürzungen: Dita, Ditta, Ita, Itta. → Idita.

Judith: ein biblischer Name. Aus dem Hebräischen. Bedeutung: die Gepriesene. Die Judith aus den alten Schriften verführt den gegnerischen König Holofernes mit ihren besonderen Reizen und besiegt ihn auf diese Weise – ein Motiv, das bei vielen Malern besonders beliebt war. In der Sixtinischen Kapelle etwa gibt es ein Fresko von Michelangelo, das Judith und Holofernes zeigt. Eine laut Geschichtsschreibung willensstarke, dazu wunderschöne Namensträgerin aus dem 9. Jh.: Judith die Welfin, Frau → Ludwigs des Frommen. Sie verfolgte eigene politische Ziele, manipulierte ihren schwachen Mann, stellte seine Berater kalt und war entsprechend gefürchtet. Im 12. Jh. wieder eine Judith, die Geschichte machte: Die Welfin Judith heiratete Friedrich II. den Einäugigen, Herzog von Schwaben. Ihr Sohn → Friedrich ist als König Barbarossa in die Geschichte eingegangen. Abkürzungen: Ditta, Itta, Ita, Jule. → Idita.

Julia, Julie: weibliche Form von Julius. Aus dem Lateinischen. Bedeutung: weist auf das Geschlecht der Julier hin. Die Reihe berühmter Julias beginnt mit der Schwester von → Julius Cäsar, Julia Caesaris. Später gab es mehrere Heilige dieses Namens. Eine davon: Julia von Karthago, die wohl bei der Christenverfolgung unter Kaiser Decius (3. Jh.) starb. Namenstag: 22. Mai. Im 16. Jh.: die tragische Geschichte der Liebenden → Romeo und Julia, von William Shakespeare auf die Bühne gebracht. Als der Humanismus neues Interesse an der Antike weckte, wurde der Name wieder zunehmend bekannter. Es gibt diesem schönen Namen zu Ehren einen Stern namens Julia. In Schweden: Julla oder Iliane; in England: Gillian, Juliet, July; in Schottland: Sileas; in Italien: Giulia; in Russland: Julja; in Tschechien: Jitka; slawisch: Julianka; in Ungarn: Julika, Julischka. Abkürzungen: Ana, Gill, Judy, Jule, July, Lia.

Juliana, Juliane, Julianne: weibliche Form von Julian. Aus dem Lateinischen. Bedeutung: weist auf das Geschlecht der Julier hin. Im Mittelalter wurde der Name langsam bei uns bekannt. Ein Vorbild im 12./13. Jh.: die heilige Juliana von Lüttich. Namenstag: 5. April. Eine schon zu Zeiten des Dreißigjährigen Krieges selbstbewusste und emanzipierte Juliana: Loysa Juliana Gräfin von Sayn-Wittgenstein. Kämpfte für das Erbrecht ihrer Töchter Ernestine und Johannetta. Leider vergeblich, denn männliche Nachkommen hatten zu jener Zeit immer Vorrang. In Schweden, in Belgien: Iliane, Iljana; in Frankreich: Julienne. Abkürzungen: Ana, Ila, Illa, Ille, Illia, Jana, Lia.

Julitta: aus dem Lateinischen. Eine besondere Form von → Julia. Der Name weist auf das Geschlecht der Julier hin. Im 3. Jh. kam eine Christin Julitta mit ihrem Söhnchen Kyriakos bei der Christenverfolgung um, weil sie an ihrem Glauben festhielt. Die Pfarrkirche in Tramin, Südtirol ist nach den beiden benannt. Namenstag: 16. Juni. In Spanien: Julita. Abkürzungen: Jule, Lia, Litta.

Justina, Justine: edel, aber nicht abgehoben. Aus dem Lateinischen. Bedeutung: die Gerechte. Im 3. Jh. wurde in Padua eine Justina wegen ihres Glaubens verfolgt. Namenstag: 7. Oktober. Eine bewundernswerte, schöne Justina aus gleicher Zeit: die Christin Justina von Antiochien. Ein Verehrer wollte sie mit Hilfe eines Zaubers gewinnen. Vergebens. Daraufhin ließ sich auch der Verehrer bekehren. Beide wurden schließlich Opfer der Christenverfolgung. Namenstag: 26. September. Eine stolze Justina aus dem 4. Jh., zielgerichtet, machtbewusst: die Mutter des römischen Kaisers Valentinian II., die immer wieder versuchte, auf die Politik Einfluss zu nehmen. In Italien: Giustina. Abkürzungen: Gustel, Gustl, Janita, Line; Lina, Nina, Nita, Tina, Tine.

Jutta, Jutte, einst auch **Juta:** entweder aus dem Althochdeutschen/Altnordischen oder Hebräischen, abgeleitet von → Judith. Bedeutung: aus dem Volk der Jüten (altnordisch) oder die Gepriesene (abgeleitet von Judith). Ein bereits im Mittelalter bekannter Vorname. So gab es zum Beispiel im 14. Jh. eine Jutta von Luxemburg (genannt Bonne de Luxembourg), ältere Schwester von Kaiser Karl IV., Frau des französischen Thronfolgers Johann von Valois. Kosenamen: Etta, Itta, Jytte, Yvette. → Idita.

Vorname und Nachname – eine Einheit

In der Kindergarten- und Schulzeit wird ein Kind heute meistens nur beim Vornamen gerufen. Mit der Zeit kommt der Nachname jedoch immer häufiger dazu. Deshalb sollten Vor- und Nachname in Klang, Schriftbild und Stil gut zusammenpassen beziehungsweise sich gut ergänzen.

- Ein kurzer Vorname passt meist besser zu einem längeren Familiennamen und umgekehrt.
- Der letzte Buchstabe des Vornamens sollte nicht mit dem ersten Buchstaben des Nachnamens übereinstimmen.
- Ein anspruchsvoller Vorname passt in der Regel am besten zu einem ebenso anspruchsvollen oder aber möglichst schlichten Familiennamen.

Außergewöhnliche alte Vornamen lassen sich gut mit schlichten, weniger außergewöhnlichen Nachnamen kombinieren. Eine Helena Schmitt, ein Orlando Schwarz, eine Jolanda Meyer – warum nicht? Schließlich sind auch unsere Familiennamen »alte Namen« mit einer verborgenen Bedeutung! Aber Vorsicht: Zu aufgesetzt darf die Kombination nicht klingen. So ist einem Kind mit dem Namen Justinanus Reiter sicherlich nicht gedient. Justin Reiter geht schon eher.

K

Käthe, Käte: warmherzig, liebenswert. Kurzform von → Katharina. Aus dem Griechischen. Bedeutung: die Reine. Wurde bekannt durch das Ritterspiel um eine tapfere Schmiedstochter: »Käthchen von Heilbronn« (19. Jh.) von → Heinrich von Kleist. Im 19./20. Jh. schuf die deutsche Künstlerin Käthe Kollwitz mit ihren beeindruckenden Lithografien, Radierungen, Kupferstichen, Holzschnitten und Skulpturen Werke von zeitloser Gültigkeit. In England: Kate, Kathy.

Kamilla, Kamille: die weibliche Form von Kamill. Aus dem Lateinischen. Bedeutung: ehrbar. Abkürzungen: Kara, Ille, Illa, Mila, Milla. → Camilla, Camille.

Kandida: elegant. Weibliche Form von Kandidus. Aus dem Lateinischen. Bedeutung: hell, glänzend, aufrichtig. Abkürzungen: Ana, Anna, Caja, Candie, Candy, Cara, Dina, Ida. → Candida.

Karen, Karena: dänisch, schwedisch. Angelehnt an → Karin, → Katharina. Aus dem Griechischen. Bedeutung: rein, sauber. Ende des 19. Jh. war der Name schon aktuell. Die dänische Schriftstellerin Karen Blixen (bei uns unter dem Pseudonym Tania Blixen bekannt) wurde bekannt durch ihren Roman »Jenseits von Afrika«. Abkürzungen: Kaia, Kaja, Kalla, Kary, Kari, Rena. → Caren.

Karin: frisch wie der Nordwind. Seit langem ist der Name über Skandinavien hinaus bekannt und beliebt. Angelehnt an → Katharina. Aus dem Griechischen. Bedeutung: rein und sauber. Im 16. Jh. war das Waisenkind Karin Mansdotter in Schweden bei Hofe, erst als Kammerzofe bei Elisabeth Wasa, dann, erst fünfzehnjährig, als Geliebte von König Erik XIV. Später als dritte Ehefrau des Königs. Erst Mitte des 20. Jh. wurde der Name hierzulande sehr populär. Abkürzungen: Ina, Kaia, Kaja, Kalla, Kara, Kary, Kari, Ria. → Carin.

Karla: weibliche Form von Carl/Karl. Aus dem Althochdeutschen. Bedeutung: die Freie. Seit Ende des 19. Jh. beliebt. Abkürzungen: Kara, Kay, Ina, Lale. → Carla.

Karlina, Karline: traditionell. Im 18./19. Jh. wurden weibliche Namen gerne von männlichen abgeleitet. Angelehnt an → Karoline, damit an → Karola, → Karla, → Karl. Bedeutung: die Freie. Abkürzungen: Kara, Kay, Lina, Line, Linka. → Carlina.

Karola: schön und schlicht. Abgeleitet von → Karla/Karl. Bedeutung: die Freie. Abkürzungen: Kara, Karrie, Kay, Lola, Lale, Ola. → Carola.

Karolina, Karoline, heute auch **Karolin:** abgeleitet von → Karl. Aus dem Althochdeutschen. Bedeutung: die Freie. Aus dem 18./19.Jh.: Karoline von Günderrode, Dichterin der Romantik. Aus Mangel an Geld wurde sie in ein Stift für adelige Damen gesteckt – das war nichts für ihren unbändigen Freiheitswillen. Sie muckte auf, lernte die Romantiker kennen. Dichtete auch selbst. Erst heimlich, veröffentlichte ihre »Gedichte und Phantasien« dann unter einem Pseudonym. Sogar Goethe war beeindruckt. Abkürzungen: Kara, Karol, Karry, Kaja, Kasja, Kay, Lina, Line, Linka. → Carolin.

Karstine: weibliche Form von Karsten, der niederdeutschen Fassung von → Christian. Aus dem Lateinischen. Bedeutung: die Christin. Abkürzungen: Kara, Tina, Tine, Stina, Stine. → Carstine.

Kassandra: → Cassandra.

Katharina, Katharine, Katarina, Katerina, Katherina, Katherine, Kathrin, Katrin: ein Klassiker. Aus dem Griechischen. Bedeutung: rein und sauber. Der Name hat im 3./4. Jh. durch die heilige Katharina von Alexandria Interesse erweckt, eine der beliebtesten katholischen Heiligen. Namenstag: 25. November. Eine Katharina aus dem 15./16. Jh., die eine beeindruckende Persönlichkeit war: Katharina de Bora. Von ihrem Vater als Kind ins Kloster gebracht, musste sie Nonne werden. Floh später mit anderen aus dem Kloster. Suchte Schutz bei → Martin Luther. Kam bei dem Maler → Lukas Cranach dem Älteren unter. Heiratete Luther, hatte mit ihm sechs Kinder. Im 18./19. Jh. hatten nacheinander zwei resolute Frauen mit Namen Katharina in Russland als Zarinnen das Sagen. Andere Namensformen: Katalin, Kateline, Katalyn, Katina, Katinka, Katjana, Katjuscha, Katrein, Kathinka, Kathrein, Kathrin, Kathrina, Katinka. In England: Kathleen, Kateline; in Irland: Kareen; in Schweden: Kathrine, Kolina; in Dänemark: Karna; in Finnland: Kaarina; in Norwegen: Kari; in den Niederlanden: Katrijn; in Bulgarien: Katrischa; in Ungarn, in Slowenien: Katka. Abkürzungen: Ina, Ine, Jana, Kara, Kaatje, Kadja, Käthe, Kai, Kaj, Kaja, Kasja, Kata, Kati, Katia, Katja, Katka, Katrin, Kathe, Kathi, Kathy Katy, Katya, Katty, Kay, Kaya, Kayla, Tina, Tine, Tinka. → Catharina.

Kerstin, Kerstina, Kerstine: → Kristin.

Kira, Khira, Kyra: klang- und anspruchsvoll. Aus dem Griechischen. Verwandt mit dem alten Namen Kyrana: Frau aus Kyrenaika. Andere sehen in dem Namen die weibliche Variante des altpersischen Könignamens Cyrus (→ Kyros).

Kirsten, Kirstien, Kirstin, Kirstina, Kirstine, Kirstyn: dänische, schwedische Namen, verwandt mit → Christina, → Christian. Aus dem Lateinischen. Bedeutung: die Christin. Abkürzungen: Ina, Ira, Kira, Kirsti, Kirsty, Kis, Kris, Stine, Stina, Tina, Tine, Tita, Tyna.

Klara, auch **Klarissa, Klarisse:** aus dem Lateinischen. Bedeutung: klar, hell. Genauso klingt der Name auch. Andere Namensformen: Klarina, Klarinda, Klarinde, Klarine, Kläre. Kosenamen: Ina, Isa, Klärchen, → Clara.

Klaudia: ein Klassiker. Aus dem Lateinischen. Bedeutung: aus dem Geschlecht der Claudier. Abkürzungen: Dina, Dine. → Claudia.

Klemenza, Klementina, Klementine: von → Klemenz. Aus dem Lateinischen. Bedeutung: sanftmütig, gütig. Abkürzungen: Clea, Emma, Ena, Tina, Tine. → Clementia.

Klio, Clio: aus dem Griechischen. Bedeutung: die Römerin. In der griechischen Mythologie ist Klio, die Tochter des

Zeus und der Mnemosyne, eine der neun Musen. Sie ist für die Geschichtsschreibung zuständig und für die Heldendichtung.

Klothilde, Klotilde, Klothilda, Klotilda: erinnert ans Mittelalter. Aus dem Althochdeutschen. Bedeutung: berühmt und Kampf. Abkürzungen: Cleo, Hilda, Hilde, Tilda, Tilde.

Konrade, Konradine: fern jeden Trends. Weibliche Form von Konrad. In mittelalterlichen Königshäusern nicht unbekannt. Im 18./19. Jh. erfreute eine Friederike Auguste Konradine Bethmann als Schauspielerin das anspruchsvolle Berliner Publikum. Abkürzungen: Konny, Dina, Nadine. → Conrade.

Konstanze, Konstantine: traditionell. Aus dem Lateinischen. Bedeutung: beharrlich. Weil keine männlichen Nachkommen vorhanden waren, wurde im 12. Jh. eine wunderbare Konstanze Königin von Neapel und Sizilien. Obwohl der Papst und nicht wenige Sizilianer Vorbehalte hatten, verheiratete man sie mit Heinrich, dem Sohn und Erben von Kaiser → Friedrich Barbarossa. Schon vierzig Jahre alt, brachte sie noch ein Kind zur Welt: den späteren Stauferkaiser Friedrich II. In einem Zelt auf dem Marktplatz einer Kleinstadt bei Ancona wurde er geboren mit den Frauen der Stadt als Zeuginnen, um Zweifeln an der Schwangerschaft vorzubeugen. Übrigens hat Dante dieser »trefflichen Konstanze« in seiner »Göttlichen Komödie« ein Denkmal gesetzt. Abkürzungen: Koko, Nanderl, Stanze, Tana, Tania, Tanne. → Constanze.

Kora: abgeleitet von → Cornelia. Aus dem Lateinischen. Bezieht sich auf das Geschlecht der Cornelier. → Cora.

Kordelia: zeitlos. Variante von → Cordula. Aus dem Griechischen. Bedeutung: das Mädchen. Abkürzungen: Konni, Konny, Korrie, Korry, Lia. → Cordelia.

Kordula: aus dem Griechischen. Bedeutung: das Mädchen, die Tochter. Verwandt mit dem Namen → Korinna. Abkürzungen: Koko, Kordel, Kordi, Kordl, Kordy, Korrie, Korry, Lola, Lula, Lulu. → Cordula.

Korina, Korinna: aus dem Griechischen. Bedeutung: die Tochter. Schon dreihundert Jahre v. Chr. in Griechenland bekannt, denn zu jener Zeit soll die griechische Dichterin Korinna ihre Gedichte geschrieben haben, die sich auf griechische Sagen bezogen. Abkürzungen: Ina, Koko, Kora, Korry, Krinna, Ona. → Corinna.

Kornelia, Kornelie: aus dem Lateinischen. Bezieht sich auf das Geschlecht der Cornelier. Abkürzungen: Koko, Konni, Korny, Korry, Lili, Neela, Neele, Neeltje, Nela, Nele, Nelli. → Cornelia.

Kosima: → Cosima.

Kreszenz, Kreszenzia, Kreszentia: aus dem Lateinischen. Bedeutung: die Wachsende. Die katholische Kirche feiert eine Mystikerin namens Kreszentia aus dem 17./18. Jh. Noch heute wird im Kloster Kaufbeuren das Sieb gezeigt, mit dem sie der Legende nach als junge Ordensschwester Wasser schöpfte, ohne einen Tropfen zu verlieren – sehr zum Ärger ihrer Oberin, die ihr diese Aufgabe voller Missgunst aufgebrummt hatte. Namenstag: 5. April. Abkürzungen: Zenza, Zenze, Zenzia. → Creszenzia.

Krista: eine zunehmend beliebte Fassung des Namens → Christa. Nordisch. Angelehnt an → Christiane, → Christian. Aus dem Lateinischen. Bedeutung: die Christin. Abkürzung: Tita.

Kristiana, Kristiane: nordisch. Aus dem Lateinischen. Bedeutung: die Christin. Abkürzungen: Kris, Krissie, Nana, Nane, Nanna, Tiana, Tjana. → Christiane, → Christiana.

Kristin, Kristina, Kristine: nordisch. Die weibliche Form von → Kristian. Aus dem Lateinischen. Bedeutung: die Christin. Der Name hat in Skandinavien eine lange Tradition. Im 12. Jh. hatte der norwegische König Harald IV. mit seiner Frau Inge, einer schwedischen Königstochter, drei Kinder. Eins dieser Kinder hieß Kristina. Im 17. Jh. kam Kristine I., erst sechsjährig, auf den Thron. Als 18-Jährige übernahm sie die Regierungsgeschäfte. Nach zehn Jahren dankte sie ab, der Macht müde, aber auch, weil sie ihren Cousin heiraten sollte. Sie wurde katholisch, zog nach Rom und widmete sich fortan den Künsten und der Wissenschaft. In Dänemark: Kjersten, Kjerstine, Kjerstin; in Schweden auch: Kersten, Kerstina, Kerstine, Kickan, Kirsten, Kirsti.

Abkürzungen: Ina, Ira, Kea, Kersta, Kris, Krissie, Stina, Stine, Tina, Tine, Tinja, Tita. → Christina, Christine.

Kunigunde: heute sehr selten. Aus dem Althochdeutschen. Bedeutung: Sippe und Kampf. War im Mittelalter beliebt. So gab es etwa im 10./11. Jh. eine Kaiserin Kunigunde, Gemahlin von Kaiser Heinrich II., die viel Gutes für die Menschen getan hat. Wurde heilig gesprochen. Mehrere bis zu tausendjährige Lindenbäume in Franken sind nach ihr benannt. Namenstag: 3. März. Viel später, im 18./19. Jh., lebte eine Kunigunde, die es mit einer weit verzweigten, aufregenden Verwandtschaft zu tun hatte: Kunigunde Brentano, verheiratet mit dem Rechtsgelehrten Friedrich Carl von Savigny, Schwester von → Clemens Brentano und → Bettina von Arnim, Enkelin → Sophie la Roches und immer um alle besorgt. Sie war der Fixpunkt der ganzen Sippe. Abkürzungen: Gunda, Gundel.

Kyra: → Kira.

Zu extravagante Vornamen haben keine Chance

Längst nicht alle von den Eltern gewünschten Vornamen werden von offizieller Seite akzeptiert – hier einige Beispiele, über welche ausgefallenen Namensvorschläge deutsche Standesbeamte in den letzten Jahren zu entscheiden hatten:

- für Mädchen erlaubt: Azalee, Bavaria, Cheyenne, Galaxina
- für Mädchen nicht erlaubt: Beauregard, Borussia, Cezanne
- für Jungen erlaubt: Alpha (mit eindeutig männlichem zweiten Vornamen), Mikado
- für Jungen nicht erlaubt: Grammophon, November, Pfefferminze, Verleihnix

L

Lätitia, Lätizia, Letizia: aus dem Lateinischen. Bedeutung: Freude. Eine Letizia aus dem 18./19. Jh.: Maria Letizia Ramolino, Die Mutter von Kaiser Napoleon Bonaparte, die ihre große Familie gut im Griff hatte. Im Englischen: Letice; in Spanien: Leticia; in Italien: Letizia; in Frankreich: Laetitia. Abkürzungen: Lela, Tita, Titia, Tizia.

Lamberta: die weibliche Form von Lambert. Aus dem Althochdeutschen. Bedeutung: Land, glänzend. Abkürzungen: Berta, Berte, Lana.

Larissa, Larisse, Larisa: aus dem Altgriechischen. Der Name weist auf eine griechische Stadt hin. Im 4. Jh. wurden auf Geheiß eines gotischen Fürsten auf der Krim Christen verfolgt, darunter die heilige Larissa. Namenstag: 26. März. Abkürzungen: Isa, Issi, Issie, Lara.

Laura, Laurina, Laurine: aus dem Lateinischen. Abgeleitet von → Laurentius. Bedeutung wohl: die Lorbeergeschmückte. Bekannt geworden auch durch den Dichter Petrarca, der im 14. Jh. eine unerreichbare Laura anhimmelte. In Frankreich: Laure, Laurette; in England: Lauren, Laureen, Laurena, Laurie; in Italien: Lauretta.

Laurentia, Laurenzia: weibliche Form von Laurentius. Aus dem Lateinischen. Bedeutung wohl: die Lorbeergeschmückte. Im Englischen: Laureen, Lauren, Laurena; in Frankreich: Laurence; in Norwegen: Laurense, Laurine; in den Niederlanden: Laureina. Abkürzungen: Lara, Laura, Lora, Rena, Renza, Rina, Tita, Titia, Tizia.

Lavina, Lavinia: edel und elegant. Aus dem Lateinischen. Die Bedeutung des Namens ist unklar. Wird schon in der römischen Mythologie erwähnt: Lavinia war die Tochter von König Latinus und seiner Frau → Amata. Sie heiratete den trojanischen Prinzen Aeneas.

Lea, Lia: ein biblischer Name. Aus dem Hebräischen. Bedeutung: die sich vergeblich müht. Vielleicht auch: Antilope. Oder: Kuh. Kann aber auch als weibliche Form von Leon aufgefasst werden, Bedeutung dann: die Löwin. Lea war die erste Frau → Jakobs. Der Name ist heute beliebter denn je. In England: Leah.

Leda: schlicht und schön. Aus der griechischen Mythologie eine Geschichte dazu: Zeus, in einen Schwan verwandelt, verführte Leda. Die Affäre hatte Folgen: Leda brachte die Zwillinge → Kastor und Pollux zur Welt.

Lena, Lene: → Helene, → Magdalena.

Leona, Leonie, Leontina, Leontine: warm, heiter. Weibliche Form von Leo/Leon. Bedeutung: die Löwin. Aus dem Griechischen, später Lateinischen. Im 19. Jh. machte Leontine Hagmaier 18-jährig als erste Frau Württembergs das Abitur. Es gibt auch einen Stern namens Leontina. Sein Name bezieht sich auf die Stadt Linz. In Italien: Leonilla, Leonille. Abkürzungen: Ona, Nane, Nanie, Tina, Tine.

Leonora, Leonore: ein Klassiker. Kurzform von → Eleonora. Wohl aus dem Arabischen. Bedeutung: Gott ist mein Licht. Kosenamen: Lorena, Noretta, Norina. Abkürzungen: Leo, Lora, Lore, Nora.

Leopoldine: weibliche Form von Leopold, einem Namen, der auf → Luitpold zurückgeht. Aus dem Althochdeutschen. Bedeutung: Volk und kühn. Im 18. Jh. zunehmend ins Gespräch gekommen. Zu dieser Zeit wurde eine Maria Leopoldine von Österreich-Este, hübsch, gut erzogen, dazu selbstbewusst, emanzipiert und clever, gegen ihren Willen mit dem siebzigjährigen Karl-Theodor von Bayern verheiratet. Sie scherte sich nicht groß darum, machte in ihrer Ehe nur das, was sie wollte, und schenkte ihm nicht den ersehnten Thronfolger. Abkürzungen: Dina, Lea, Leona.

Lies, Liesa, Liese, Lisa, Lise, auch **Liesel:** Kurzformen von → Elisabeth. Aus dem Hebräischen. Bedeutung: die Gott verehrt. Der Name wurde im 19. Jh. populär. Eine berühmte Lise aus dieser Zeit: Lise Meitner, Physikerin, eine derjenigen, die bewiesen, dass Frauen auch gute Wissenschaftlerinnen sein können. Abkürzung: Isa.

Lilian: ein englischer Name. Etwa seit dem 16. Jh. bekannt. Wahrscheinlich abgeleitet von → Elisabeth. Aus dem Hebräischen. Bedeutung: die Gott verehrt. Der Name wird aber auch als Hinweis auf die Blume Lilie verstanden. Abkürzungen: Lilja, Lili, Lilla, Lilli, Lilly.

Lilli, Lily: bezieht sich auf den Namen Lilia. Bedeutung wohl: die Lilie. Wird auch als Kurzform von → Karoline verstanden, Bedeutung: die Freie. Seit dem 19. Jh. üblicher. Eine Lily aus dieser Zeit: Lily Braun (ihre Großmutter war eine uneheliche Tochter von Jérome Bonaparte, Bruder Napoleons) erregte im 19./Anf. 20. Jh. als Sozialdemokratin, Frauenrechtlerin, Schriftstellerin Interesse. Sie versuchte zwischen Frauen aus unterschiedlichen Lebensbereichen zu vermitteln. Keine einfache Aufgabe. Den einen waren ihre Ideen zu radikal, den anderen nicht radikal genug.

Lina, Line, auch **Linette:** im 19. Jh. besonders beliebt. Kurzform von → Karolina. Bedeutung: die Freie.

Linda, Linde: Gilt als Kurzform von → Dietlinde. Aus dem Althochdeutschen. Bedeutung: Volk und Schild aus Lindenholz. Zu Beginn des 19. Jh. durch Jean Paul und die Linda in seinem Roman »Titan« bekannt geworden.

Lioba: ursprünglich Kurzform von Namen wie Liebgard, Liebtraut. Bedeutung: lieb und die Kraft. Bekannt seit dem 8. Jh. durch die heilige Lioba. Namenstag: 28. September.

Lisa: → Lies.

Lisbeth, Liesbeth: Kurzform von → Elisabeth. Aus dem Hebräischen. Bedeutung: die Gott verehrt. Ende des 19./Anf. 20. Jh. aktuell. Abkürzungen: Bette, Betty, Liesel.

Liselotte, Lieselotte: ein alter Doppelname, entstanden aus den Namen → Elisabeth und → Charlotte. Aus dem 17./18. Jh. ist Liselotte von der Pfalz in Erinnerung, Schwägerin König Ludwigs XIV. von Frankreich. Nicht aus Liebe, sondern aus politischem Kalkül wurde sie mit Herzog Philipp I. von Orléans verheiratet. Nach dem Tod des Königs wurde ihr Sohn Philipp von Orléans Regent von Frankreich und sie die erste Dame des Landes. Berühmt geworden sind ihre geistvollen, witzigen Schilderungen vom Leben am Hof.

Kommen und Gehen der beliebten Namen
Die Beliebtheit bestimmter Vornamen nahm über die Jahrzehnte einen wellenförmigen Verlauf: Die sozial besser Gestellten (besonders die Adligen und Herrscherfamilien) gaben ihren Kindern Vornamen, die besonders »erlaucht« und selten waren. In den folgenden Jahrzehnten erfuhren diese Namen eine große Verbreitung in der Bevölkerung. Die Oberschicht sah sich veranlasst, neue Vornamen zu geben oder auf sehr alte, selten gewordene Namen zurückzugreifen – oder, etwa seit dem Beginn des 17. Jh., Doppelnamen zu bilden. Als so gut wie alle Kinder in der Bevölkerung schließlich mehrere Vornamen hatten, begann die Oberschicht wieder, nur einen einzigen Vornamen zu vergeben ... Diese Zusammenhänge können mit erklären, warum uralte Vornamen immer wieder aufgetaucht sind.

L

Lotta, Lotte: Kurzform von → Charlotte, abgeleitet von → Carl/Karl. Bedeutung: die Freie. Aus dem Althochdeutschen. In Goethes »Leiden des jungen Werthers« ist eine Lotte Ziel vieler Sehnsüchte. Der Name war schon im 18./19. Jh. gefragt.

Louisa, Louise: → Luise.

Lucia, Lucie, Luzia, Luzie, auch **Lucilla, Lucille, Lucinde:** abgeleitet von Lucius. Aus dem Lateinischen. Bedeutung: die Strahlende. Eine attraktive, selbstbewusste Lucile ist unter dem Namen George Sand im 19. Jh. berühmt geworden als sozialkritische Schriftstellerin, der die Emanzipation der Frauen am Herzen lag. Ihr vollständiger Name: Amantine-Aurore-Lucile Dupin de Franceuil. Sie war die Ururenkelin von August dem Starken, Kurfürst von Sachsen, König von Polen und seiner Mätresse → Aurora von Königsmarck. Hatte viele aufregende Liebesaffären mit vielen berühmten Männern. Mit Frédéric Chopin blieb sie sogar zehn Jahre zusammen. In Frankreich: Lucile, Lucienne. Abkürzungen: Luci, Lucy.

Lucretia, Lukretia, Lukrezia: aus dem Lateinischen. Bedeutung: aus dem Geschlecht der Lukretier. Eine schöne, kluge, gebildete, in Verruf geratene Lucretia aus dem 15./16. Jh: Lucretia Borgia, Papsttochter, italienische Fürstin. Sie wurde mehrfach verheiratet. Wer ihr Leben genauer betrachtet, lernt viel über Machtpolitik. Große Dichter und große Maler haben sich mit ihr beschäftigt. Im 18./19. Jh. war Lucretia Sarg Mott, eine starke Frau aus einer Quäkerfamilie, die erste amerikanische Feministin, die sich in flammenden Reden für die Rechte der Frauen einsetzte. In Italien: Lucrezia. Abkürzungen: Luci, Lucky, Lucy, Zita.

Luise, Luisa: eingedeutscht vom französischen **Louise, Louisa,** bedeutet wie der alte deutsche Vorname → Ludwig berühmt und Kampf. Eine frühe Luise aus dem 15./16. Jh.: Luise von Savoyen, wortkarg, klug, herrisch und als Mutter des französischen Königs Franz I. auch mächtig. Mischte sich in die Politik ihres Sohnes ein. Kein Wunder, dass man das übel nahm. Eine vorbildlichere Luise aus dem 18./19. Jh., über lange Zeit gefeiert: Luise von Preußen, verheiratet mit Friedrich Wilhelm III., König von Preußen. Hatte in politischen Dingen ihren eigenen Kopf und zeigte das auch. Berühmt wurde ihre Bitte an Napoleon, bei seinen Eroberungszügen Preußen zu schonen. Wurde wegen ihrer Schönheit und ihrer Freundlichkeit verehrt. Etwas später: Luise Hensel. Dichterin. Wollte, aber sollte → Clemens von Brentano nicht heiraten. Fügte sich. Blieb mit ihm aber befreundet. Das Abendgebet »Müde bin ich, geh' zur Ruh'« stammt von ihr. Und nicht zu vergessen die Luise aus → Friedrich Schillers »Kabale und Liebe« (19. Jh.). Abkürzungen: Isa, Lis, Lisa.

Luitgard, früher **Ludgard, Lutgard:** aus dem Althochdeutschen. Bedeutung: Volk und Schutz. Abkürzungen: Gala, Garda, Lucki, Lucky.

Lydia, auch **Lidia:** aus dem Griechischen. Bedeutung: die aus Lydien. Bekannt geworden ist die heilige Lydia aus Thyatira, die von Paulus getauft wurde. Namenstag: 3. August. Zählte vermutlich zu den so genannten gottesfürchtigen Griechen, die als Nichtjuden in den Synagogen beim Gottesdienst zuhörten. Sie ist die Patronin der Färber. Namenstag: 3. August.

Mabel: Kurzform von Amabel. Aus dem Lateinischen. Bedeutung: liebenswert. Vor allem in England bekannt.

Madelaine, Madeleine: → Magdalena.

Magda: Kurzform von → Magdalena. Ende des 19./Anf. 20. Jh. nicht selten.

Magdalena, Magdalene: aus dem Hebräischen. Bedeutung: aus Magada stammend. In der Bibel steht Maria Magdalena Jesus treu zur Seite. Namenstag: 22. Juli. Aus dem 16./17. Jh.: Magdalena Sibylle, verheiratet mit Kurfürst Johann Georg II. von Preußen, dem sie es verübelte, dass er sich im dreißigjährigen Krieg mit dem Kaiser zusammentat statt mit Gustav Adolf, dem König von Schweden. Deshalb kochte sie ihr eigenes Süppchen: Versorgte schwedische Kriegsgefangene. Pflegte ihre Freundschaft mit der schwedischen Königin. Dadurch gelang es ihr, die Stadt Pirna vor der Zerstörung zu retten. In Frankreich, in England: Madelaine, Madeleine, Madeline; in Italien: Madelena, Maddalena; in Tschechien: Alena, Alene, Alenka. Abkürzungen: Lena, Lene, Lenka, Madlena, Magda, Maxi.

Manuela: → Emmanuelle.

Marcella, Marcelle, Marcelina, Marceline, Marcelle, auch **Marzella:** von Marcel. Aus dem Lateinischen. Einst ein Familienname. Die heilige Marcella (5./6. Jh.) entstammte einer römischen Adelsfamilie, führte nach dem Tod ihres Mannes mit anderen Frauen in ihrem Haus ein asketisches Leben. Namenstag: 31. Januar. Neuere Namensformen: Celina, Celine, Selkina, Seline. Abkürzungen: Celia, Cella, Cilla, Cilli, Cilly, Lina, Line, Zella,

Marga: → Margareta.

Margareta, Margarete, Margaretha, Margarethe, Margarita: ein Klassiker. Aus dem Lateinischen. Bedeutung: die Perle.

Als Schutzherrin des Landes wird die heilige Margareta von Schottland verehrt, im 11. Jh. die Frau von König Malcolm III. Sorgte für Land und Leute, machte sich für die katholische Kirche stark. Namenstag: 6. November. In Schweden: Märta; in Italien: Margherita; in Spanien: Margarita; in Frankreich: Marguerite; in England: Margaret; in Ungarn: Margit, Margitta. Abkürzungen: Greta, Grete, Gretha, Grethe, Grit, Grid, Marga, Margitt.

Margot: zunächst als Kosename abgeleitet von dem französischen Namen Marguerite. Im 19. Jh. entdeckt. Aus dem Lateinischen. Bedeutung: die Perle. → Margareta.

Maria, Marie: biblischer Name, der die Gottesmutter feiert. Aus dem Hebräischen. Bedeutet wohl: Gottesgeschenk. Weil die Ehrfurcht vor der Mutter Gottes zu groß war, wurde der Name im Mittelalter noch selten vergeben. Zwar keine vorbildliche, aber eine geschichtlich wichtige Maria aus dem 16. Jh., stur, grausam: Maria I. aus dem Hause Tudor, hoch gebildete Tochter Heinrichs VIII. Nach dramatischem Hin und Her wurde sie die erste »richtige« Monarchin Englands. Unbeirrt hielt Mary an ihrem Ziel fest, aus England wieder ein katholisches Land zu machen, und verfolgte ihre Feinde gnadenlos. Deshalb ihr Beiname »Bloody Mary«. Nicht lange danach: Maria Stuart, Königin von Schottland. Dank ewiger Streitigkeiten um den Thron von England, vor allem mit Königin → Elisabeth I., war ihre Lebensgeschichte so tragisch, dass sich etliche Dichter damit befassten, etwa Schiller. Wesentlich später, auf ganz anderem Terrain: Marie von Ebner-Eschenbach. Viele halten sie für die bedeutendste Schriftstellerin des 19. Jh. Ihre Muttersprache war übrigens Französisch. Im 19./Anf. 20. Jh.: Marie Curie, Physikerin von Weltruf. Erhielt als einzige Frau zwei Nobelpreise: für Physik und für Chemie. Kosenamen: Mareike, Mareile, Maresa, Mariechen, Marieke, Mariele, Mariela, Mariella, Marijke, Marike, Marischka; in Italien auch Marietta; in Frankreich: Mariette; in Russland: Marija, Marja; in Ungarn: Marika, Marinka. Abkürzungen: Magda, Mare, Marei, Maresi, Mary, Meta, Mete, Mirl.

Marianne, Marianna: ursprünglich ein Doppelname aus

→ Marie und → Anne. Seit dem 18. Jh. zunehmend beliebt. Im 18./19. Jh. in Berlin tuschelte man ordentlich über Marianne Gräfin von der Mark, illegitime Tochter des Preußenkönigs Friedrich Wilhelm II. und der → Wilhelmine von Lichtenau. Sie hat den Klatsch einfach überhört. Abkürzungen: Anna, Anne, Nana, Nannerl, Ria.

M

Marietta, Mariette: → Maria.

Marina: weibliche Form von Marinus. Aus dem Lateinischen. Bedeutung: am Meer lebend. In Frankreich: Marine, Marinette; in Italien: Marinella.

Marion: aus dem Französischen im 19. Jh. übernommen. Ursprünglich Kosename von → Maria. Aus dem Hebräischen. Bedeutung wahrscheinlich: Gottesgeschenk.

Marlena, Marlene: zusammengesetzt aus → Maria und → Lena/Lene. Im 19. Jh. recht beliebt. Die berühmteste Marlene aller Zeiten: Marlene Dietrich, geb. Anf. 20. Jh., Schauspielerin mit einer Weltkarriere. Andere Namensformen: Marlen, Marleen, Marla, Marle. In England: Marlin, Marline. Abkürzungen: Lena, Lene, Lenerl.

Martha, Marthe, Marte: ein biblischer Name. Aus dem Griechischen. Bedeutung: Herrin. Oder aus dem Hebräischen. Bedeutung dann: bitter. Nach der Bibel hieß die Schwester des Lazarus Martha. Namenstag: 29. Juli. In Goethes »Faust« spielt eine Marthe eine wichtige Rolle. Außerdem gibt es im 19. Jh. eine Oper dieses Namens von Friedrich von Flotow. In Friesland: Martje.

Martina: weibliche Form von Martin. Aus dem Lateinischen. Bezieht sich auf den römischen Kriegsgott Mars. Aus dem 3. Jh. ist eine heilige Martina bekannt, die für ihren Glauben starb. Namenstag: 30. Januar. In Frankreich: Martine. Abkürzungen: Mara, Marja, Tina.

Mathilda, Mathilde, Matilda, Matilde: aus dem Althochdeutschen. Bedeutung: Macht und Kampf. Der Name taucht bereits in der Stammtafel der Luidolfinger/Ottonen im 9. Jh. auf. Im 11. Jh. wurde Mathilde von Tuszien (Toskana) mit Gottfried IV. von Lothringen verheiratet. Ihr Stammsitz war die Burg von Canossa. Hier wartete sie zusammen mit dem Papst auf Heinrich IV., der vor der Burg barfuß im Schnee stand und hoffte, der Kirchenbann gegen ihn würde aufgehoben. Er wurde aufgehoben – auch auf Drängen Mathildes. Im 18./19. Jh. erwachte mit der Freude an romantischen Rittersagen das Interesse an diesem alten Namen wieder. Abkürzungen: Hilda, Hilde, Tilda, Tilde.

Maud, Maude: besonders, aber nicht exzentrisch. Ursprünglich die englische Form von → Mathilda, aber längst über England hinaus bekannt. Aus dem Althochdeutschen. Bedeutung: Macht und Kampf. Maud Charlotte Mary Victoria (19./20. Jh.), Prinzessin von Großbritannien und Irland, Tochter von König Eduard VII., wurde Königin von Norwegen. Das »Königin-Maud-Land« in der Antarktis wurde nach ihr benannt. Ihr einziges Kind, Prinz Alexander, wurde später König Olav V. von Norwegen.

Maximiliana, Maximiliane: weibliche Form von Maximilian, → Maximus. Aus dem Lateinischen. Bedeutung: die Größte. Im 18./19. Jh. beliebt. Von Goethe im 18. Jh. umschwärmt: Maximiliane La Roche. Die schwarzen Augen der Lotte aus »Die Leiden des jungen Werthers« sind die der Maximiliane de la Roche. Siebzehnjährig heiratete sie den viel älteren italienischen Kaufmann Peter Anton Brentano. Bekam zwölf Kinder, darunter → Bettina, → Kunigunde und → Clemens. → Sophie. In Frankreich: Maximilienne. Abkürzungen: Lia, Maxi, Maxy, Millie, Milly.

Mechthild, Mechthilde: verwandt mit → Mathilde. Aus dem Althochdeutschen. Bedeutung: Macht und Kampf. Die heilige Mechthild von Magdeburg aus dem 13. Jh. ist eine berühmte Mystikerin der Kirche. Ihre Schriften gelten als die ersten deutschen Aufzeichnungen der Mystik. Namenstag: 15. August. Im Mittelalter ist der Name häufiger zu finden. Im 12. Jh. gibt es etwa eine Mechthild, Ehefrau von Graf Udo V. von Stade, Markgraf der Nordmark, in der Familie Formbach, die einst in Vornbach, heute Neuhaus am Inn, Nähe Passau, Herrschaftsrechte besaß.

Medea: aus dem Griechischen. Bedeutung: nachdenken und geschickt sein. In der griechischen Sagenwelt gibt es die heilkundige Zauberin Medea, die an → Jason für dessen

Untaten schrecklich Rache nimmt – ein Thema, das unter anderem im 5. Jh. Euripides literarisch bearbeitet hat.

Melania, Melanie: weich, wohlklingend. Aus dem Griechischen. Bedeutung: schwarz. In der katholischen Kirche wird die heilige Melanie im 4./5. Jh. gefeiert. Sie lebte zuletzt in einem Zelt am Ölberg, aus dem schließlich ein Kloster wurde. Namenstag: 31. Dezember. Seit dem 19. Jh. ist der Name recht beliebt. Abkürzungen: Ana, Any, Lia.

Melisanda, Melisande: märchenhaft. Verspielt. Wohl aus dem Germanischen. Bedeutet dann: milde. Im Mittelalter ist der Name in vielen Stammbäumen zu finden. Am bekanntesten: Melisande, Königin von Jerusalem. (1. Jh.). Ende 19. Jh. wurde der Name von Maurice Maeterlinck für sein später vielfach vertontes Schauspiel »Pelleas und Melisande« aufgegriffen. In Frankreich: Mélisande. Abkürzungen: Lia, Mela, Mella, Sandra.

Meta, Mete: Kurzform von → Margarete. Aus dem Lateinischen. Bedeutung: die Perle. Schon im 18./19. Jh. üblich. Im Kreise der Romantiker verkehrte etwa eine Meta Forkel, Freundin der Schriftstellerin → Caroline Schlegel.

Michaela, Michaele: weibliche Form von Michael. Aus dem Hebräischen. Bedeutung: Wer ist wie Gott? Michaela ist neueren Datums als Michael, wurde erst mit dem 20. Jh. populärer. Abkürzungen: Ella, Ela, Michie.

Minna: Kurzform von → Wilhelmina. Im 18. Jh. verselbstständigt. Aus dem Althochdeutschen. Bedeutung: Wille und Schutz. Eine bis heute berühmte Minna aus dem Theater: Lessings »Minna von Barnhelm« – eine Liebesgeschichte, die sogar glücklich endet.

Miranda: Fantasiename, wohl von Shakespeare erfunden. »mirandus« (lat.) heißt »wunderbar«. → Prospero.

Mirjam, Miriam, Myriam: ein biblischer Name. Aus dem Hebräischen. Eine alte Form von → Maria, nimmt man an. Abkürzungen: Mia, Mira.

Monika: wohl aus dem Griechischen. Bedeutung unklar. Die heilige Monika (4. Jh.) war die Mutter des heiligen → Augustinus. Namenstag: 27. August. Erst im 20. Jh. wurde der Name richtig beliebt. Abkürzungen: Ika, Mona, Moni.

N

Nadine: → Nadja.

Nadja, Nadia: russisch. Kurzform von Nadjeschda. Bedeutung: die Hoffnung. In Frankreich: Nadine. Aus dem 18. Jh. stammt die Erzählung »Nadine« von Christoph Martin Wieland. Kosename: Nadjana.

Nanette: → Anna.

Narcissa: aus dem Griechischen. Bezieht sich auf die Blume Narzisse. Im 18./19. Jh. durch Christoph Martin Wielands Erzählzyklus »Narcissus und Narcissa« bekannt geworden. Abkürzungen: Isa, Issie, Nana, Nani.

Nastasja, Nastasia, Nastassja: russisch. Kurzform von → Anastasia. Ursprünglich aus dem Griechischen. Bedeutung: die Auferstandene. In Russland schon lange beliebt, in Westeuropa erst seit Ende des 20. Jh. Abkürzungen: Nadia, Nassja, Nastja. Kosename: Nasti.

Natalia, Natalie, auch **Nathalie:** aus dem Lateinischen. Bedeutung: weist auf Christi Geburt hin. Im 3./4. Jh. wird von der heiligen Natalia von Nikomedien erzählt. Namenstag: 1. Dezember. Im 18./19. Jh. findet sich der Name etwa im Stammbaum der Mecklenburger Herzöge. Auch die Enkelin von Johann → Gottfried Herder hieß Natalie. In der Literatur taucht der Name ebenfalls auf, wie in Goethes »Wilhelm Meister«, Kleists »Prinz von Homburg«. Wer Tolstois Roman »Krieg und Frieden« kennt, hat die bezaubernde Natascha sicher nicht vergessen, um die sich hier alles dreht. In Russland: Natalja. Kosenamen: Natalina, Natanja, Natascha. Abkürzungen: Nana, Nanna, Nati, Nata. Lia.

Noemi: ein biblischer Name. Aus dem Hebräischen. Bedeutung: die Freude. Noemi ist in der Bibel Schwiegermutter der Rut und damit die Ururgroßmutter von König David. In England: Naomi. In Frankreich: Noémi, Noémie.

Octavia, Oktavia: fröhlich, beschwingt. Weibliche Form von Octavius. Aus dem Lateinischen. Geht auf einen Familiennamen zurück. Bei den alten Römern häufiger zu finden. Im 1. Jh. v. Chr.: Die ältere Schwester von Augustus und die Frau von Marcus Antonius hieß Octavia. Sie war die erste Frau, deren Bild auf eine römische Münze geprägt wurde. Im 1. Jh.: Die Frau von Kaiser Nero hieß Octavia. Abkürzungen: Ava, Ota, Tara, Tavie, Tavy.

Oda, Ota, auch **Odina, Odine:** ursprünglich Kurzform von Ottilia/Odilia. Aus dem Althochdeutschen. Bedeutung: der Besitz. Im 10. Jh. ist der Name Oda bereits bei den Luidolfingern/Ottonen zu finden. In Frankreich: Odette.

Odilia: → Ottilia.

Olga: ursprünglich russisch, heute international. Verwandt mit → Helga. Bedeutung: heil, gesund. Eine Großfürstin aus dem 9./10. Jh.: Olga von Kiew. Nach dem Tode ihres Mannes Igor übernahm sie die Regentschaft für ihren Sohn. Behandelte Gegner wenig zimperlich. Später ließ sie sich taufen und bemühte sich um die Christianisierung des Reiches. Kosenamen: Olenka, Olguscha, Oluschka.

Olivia: sonnig. Aus dem Lateinischen. Bedeutung: die Ölbaumpflanzerin. Manche sehen im Ölzweig ein Zeichen des Friedens und sagen, der Name bedeute Friedensbringerin. Vor allem in England beliebt. In Shakespeares Komödie »Was ihr wollt« (17. Jh.) steht die umschwärmte Gräfin Olivia im Mittelpunkt des Geschehens. In Frankreich: Olive; in Italien: Oliva. Abkürzungen: Lif, Liv, Liva.

Olympia: anspruchsvoll. Aus dem Griechischen. Bedeutung: die vom Berg Olymp Stammende. Eine bedeutende Autorin, Frauenrechtlerin und Revolutionärin des 18. Jh. hieß Olymphe de Gauges, eigentlich Marie Gouze. Noch bevor sie 21 war, verließ sie ihre Heimat Südfrankreich, ging mit Sohn Pierre nach Paris und machte als Autorin auf sich aufmerksam. Während der französischen Revolution setzte sie sich vehement für die Menschenrechte ein, später besonders für die Rechte der Frauen. In Frankreich: Olymphe. Abkürzungen: Lia, Pia.

Ophelia: romantisch. Aus dem Griechischen. Bedeutung: die Hilfe. In Shakespeares Tragödie »Hamlet« ist Ophelia die leichtsinnige Geliebte des Hamlet. In England: Ofilia, Ofelia; in Frankreich: Ophélie. Abkürzungen: Ela, Elia, Feli, Fely, Filia, Filiz, Filly, Lia.

Orania, Oriane: verwandt mit dem Namen Urania. Aus dem Griechischen. Bedeutung: die Himmlische. In Frankreich: Orane; in England: Oralie, Oriana. Abkürzungen: Ona, Rana, Rania, Ria.

Orella: → Aurelia.

Ortraud, Ortrud: aus dem Althochdeutschen. Bedeutung: Spitze und Kraft. Wer → Richard Wagner kennt, dem ist auch die Ortrud aus seiner Oper »Lohengrin« (19. Jh.) ein Begriff. Abkürzungen: Traudel, Traute, Trude.

Ortrun: aus dem Althochdeutschen. Bedeutung: Spitze und Zauber, Geheimnis.

Ottilia, Ottilie, Ottonie, ältere Formen: **Odilia, Odilie, Odila, Otila:** aus dem Althochdeutschen. Bedeutung: der Besitz. Andere sagen, der Name bezöge sich auf den Gott → Odin. Im 7./8. Jh. wurde die blinde Odilia verehrt, die im Kloster Odilienberg in den Vogesen lebte. Sie gilt als Schutzpatronin des Elsass. Namenstag: 13. Dezember. Im 18./19. Jh.: Ottilie von Goethe, Schwiegertochter des Dichters, die nicht wenig damit zu tun hatte, das Haus am Frauenplan in Weimar in Schuss zu halten. Vergnüglicher: Ottonie von Degenfeld-Schonburg, in inniger Freundschaft mit → Hugo von Hofmannsthal verbunden, der über sie an einen Freund schrieb: »… So etwas liebes gutes und Freuden machendes. Mit der möchte man gleich ein Jahr allein auf einer wüsten Insel leben und sich nur von Möweneiern nähren …« In Frankreich: Odile. Abkürzungen: Dilia, Dilis, Dilja, Oda, Otte, Oddil, Tilla.

Pamela: in England seit Jahrhunderten bekannt. Seit Beginn des 20. Jh. auch auf dem Kontinent zunehmend gefragt. Aus dem Griechischen. Bedeutung wohl: schwarz.
Pamina: klingt nach Mozartmusik. Vermutlich aus dem Griechischen. Bedeutung wohl: Vollmondnacht. Im 18. Jh. bekannt geworden durch die Mozartoper »Die Zauberflöte«, in der eine Pamina als Tochter der Königin der Nacht auftritt und sich in Prinz → Tamino unsterblich verliebt.
Patrizia, Patricia: zeitlos. Aus dem Lateinischen. Der Name weist auf altrömische, vornehme Familien hin (Patrizier). Im 7. Jh. entfloh eine Patricia aus Konstantinopel per Schiff einer Zwangsehe. In Rom angekommen, verschenkte sie ihre Habe. Namenstag: 25. August. Abkürzungen: Pat, Patsie, Patty, Ria, Zia, Zita.
Paula, Paulina, Pauline: weibliche Form von Paul. Aus dem Lateinischen, geht auf Paulus zurück. Bedeutung: klein. Im 4./5. Jh. kämpfte die heilige Paula von Rom für ihren Glauben. Namenstag: 26. Januar. Eine lebensfrohe, unkonventionelle, umschwärmte Pauline aus dem 18./19. Jh.: Pauline Bonaparte, Lieblingsschwester Napoleons. Er verheiratete sie mit General Leclerc, später mit Camillo Borghese. Kosename: Paulette. In Frankreich: Paule; in Italien: Paola; in Osteuropa: Pavla, Pola.
Penelope: besonders, anspruchsvoll. In der griechischen Mythologie ist Penelope die Frau von Odysseus. Wartete zwanzig Jahre treu auf ihren Mann, obgleich viele um sie warben. Kosenamen: Ena, Lola, Pen, Pennie, Penny.
Perdita: klassisch. Aus dem Lateinischen. Bedeutung: verloren. Im 16./17. Jh. ist Perdita im »Wintermärchen« von William Shakespeare eine Königstochter, die bei Schäfern aufwächst. Abkürzungen: Dita, Ditta, Pia.

Petronella, Petronelle, Petronilla, auch **Petronia:** aus dem Lateinischen. Bezieht sich auf ein altes Römergeschlecht. Abkürzungen: Nele, Nellie, Nilla, Toni.

Philippa, Philippine: zeitlos. Weibliche Form von Philipp. Aus dem Griechischen. Bedeutung: die Pferdefreundin. Im 14. Jh. heiratete Philippa von Hennegau den englischen König Eduard III., einen bedeutenden Herrscher des Mittelalters. Im 14./15. Jh. hieß eine Enkelin von Eduard III. ebenfalls Philippa. Durch Heirat mit Johann I. wurde sie Königin von Portugal, bekam neun Kinder. Seit dieser Zeit war der Name an vielen Höfen Europas präsent. In Spanien: → Felipa; in Italien: Filippa; in Osteuropa: Filipa. Abkürzungen: Pia, Lia, Lippa.

Philomela, Philomele: ungewöhnlich. Aus dem Griechischen. Bedeutung: Freundin des Gesangs. Abkürzungen: Fila, Mela, Mella, Phila.

Philomena, Philomene: aus dem Griechischen. Bedeutung: die geliebt wird. In Italien: Filomena. Abkürzungen: Fidis, Fila, Fita, Phila.

Phoebe, Phöbe: geheimnisvoll. Aus dem Griechischen. Bedeutung: die Strahlende. In der griechischen Mythologie trägt die Göttin Artemis den Beinamen Phoebe. Im Römerbrief von Paulus wird eine Phoebe erwähnt. Und in Shakespeares Komödie »Wie es euch gefällt« (16. Jh.) ist Phebe eine verliebte Schäferin. In England: Phebe.

Phyllis: aus dem Griechischen. Bedeutung wohl: Blatt, Blütenblatt. Bezieht sich auf eine griechische Sage, in der sich die Königstochter Phyllis aus Gram über die lange Abwesenheit ihres Geliebten Demophon das Leben nimmt und sich in einen Mandelbaum verwandelt. Als Demophon endlich zurückkommt und den Baum umarmt, treibt dieser Blätter. Abkürzung: Lis.

Pia: klangvoll und schlicht. Bedeutung: die Tugendhafte. Aus dem 19./20. Jh.: Maria Pia von Savoyen, letzte Königin von Portugal. Immer exquisit gekleidet und bildhübsch. Ihren teuren Geschmack rechtfertigte sie mit dem Spruch »Wer Königinnen wünscht, soll sie auch bezahlen!«.

Queena: seit ungefähr hundert Jahren bekannt. Ursprünglich aus dem Altenglischen. Bedeutung: die Königin. Kosename: Queenie.
Querida: spanisch. Bedeutung: die Geliebte. Abkürzung: Ida.
Quirina: weibliche Form von Quirin. Aus dem Lateinischen. Bezieht sich auf einen römischen Kriegsgott. Abkürzungen: Ina, Rina.

Rahel, Rachel: aus dem Hebräischen. Bedeutung etwa: Mutterschaf. Im Alten Testament ist Rahel die zweite Frau von → Jakob, bringt seine Söhne → Benjamin und → Joseph zur Welt. Im 18./19. Jh. führte die Schriftstellerin Rahel Varnhagen von Ense einen literarischen Salon, in dem viele Größen ihrer Zeit verkehrten, etwa Jean Paul, Friedrich Schlegel, → Heinrich Heine. Sie wurde wegen ihrer Klugheit und Weitsicht gerühmt. In Russland: Chilia, Chilja, Rachil; in Italien: Rachele. Abkürzungen: Rachl, Raja, Rajka.
Radegund, Radegunde: mittelalterlich. Aus dem Althochdeutschen. Bedeutung: Ratgeber und Kampf. Die heilige Radegundis, Königstochter aus Thüringen (6. Jh.), musste gegen ihren Willen König Clothar heiraten. Lebte trotzdem wie eine Nonne. Sie war in politische Wirren verstrickt; ihre Geschichte liest sich wie ein Krimi. Namenstag: 13. August. Abkürzungen: Gunda, Gunde, Raja, Rajka.

Rafaela, Raphaela: weibliche Form von → Raphael/Rafael. Biblischer Name. Aus dem Hebräischen. Bedeutung: Gott heilt. In Italien: Raffaela, Raffaella; in Spanien: Raquel.

Rebekka, auch **Rebecca:** aus dem Hebräischen. Bedeutung wohl: die Betörende. Im Alten Testament ist Rebekka die Frau Isaaks, ihre Söhne sind Esau und → Jakob. Namenstag: 30. August. Schon im 17. Jh. taucht der Name auf. So gab es etwa in Wien zu der Zeit eine Hofdame mit Namen Judith Rebecca Wrbna. In England ist der Name seit dem 18. Jh. etabliert. Abkürzungen: Becky, Betty, Rea.

Regina, Regine: ein Klassiker. Aus dem Lateinischen. Bedeutung: Königin, Herrscherin. Es gibt mehrere Heilige dieses Namens. Eine berühmte Regina aus dem 18. Jh.: Catharina Regina von Greiffenberg, österreichische Barockdichterin, Mystikerin. Verfasste geistliche Gedichte. Wollte den Kaiser zum Protestanten machen. In Frankreich: Régine, Reine; in Russland: Raissa, Renja. Abkürzungen: Gina, Ina, Reja, Reka, Rena, Renja, Reya.

Regula: vor allem in der Schweiz bekannt. Aus dem Lateinischen. Bedeutung: Richtschnur. Im 4. Jh. wurden die heilige Regula und ihr Bruder Felix in der Schweiz Opfer der Christenverfolgung durch Kaiser Maximian. Namenstag: 11. September. Abkürzungen: Reja, Rena, Reya, Ula.

Reinhild, Reinhilde, einst **Raginhilt:** aus dem Althochdeutschen. Bedeutung: Rat und Kampf. Die heilige Reinhilde (Reineldis), adeliger Abstammung, vermachte im 7. Jh. ihr Vermögen dem Kloster Lobbes. Namenstag: 16. Juli.

Renata, Renate: aus dem Lateinischen. Bedeutung: wiedergeboren. Aus dem 16. Jh.: Renée de France, Tochter des französischen Königs Ludwig XII. und der → Anna von Bretagne. Ihre Mutter wollte sie als Erbin der Bretagne einsetzen, ihr Vater suchte einen männlichen Nachfolger. Renée dagegen heiratete den Sohn der → Lucretia Borgia und wurde italienische Herzogin. Im 17. Jh. hieß eine Wiener Erzherzogin Maria Anna Cecilia Renata. In Frankreich: Renée, Renette. Abkürzungen: Naty, Reena, Rena.

Ricarda, Riccarda: weibliche Form von Ricardo, der spanischen Form von → Richard. Aus dem Althochdeutschen.

Bedeutung: kühn, mächtig. Im 19./20. Jh. lebte die Dichterin und Historikerin Ricarda Huch. Abkürzungen: Ada, Cicci, Kicki, Ricca, Rica, Rixa.

Richarda, in ganz alten Zeiten **Richenza:** selten geworden. Weibliche Form von Richard. Aus dem Althochdeutschen. Bedeutung: kühn, mächtig. Im 11. Jh. heiratete Lothar von Süpplingenburg eine Richenza von Northeim. Später wurden die beiden Kaiser und Kaiserin. Abkürzungen: Ada, Ricka, Rixa.

R

Rita: aus Italien Ende des 19. Jh. eingewandert. Ursprünglich Kurzform von Margherita. Aus dem Lateinischen. Bedeutung: die Perle. → Margareta.

Roberta, Roberte, auch **Robertine:** von → Robert, → Rupert. Aus dem Althochdeutschen. Bedeutung: Ruhm und glänzend. Auch früher nicht gerade häufig. Gegen Ende des 19. Jh. kämpfte eine Roberta Barry, kanadische Journalistin, für Frauenrechte. Abkürzung: Berta.

Rolanda, Rolande: selten. Weibliche Form von Roland. Aus dem Althochdeutschen. Bedeutung: Ruhm, Wagemut. Vielleicht abgeleitet von → Rüdiger. Abkürzungen: Lana, Ro.

Rosa, Rose: aus dem Lateinischen. Bezieht sich auf die Rose. Wird auch als Abkürzung von → Rosalia verstanden. Der »duftige« Name ist seit langem beliebt. Im 18. Jh. verliebt sich in Joseph von Eichendorffs Erstlingswerk »Ahnung und Gegenwart« ein Friedrich auf einem Donaudampfer in die bezaubernde Rosa, es beginnt eine romantische Liebesgeschichte. Später inspirierte Rosa Fitinghoff den Schriftsteller Henrik Ibsen zu seinen letzten Werken. Eine ganz andere Rosa aus dem 19./20. Jh.: Rosa Luxemburg, eine höchst engagierte Vertreterin der europäischen Arbeiterbewegung, kämpfte für die Rechte Unterdrückter.

Rosalia, Rosalie: im 18. Jh. in Deutschland üblich gewordener Kosename für → Rosa. Bezieht sich auf die Rose. Aus dem 19. Jh.: Die tiefgründige galizische Lyrikerin Rosalía de Castro, die sich um Ruhm nicht scherte, lieber zu Hause intensiv über das Leben nachdachte, melancholische Gedichte schrieb und ihre sechs Kinder großzog. Abkürzungen: Rosa, Rose, Rosi, Rosy, Sally.

Rosamunde: wohl aus dem Althochdeutschen. Bedeutung neben dem Hinweis auf die Rose wahrscheinlich: Ehre und Schutz. Schon im 12. Jh. hat eine Rosamunde viel Wirbel gemacht: Rosamunde Clifford, Geliebte Heinrichs II. von England, die an der Seite des Königs sogar repräsentieren durfte. Abkürzungen: Muna, Rosa, Rose.

Rosemarie: zusammengesetzt aus → Rosa und → Marie. Zu Beginn des 19. Jh. waren Doppelnamen im Trend. Abkürzungen: Maria, Marie, Mirl, Rosa, Rose, Rosel, Rosi.

Rosina, Rosine: italienisch, abgeleitet von → Rosa. Bedeutung: die Rosenfarbene. Im 17./18. Jh. beim europäischen Adel beliebt. Auch im 19. Jh. verbreitet. Die Mutter von → Richard Wagner hieß Johanna Rosine. Damals lebte auch eine berühmte, verführerische und intrigante französische Operndiva, Künstlername: Rosine Stoltz. Abkürzungen: Sina, Sine, Rosa, Rose, Rosel, Rosi, Rosy.

Roswitha: aus dem Althochdeutschen. Bedeutung: Ehre und stark. Im 8./9. Jh. lebte die heilige Roswitha von Liesborn, Äbtissin eines Benediktinerinnenklosters und wohl Schwester von → Karl dem Großen. Namenstag: 29. April. Im 10. Jh. wird die Nonne Roswitha von Gandersheim zur ersten deutschen Dichterin. Ihr Werk wurde nach Jahrhunderten wieder entdeckt und mit prachtvollen Illustrationen aus der Werkstatt → Albrecht Dürers versehen. Namenstag: 5. September. Abkürzungen: Ita, Rosa, Rose, Rosel, Witta.

Rotraud, Rotraut, früher **Rotrud:** aus dem Althochdeutschen. Bedeutung: Ehre und Kraft. Taucht im 9. Jh. bei den Karolingern auf: Eine Tochter der → Irmingard von Tours hieß Rotrud. Abkürzungen: Traudel, Trude.

Roxana, Roxane, Roxanna, Roxanne: aus dem Persischen. Bedeutung: die Strahlende, die Morgenröte. Im 4. Jh. v. Chr. hieß eine Tochter des Perserkönigs Darius III. Roxana. Sie wurde die erste Frau von → Alexander dem Großen. In Italien: Rossana; in England: Roxy; in Rumänien: Ruxana. Abkürzungen: Nanna, Ona, Ro, Rona, Roxi.

Ruth, Rut: schlichter, attraktiver biblischer Name. Bedeutung: Freundin, Freundschaft. Aus dem Hebräischen. Aus der Bibel ist das Buch Rut bekannt. → Noemi.

Sabina, Sabine: aus dem Lateinischen. Bezieht sich auf die Landschaft um Rom. Im Mittelalter ein Heiligenname. Wichtig: Sabina von Rom, der eine Basilika in Rom geweiht ist. Namenstag: 29. August. Aus dem 15./16. Jh.: Sabina von Bayern, Nichte Kaiser Maximilians, wurde nach ihrem sechsten Geburtstag aus politischen Erwägungen mit Ulrich von Württemberg verlobt. Später nahm sich Sabina die Freiheit, dieser Zwangsehe zurück nach Bayern zu entfleuchen. Abkürzungen: Bina, Bine.

Salome: ein biblischer Name. Bedeutung: die Friedliche. Andere sagen: Glück und Frieden. Eine treue Jüngerin Jesu hieß Salome. Die berühmteste Salome allerdings soll gar nicht friedlich gewesen sein: Der Legende nach forderte sie das Haupt von Johannes dem Täufer als Lohn für einen Tanz. Im 16. Jh. war eine Salome von Baden mit einem Grafen Wladislaus verheiratet. Abkürzungen: Lola, Lollo.

Sandra, Sandrina, Sandrine: klingt modern, ist aber nicht neu: Seit dem 18. Jh. eingeführt. Aus dem Italienischen. Abgeleitet von → Alexandra/Alexander. Aus dem Griechischen. Bedeutung: die Beschützerin. In England: Zandra. Abkürzungen: Ina, Sani, Sanja, Sandy, Ria.

Sara, Sarah: ein biblischer Name. Aus dem Hebräischen. Bedeutung: die Herrin, die Fürstin. Laut Bibel ist Sara, die Frau Abrahams, Stammmutter Israels. Namenstag: 9. Oktober. In Deutschland wurde der Name im 16. Jh. bekannter, vor allem in jüdischen Familien. Heute ist er sehr beliebt.

Saskia: aus dem Niederländischen. Bedeutung: die Sächsin. Bei uns in den letzten Jahrzehnten ins Gespräch gekommen, sicher angeregt durch eine attraktive Saskia aus dem 17. Jh.: Saskia van Uylenburg, Frau Rembrandts, nach der sogar ein Stern(chen) benannt wurde. Abkürzung: Kia.

Sebastiane: angelehnt an Sebastian. Aus dem Griechischen. Bedeutung: erhaben. Abkürzungen: Jana, Tina, Tine.

Selma: gilt als Kurzform von → Anselma. Aus dem Althochdeutschen. Bedeutung: Gott und Helm. Vor rund hundert Jahren erhielt eine schwedische Schriftstellerin als erste Frau den Literaturnobelpreis: Selma Lagerlöf, 19./20. Jh. Musste sich ihren Erfolg hart erkämpfen. Ging gegen den Willen ihres Vaters aufs Gymnasium. Durch ihre literarischen Figuren lernt man das alte Schweden kennen, ein Land, das Selma Lagerlöf faszinierte und das sie liebte.

Serena: ungewöhnlich, aber nicht abgehoben. Weibliche Form von Serenus. Aus dem Lateinischen. Bedeutung: heiter. Im 4. Jh. hieß die Frau von Kaiser Diokletian Serena, eine heimliche Christin. Abkürzungen: Ena, Rena.

Sibylla, Sibylle, auch **Sibilla, Sibille, Sybille:** aus dem Griechischen. Der Name ist ein Hinweis auf die zehn Sibyllen, Weissagerinnen des Apollo. Eine eigenständige, begabte, wagemutige Frau aus dem 17./18. Jh.: Anna Maria Sybille Merian, Naturforscherin und herausragende Künstlerin. Besonders abenteuerlich: Sie verließ ihre Familie, um nach Surinam zu reisen. Dort entstanden die Skizzen für ihr prachtvolles Hauptwerk mit zahlreichen farbigen Kupferstichen. Abkürzungen: Billa, Bille.

Sidonia, Sidonie: aus dem Lateinischen. Bedeutung: Frau aus Sidonie. Früher war dieser Name bekannter. Wer in alten Chroniken danach sucht, wird bald fündig: Im 17. Jh. heiratete etwa eine Marie Sidonie von Baden-Baden einen Fürsten Philipp von Hohenzollern Hechingen. Später, im 18./19. Jh., hieß die Schwester des romantischen Dichters Novalis Sidonie. Abkürzungen: Sina, Sita, Toni.

Warum den Namenstag feiern?

Früher, als die Vornamen stets die Namen Heiliger waren, wurde in katholischen Gegenden wie Bayern der Namenstag mehr gefeiert als der Geburtstag. Die Kraft und Frömmigkeit des Namenspatrons sollte auf das nach ihm getaufte Kind übergehen. Der Name war also eine Richtschnur fürs Leben.

Sieglinde, Sieglind, auch **Siglinde, Siglind:** aus dem Althochdeutschen. Bedeutung: mild und Lindenholzschild. Die Mutter des Nibelungenheldes → Siegfried heißt Sieglinde. Abkürzungen: Siggi, Linda, Linde.

Sigrid, Siegrid: nordisch. Bedeutung: Sieg und schön. In nordischen Sagen taucht eine geheimnisvolle, selbstbewusste Sigrid auf, die Stolze genannt, Tochter eines kühnen Wikingers. Sie soll mit König Erik dem Siegreichen verheiratet gewesen sein, später mit König Sven Gabelbart. Sie habe gut für sich gesorgt, heißt es, und ihre Schäflein ins Trockene gebracht. Abkürzungen: Grid, Grit, Siggi.

Sigrun, Siegrun: aus dem Althochdeutschen. Bedeutung: Sieg und Zauber, Geheimnis. Abkürzungen: Siggi.

Silvia, Sylvia: weibliche Form von Silvius. Bedeutung: Wald. Schon in der römischen Mythologie heißt eine schöne Königstochter Rhea Silvia. Nach der Legende wurde sie von einem Onkel gezwungen, Priesterin zu werden. Der Grund: Sie sollte keine Nachkommen haben. Doch der Gott Mars verführte Rhea Silvia. Daraufhin brachte sie Zwillinge zur Welt: Romulus und → Remus. In Frankreich: Silvie, Sylvie; in England: Sylvia. Abkürzungen: Silvi, Sylvi.

Simone, Simonetta: aus dem Italienischen, Französischen. Die weibliche Form von Simon. Bedeutung: die Erhörung. Bei uns kein ganz alter Name. Abkürzung: Mona.

Skadi: nordisch. Skadi ist nach der nordischen Mythologie Tochter des mutigen Riesen Thiazi. Sie gilt als Göttin der Jagd und des Winters. Abkürzungen: Ada, Adi.

Sonja, Sonya: im 19. Jh. entstandener russischer Kosename für → Sophia. In Leo Tolstois Roman »Krieg und Frieden« gibt es eine Sonja, Cousine der kapriziösen Natascha.

Sophia, Sophie, Sofia, Sofie: ursprünglich aus dem Spanischen. Bedeutung: Weisheit. Seit Jahrhunderten en vogue, vor allem bei Hofe. Eine Sophie aus dem 18./19. Jh., die viel zu sagen hatte und für ihre Zeit erstaunlich selbstständig war: Sophie la Roche. Erst lange Jahre Hofdame. Bekam dann ihre Kinder. Gab eine Frauenzeitschrift heraus. Schrieb Romane. Empfing in ihrem Haus Intellektuelle, Künstler wie etwa Goethe. → Bettina von Arnim war ihre

Enkelin. → Clemens, → Kunigunde, → Maximiliane. Eine weitere sehr eigenständige Sophie aus dem 19. Jh.: Sophie Wörishöffer, Schriftstellerin. Schrieb erfolgreich Artikel, Erzählungen, Fortsetzungsromane, später auch Jugendbücher. Nur Karl May kam damals noch besser an! In England: Sophy; in Polen: Zofia; in Russland: Sonja, Sonia. Abkürzungen: Fee, Fi, Fia, Phia, Pia.

Stella: Kurzform von Estella. Aus dem Lateinischen. Bedeutung: Stern. Im 19. Jh. hatte der Schriftsteller George Bernhard Shaw seinen besonderen »Stern«: Er führte einen intensiven Briefwechsel mit der Schauspielerin Beatrice Stella Campbell. In Frankreich: Estelle; in Spanien: Estrella. Abkürzungen: Ella, Esta.

Stefanie, Stephanie, auch **Stefana, Stephana, Stefania, Stephania:** weibliche Form von Stefan. Aus dem Griechischen. Bedeutung: die Bekränzte. Vor allem in Frankreich gedenkt man heiliger Märtyrerinnen dieses Namens. Namenstag: 12. Januar. Im 18./19. Jh.: Napoleon hatte eine schöne Adoptivtochter namens Stéphanie Louise Adrienne de Beauharnais. Sie heiratete später den Erbprinzen von Baden. Lange hielt sich die Mär, dass ihr erstes Kind entführt worden und später als → Kaspar Hauser wieder aufgetaucht sei. → Josefine. In Frankreich: Stéphanie, Stéphine, Etiennette, Tienette. In Russland: Stefanida. Abkürzungen: Fan, Fani, Fanni, Fanny, Nini, Ninni, Steffi.

Susanna, Susanne: aus dem Hebräischen. Bedeutung: die Lilie. Durch die biblische Geschichte von der schönen Susanne im Bade ist der Name seit dem Mittelalter beliebt. Namenstag: 19. Dezember. Aus dem 4. Jh.: Susanna von Concordia. Sollte den Adoptivsohn von Kaiser Diokletian heiraten. Ihr Widerstand kostete sie das Leben. Wird als Patronin von Rom verehrt. Namenstag: 11. August. Im 17. Jh. war Gräfin Susanna Veronika Trautson Oberhofmeisterin bei Erzherzog Leopold I. in Wien. In England: Susan; in Frankreich: Suzanne, Susette, Suzette; in Schweden: Susen. Abkürzungen: Anna, Anne, Nane, Nanna, Nanne, Suse, Susa, Susu, Suzu, Sane, Sanna, Sanne, Sannerl.

Sybille: → Sibylle.

Tabea: ausgefallen, melodiös. Von → Martin Luther eingeführte Form des biblischen Namens Tabitha. Aus dem Hebräischen. Bedeutung: Gazelle. Abkürzung: Bea.

Tamara: romantischer russischer Name. Bezieht sich auf den biblischen Namen Tamar. Aus dem Hebräischen. Bedeutung: Dattelpalme. Abkürzungen: Ama, Tami, Tamie, Tammy, Tara, Tasja.

Tanja: → Tatjana.

Tatjana, auch **Tatiana:** vielleicht auf den Sabinerkönig Titus Tatius zurückzuführen. Wurde im 19. Jh. mit der russischen Literatur im Westen populär. Tatjana ist eine Hauptfigur der Oper »Eugen Onegin« von Tschaikowski (nach Alexander Puschkins Roman). Tatjana Nikolajewna hieß eine der schönen Töchter des letzten russischen Zaren Nikolaus II. Abkürzungen: Iana, Jana, Tania, Tanja.

Teresa: → Theresa.

Thekla, Tekla: aus dem Griechischen. Bedeutung: Gott und Ehre. Auch in der Kirche von Bedeutung: Thekla von Ikonium ist als Begleiterin und Schülerin von → Paulus bekannt. Namenstag: 23. September. In England: Tekla, Telka. Abkürzungen: Ela, Tea, Tela, Thea.

Theodelinde, Theodolinde: lateinische Form von → Dietlinde. Aus dem Althochdeutschen. Bedeutung: Volk und Schild aus Lindenholz. Eine Theodelinde aus dem 6. Jh.: Königin der Langobarden, Tochter des Bayerischen Herzogs Garibaldi II., in zweiter Ehe mit Agilulf vermählt, auf den sie einen guten Einfluss gehabt haben soll. Auch später ein beliebter Fürstenname. So hieß im 19. Jh. eine Herzogin von Leuchtenberg Théodelinde Louise Eugénie Auguste Napoléone von Beauharnais. In Frankreich: Théodelinde. Abkürzungen: Linda, Linde, Lina, Line, Thea, Theda.

Theodora: weibliche Form von Theodor. Aus dem Griechischen. Bedeutung: Gottesgeschenk. Im 11. Jh. regierte Kaiserin Theodora III. das oströmische Reich. Im 18./19. Jh.: Luise Theodora Emilie von Herder, Tochter des Philosophen Johann → Gottfried Herder. Nach dem Tod ihrer Freundin Juliane heiratete sie deren Mann, kümmerte sich um die Kinder, bekam selbst noch drei. In Frankreich: Théodora; in Italien: Teodora; in Russland: Fjodora, Fedora, Feodora. → Fedora. Abkürzungen: Dora, Dore, Thea.

Theresa, Therese, auch **Theresia, Theres:** aus dem Griechischen. Bedeutung: erinnert an die Insel Thera und ihre Bewohner. Andere sagen: die Jägerin. Im 16. Jh. durch die Mystikerin Theresia von Avila bekannt geworden. Namenstag: 15. Oktober. Im 18. Jh. in Mode gekommen, wohl durch Erzherzogin Maria Theresia, Königin von Ungarn und Böhmen. Ihr ewiger Widersacher → Friedrich II. bezeichnete sie als »einzigen wahren Mann auf dem Habsburger Thron«. Maria Theresia hatte das Glück, aus Liebe heiraten zu können. Mit Franz von Lothringen, der später Kaiser wurde, bekam sie sechzehn Kinder. In England, Italien, Spanien: Teresa; in Frankreich: Térése, Thérés; in Ungarn: Terka. Kosenamen: Teresina, Teresita. Abkürzungen: Res, Resa, Rese, Reserl, Resl, Terry, Tes, Tessa, Thea, Thesy, Tracie, Tracy.

Thomasine: weibliche Form von Thomas. Aus dem Hebräischen. Bedeutung: Zwilling. Eine verehrte Namensträgerin aus dem 19. Jh.: Thomasine Gyllembourg-Ehrensvärd, die anonym eine späte Karriere als Schriftstellerin in Dänemark machte. Abkürzungen: Sina, Sine.

Thyra, Tyra, Tyre: schwedisch. Abgeleitet von Thor, dem Namen des germanischen Donnergottes. Im 11. Jh.: Die erste Frau von Harald II., König von England, heißt Thyra.

Tilda, Tilde: Kurzform von → Clothilde, → Hildegard oder → Mathilde.

Tiziana: edel und selten. Weibliche Form von → Tizian. Aus dem Lateinischen. Bezieht sich auf ein altrömisches Geschlecht. Abkürzungen: Issy, Tita, Titia, Zia, Zissy.

Traudel, Traute, Truda, Trude: → Gertrud.

Ulla, Ula: Kurzform von → Ursula oder → Ulrike. Im Schwedischen wird Ulla von → Hulda abgeleitet. Kosenamen: Lale, Lulu.

Ulrika, Ulrike: klar und hell. Aus Dänemark und Schweden. Gilt als weibliche Form von Ulrich. Aus dem Althochdeutschen. Bedeutung: Erbe und mächtig, reich. Aus dem 17. Jh.: Ulrike Eleonore von Dänemark, Tochter des Königs Friedrich III. von Dänemark, heiratete den schwedischen König Karl XI. Trotz der politischen Gründe für die Heirat war die Ehe glücklich. Die Königin kümmerte sich um Arme und Kranke, war außerdem eine begabte Künstlerin. Ihr Sohn wurde später König Karl XII. von Schweden, nach seinem Tode übernahm kurzzeitig seine Schwester, ebenfalls eine Ulrike Eleonore, den Thron. In Deutschland wurde der Name vom 18. Jh. an langsam bekannter. Eine Stiefschwester von → Heinrich von Kleist etwa hieß Ulrike. Andere Namensformen: Ulricca, Ulricha, Ulrikka, Ulrikke. Abkürzungen: Ulla, Ulli, Rika, Rike, Riken.

Undine: märchenhaft. Aus dem Lateinischen. Bedeutung: die Nixe. Entstanden aus dem lateinischen Wort »unda«, was Welle bedeutet. Die Legende von dem verführerischen Wassergeist hat zahlreiche Künstler inspiriert, etwa Friedrich de la Motte Fouqué, Albert Lortzing, E.T.A. Hoffman, Hans → Christian Andersen, Claude Debussy, Wilhelm Tieck … Abkürzungen: Dina, Una.

Ursel: → Ursula.

Ursina, Ursine, Ursetta: verwandt mit dem bekannteren Namen → Ursula. Aus dem Lateinischen. Bedeutung: kleine Bärin. Der Name ist im Schweizer Kanton Graubünden sehr verbreitet. Abkürzungen: Ula, Ulla, Uschi, Sina, Sine.

Ursula, Ursel, Ursulina, Ursuline: aus dem Lateinischen. Bedeutung: kleine Bärin. In der katholischen Kirche wird seit dem 4. Jh. die Legende von der heiligen Ursula erzählt, einer weisen, schönen und tugendsamen Bretonin, die einen Königssohn aus England heiraten sollte, aber nicht wollte. Um Zeit zu schinden, ging sie mit vielen Jungfrauen auf Pilgerreise nach Rom. Auf dem Rückweg geriet sie in Köln, wie in einem Traum vorausgesehen, in Not, wurde von den Hunnen gefangen gesetzt. Als sie den grausamen Hunnenprinzen, der sich in sie verliebt hatte, nicht heiraten wollte, tötete er sie durch einen Pfeilschuss. Eine Geschichte, die von verschiedenen Künstlern dargestellt wurde, unter anderem von Caravaggio. Eine der Jungferninseln in der Karibik wurde von → Christoph Kolumbus nach ihr benannt. Namenstag: 21. Oktober. In Italien: Orsola, Orseline und Orsina, Orsine; in Spanien: Ursola; in Frankreich: Ursule; in England: Ursly, Usle. Abkürzungen: Ula, Ulla, Ursch, Urschel, Ursel, Ursl, Uschi.

Urte, Urthe: im deutschsprachigen Raum selten. Stammt aus dem Baltikum. Die Herkunft und die Bedeutung sind ungewiss, vielleicht eine Kurzform zu → Dorothea. Andere meinen, es sei die baskische Form von → Ruth.

Uta, Ute, Utta: bezieht sich auf → Oda, vielleicht auch auf die Ute aus dem Nibelungenlied, die Mutter Kriemhilds. Eine weitere Ute: Die Ute aus der Gudrunsage, die Mutter → Hagens, der von Greifvögeln geraubt wurde. Also ein alter Name, im Mittelalter nicht selten. Eine bildschöne Uta, leider nur noch aus Stein zu bewundern: Die Stifterfigur Uta im Naumburger Dom – eine von zwölf adligen Damen, die im 11. Jh. den Bau des Doms mit Spenden finanziert haben und die hier verewigt ist. Umberto Eco soll gesagt haben, mit ihr würde er gerne einmal essen gehen. In Friesland: Uda.

Valenta, Valentia, Valentina, Valentine: heiter, romantisch. Die weibliche Form von Valentin. Aus dem Lateinischen. Bedeutung: gesund, stark. Im 18./19. Jh. kamen immer mehr Namen mit den Endsilben »-ine«, »-ina« in Mode. In Spanien: Valencia. Abkürzungen: Ela, Ella, Ena, Eni, Tine, Tina, Vally, Vana.

Valeria, Valerie, Valeriane: weibliche Form von Valerian. Alter römischer Familienname. Im 1. Jh. lebte Valeria Messalina, dritte Frau des römischen Kaisers Claudius, eine mächtige Intrigantin, die schließlich an ihren Machtspielen scheiterte. Viel sympathischer: Valeria von Limoges (3. Jh.), eine vornehme Jungfrau. Der Legende nach soll sie, gerade getauft, ihre Verlobung mit einem heidnischen Herzog gelöst haben. Namenstag: 9. Dezember. In England: Valery; in Frankreich: Valérie; in Polen: Valeska, Vlaska; in Russland: Valerija. Kosename: Valetta. Abkürzungen: Eri, Vally, Vana.

Valeska: → Valeria.

Vanessa: aus dem Englischen. Bezieht sich wohl auf ein Anf. des 18. Jh. verfasstes Gedicht des englischen Schriftstellers Jonathan Swift, in dem er verschlüsselt seine geheime Geliebte feiert: »Cadenus und Vanessa«. Der Name ist erst Ende des 20. Jh. richtig bekannt geworden.

Vera, auch **Wera:** aus dem Russischen. Heute international. Bedeutung: Glaube, Zuversicht. Der Name ist im 19. Jh. mit der russischen Literatur bei uns bekannt geworden. Kosename: Veruschka.

Verena: in den vergangenen vierzig Jahren immer populärer geworden, aber viel älter. Vermutlich aus dem Lateinischen. Bedeutung: die Scheue. Die heilige Verena kam im 4. Jh. mit der Legion des römischen Kaisers Maximian aus

Ägypten in die Schweiz. Soll als Einsiedlerin in einer Höhle bei Solothurn gelebt und Kranke versorgt haben. Wenn die Nahrung ausging, standen wunderbarerweise immer neue Mehlsäcke vor der Tür. Noch heute wird ihrer in der Schweiz gedacht. Namenstag: 1. September. In Frankreich: Vérène. Abkürzungen: Ena, Eni, Nena, Vera.

Veronica, Veronika: aus dem Griechischen. Verwandt mit dem Namen →Berenike. Bedeutung: den Sieg bringend. Schon im frühen 17. Jh. war der Name bekannt. Ein Beispiel dafür: Eine Hofdame von Kaiserin Eleonora Gonzaga hieß Clara Veronica Freiin Breuner. Andere Namensform: Verona. In Frankreich: Véronique; in Polen: Weronika. Abkürzungen: Ica, Ika, Ina, Inka, Nice, Nica, Ona, Vera, Vreni, Vrona, Vroni, Vronerl.

Vicki, Vicky: Kurzform von →Victoria, aber schon lange verselbstständigt. Aus dem Lateinischen. Bedeutung: Sieg. Anf. des 20. Jh. hat die mit ihrem Buch »Menschen im Hotel« enorm erfolgreiche Schriftstellerin Vicki Baum auch ihren Vornamen bei uns bekannt gemacht.

Victoria, Viktoria, auch **Viktorine:** traditionell, zeitlos. Weibliche Form von Victor/Viktor. Aus dem Lateinischen. Bedeutung: Sieg. Aus dem 3. Jh.: Victoria von Rom, eine vornehme Jungfrau, die unter Kaiser Decius erst von einem verschmähten Liebhaber verraten, dann wegen ihres Glaubens hingerichtet wurde. Namenstag: 23. Dezember. Später war der Name in vielen Königs- und Fürstenhäusern gefragt. Vittoria Colonna, im 15./16. Jh. Markgräfin von Pescara, dazu berühmte Dichterin, wurde wegen ihrer unglaublichen Schönheit und Klugheit bewundert. Als ihr geliebter Mann starb, zog sie sich lange Jahre in Klöster zurück. Später war sie in Rom mit vielen Größen ihrer Zeit befreundet, an erster Stelle mit Michelangelo. Besonders eindrucksvoll im 19./Anf. 20. Jh.: Victoria, Königin von Großbritannien und Irland, Kaiserin von Indien. Im »Viktorianischen Zeitalter« eine mächtige Herrscherin in einem riesigen Reich, zu dem mehr als ein Drittel der gesamten Menschheit zählte. Glücklich mit ihrem Cousin Albert verheiratet, brachte sie neun Kinder zur Welt. Ihre älteste Tochter, die ebenfalls Victoria hieß, heiratete den preußischen Thronfolger, wurde später Königin von Preußen, Kaiserin von Deutschland. In Frankreich: Victorine; in Italien: Vittoria. Abkürzungen: Kieke, Tonjy, Tonya, Vica, Vick, Vicki, Vicky, Viki, Vita, Vif, Viv.

Vinzenta, Vinzentia: weibliche Form von Vinzenz. Aus dem Lateinischen. Bedeutung: siegen. Abkürzungen: Centa, Senta, Zenta.

Viola, Violante: freundlich, fröhlich, klingt nach Musik. In vielen Ländern bekannt. Aus dem Lateinischen. Bedeutung: das Veilchen. Bereits im 13. Jh. am sizilianischen Königshof bekannt. In Shakespeares Komödie »Was ihr wollt« gibt es eine heiter beschwingte, gewitzte Viola. In England: Violet, Violett; in Frankreich: Violette, Violaine; in Italien: Violetta; in Spanien auch: Violeta. Abkürzungen: Lana, Letta, Ola, Ota, Viv, Vita.

Virginia: aus dem Lateinischen. Geht auf ein altrömisches Geschlecht zurück. Eine tragische Geschichte aus der Antike: Im 5. Jh. v. Chr. verfolgte Appius Claudius Verginia, die Tochter des Decimus Verginius. Sie konnte sich seiner Aufdringlichkeit nicht entziehen. Um sie zu retten, tötete ihr Vater sie. Später, im 5. Jh. n. Chr., lebte in der Nähe von Poitiers die heilige Virginia, eine fromme Schafhirtin. Namenstag: 7. Januar. Mehr als tausend Jahre später eine eindrucksvolle, weltoffene, kluge Virginia aus dem 19./20. Jh.: die englische Schriftstellerin Virginia Woolf. In Frankreich: Virginie. Abkürzungen: Genia, Gina, Vita, Viva.

Vita: Kurzform von → Viktoria/Victoria.

Viveca, Viveka, Vivica: → Viviana.

Viviana, Viviane, auch **Vivian:** international. Aus dem Lateinischen. Bedeutung: die Lebhafte. Wiwina (auch Vivina) von Brüssel lebte im 12. Jh. als Einsiedlerin, später gründete sie ein Kloster. Namenstag: 17. Dezember. Andere Formen: Bibiane, Bibina, Bibine, Vibiana, Viviann, Viviene, Vivienn. In Frankreich: Vivien, Vivienne; in Spanien: Bibiana; in Skandinavien: Vieviejen, Viveca, Viveka, Vivica. Abkürzungen: Ana, Ina, Vif, Viv, Vivy, Vita.

Waltraud, Waltraude, Waltraut, Waltraute, Waltrud, Waltrude: selten geworden. Aus dem Althochdeutschen. Bedeutung: starke Herrscherin. Im 7. Jh. wurden der heiligen Waltraud von Mons, aus dem Königshaus der Merowinger, heilende Wunderkräfte nachgesagt. Namenstag: 9. April. In Wagners Opern »Die Walküre« und »Götterdämmerung« tritt jeweils eine Waltraute auf. Abkürzungen: Traude, Traudel, Traudl, Traute, Trude, Walle, Wally.

Wanda: slawisch. Bedeutung: Frau aus dem Wendland. Seit dem 19. Jh. bekannt. In Italien, in Schweden: Vanda. Abkürzungen: Wandi, Wendy.

Wendela, Wendila, Wendula: abgeleitet von → Wendel. Weist auf den Stamm der Wandalen hin. Abkürzungen: Dela, Dila, Weda, Wendie, Wendy.

Wera: → Vera.

Wiebke, Wibeke, Wibke, Wiepke, Wipke, Wipka: Namen aus dem Norden. Abgeleitet von Namen wie Wiba, Wiebe aus dem 8. Jh. Im Althochdeutschen bedeutet die Silbe »wig« Kampf. In Dänemark: Vibeke. Abkürzungen: Becky, Vif, Viv, Vivi, Vivie, Wika, Wivie, Wivy.

Wieta, Witta, Witte: friesisch. Verwandt mit allen Namen mit der Silbe »wig«, die Kampf bedeutet.

Wilhelma, Wilhelmina, Wihelmine: weibliche Form von Wilhelm. Aus dem Althochdeutschen. Bedeutung: Wille und Helm. Eine Wilhelmine, die im 18./19 Jh. in Berlin Furore gemacht hat: Wilhelmine Gräfin von Lichtenau, Tochter des Trompeters und Gastwirtes Enke. Sie war die offizielle Mätresse des Preußenkönigs Friedrich Wilhelm II. und Mutter fünf gemeinsamer Kinder. Später machte der König aus seiner Wilhelmine eine Gräfin, schenkte ihr ein Schloss auf der Pfaueninsel, verheiratete sie mit seinem

Kammerdiener Johann Friedrich Rietz. Kosename: Minette. In Italien: Guglielmina. Abkürzungen: Ima, Imma, Ina, Helma, Mina, Minja, Minka, Minna, Wemke, Wilja, Willa, Wilma, Wilmken, Winda.

Wilma, auch **Vilma:** aus dem Englischen. Kurzform von → Wilhelmina. Aus dem Althochdeutschen. Bedeutung: Wille und Helm. Abkürzungen: Ima, Imma, Viv.

Wiltrud, Willtrud, Wiltrude, Wiltraud: aus dem Althochdeutschen. Bedeutung: der Wille. Abkürzungen: Trude, Trudel, Traute.

Winfrieda: weibliche Form von Winfried. Aus dem Althochdeutschen. Bedeutung: Freund und Friede. Abkürzungen: Winnie, Winny, Frieda, Friede.

Winifred: aus dem Englischen/Keltischen. Verwandt mit Namen wie → Gwendolin, Gwendolyn. Die Bedeutung ist ungeklärt. Abkürzungen: Freda, Winja, Winnie, Winny.

Heute zählt Individualität

Eine Handvoll Vornamen für ein ganzes Dorf – früher kein Problem. Im Gegenteil: Eine Anna unter vielen Annas zu sein war gut für das Wir-Gefühl, nach dem Motto: Nur gemeinsam sind wir stark. Auch in den Familien wurde so gehandelt: Die Enkel hießen nach den Großeltern oder Paten. Kontinuität war angesagt. Regionale, religiöse und familiäre Bezüge sind inzwischen weniger wichtig geworden. Heute zählt Individualität. Keiner möchte, dass die halbe Kindergartengruppe den gleichen Namen trägt wie der eigene Nachwuchs. Exklusivität, natürlich nicht übertrieben, darf also schon sein. Denken Eltern bei der Namensgebung weiter als bis zum Vornamen des Nachbarskindes, ist das nicht schlecht für das Selbstwertgefühl ihres Sprösslings. Durch einen besonderen Namen fühlt sich manches Kind in seiner Persönlichkeit bestätigt. Ein Stück sicherer. Attraktiver. Der Name ist allerdings nicht mehr als ein glitzerndes I-Tüpfelchen für das Selbstbewusstsein.

Xaviera: die weibliche Form von Xaver. Aus dem 16. Jh. Bezieht sich auf die Burg Javier in Spanien, von welcher der heilige Xaver stammt. Abkürzungen: Ava, Vera.

Xenia: aus dem Griechischen. Kurzform von Polyxenia, einem Namen, der im 17. Jh. beim Adel nicht unbekannt war. Bedeutung: die Gastfreundliche. Xenia von Rom (5. Jh.) ist eine Heilige der orthodoxen Kirche. Aus einer wohlhabenden Familie stammend, floh sie vor einer aufgezwungenen Hochzeit und ließ in Karien in der heutigen Türkei eine Kirche erbauen, die einem heiligen Stephanus gewidmet ist. Eine andere Form: Zenia. In Russland: Axinja, Xenja; in der Ukraine: Oxana.

Yolanda, Yolande, auch **Yolanta:** aus dem Germanischen oder Altfranzösischen – keiner weiß es wirklich. Manche sagen, der Name stamme aus Griechenland und bedeute: das Veilchen. Im Mittelalter im Adel nicht unbekannt. Abkürzungen: Ana, Dana, Jola, Lana, Landa. → Jolanda.

Yvette: weibliche Form von Yves oder Yvon. Nordisch. Bedeutung: die Eibe. In der katholischen Kirche erinnert man sich an eine Yvette, die im 12./ 13. Jh. aufopfernd Kranke pflegte. Namenstag: 13. Januar.

Yvonne: aus dem Französischen. Weibliche Form von Yvon. Bedeutung: die Eiben. → Ivonne.

Z

Zäzilie: → Cecilia.
Zara, Zarah: → Sara/Sarah.
Zelda: ursprünglich aus England. Eine Kurzform des althochdeutschen Namens → Griselda.
Zelma: → Selma.
Zenia: → Xenia.
Zenobia: klangvoll wie ein Gedicht. Weibliche Variante von → Zeno. Aus dem Griechischen. Bedeutung: Geschenk des Zeus. Ein Asteroid trägt diesen Namen. Im Englischen: Zenab, Zenaida; in Frankreich: Zenobie, Zenaide; in Russland: Zenovia. Abkürzungen: Nona, Ona, Zena, Zenz.
Zenta: → Vinzenta.
Zinnia: liebenswerter englischer Name. Bedeutung: ein Blumenname. Abkürzungen: Nina, Zizzy.
Zita, Zitta: italienisch. Bedeutung: junges Mädchen. Auch als Kurzform von → Felicitas aufgefasst. Im 13. Jh. lieh eine zwölfjährige Zita, Magd in Lucca in der Toskana, einem frierenden Bettler einen Mantel, so die Legende. Der Bettler brachte den Mantel später zurück und gab sich ihr dabei als Christus zu erkennen. Namenstag: 27. April. Außerdem hieß im 20. Jh. die letzte Kaiserin Europas Zita von Bourbon-Parma. Nach ihr ist ein Asteroid benannt Andere Namensformen: Cita, Citta, Sita.
Zoe: romantisch. Aus dem Griechischen. Bedeutung: das Leben. Im 11. Jh. regierte eine Kaiserin Zoe das oströmische Reich. In Spanien: Zoa; im Englischen: Zoë.
Zölestina, Zölestine: ungewohnt für heutige Ohren, früher nicht außergewöhnlich. Weibliche Form von Cölestin/Zölestin. Aus dem Lateinischen. Bedeutung: himmlisch. In Italien: Celestina. Abkürzungen: Stine, Stina, Tina, Tine, Zelia, Zella, Zoe. → Cölestina.

Jungennamen von A bis Z

Aaron, Aron: aus dem Hebräischen. Nach dem alten Testament war Aaron der ältere Bruder von → Moses, unterstützte ihn beim Zug zum Sinai. Namenstag: 22. Juni.

Abel: ein seit dem 12. Jh. bekannter, aber eher seltener biblischer Name. Aus dem Hebräischen. Bedeutung: Vergänglichkeit, Wind, Hauch. Der Name geht auf die Geschichte von Kain und Abel zurück: Abel, der zweite Sohn von → Adam und → Eva, wurde von seinem Bruder Kain erschlagen. Namenstag: 9. Dezember. Kosename: Abelin.

Abraham: ein biblischer Name. Aus dem Hebräischen. Bedeutung: Vater der Menge. In Deutschland seit dem frühen Mittelalter bekannt. Im 19. Jh. betrieb Abraham Lincoln als Präsident der USA die Abschaffung der Sklaverei. In Arabien: Ibrahim. Abkürzungen: Abbi, Abi.

Achas, Achaz, seltener **Achatz, Acatius, Achatius:** ursprünglich aus dem Hebräischen. Bedeutung: Der Herr besitzt. Nach einer Legende aus dem 12. Jh. soll ein Achatius Anführer des kaiserlichen Heeres gewesen sein. Vor einer Schlacht erschien ihm ein Engel, der ihn zum christlichen Glauben brachte. In Finnland: Aimo, Aino.

Achill, Achilles: ursprünglich aus dem Griechischen (Achilleion). Achill war ein Held der griechischen Mythologie, verdiente im Kampf um Troja Meriten. Als Sohn eines menschlichen Vaters und einer göttlichen Mutter war sein Leben so dramatisch, dass sich später Dichter wie Shakespeare, Goethe und Schiller seines Schicksals annahmen. In Frankreich, Italien: Achille. Kosenamen: Ilia, Ilja.

Achim, auch **Akim:** Kurzform von → Joachim. Ein biblischer Name. Bedeutung: Gott richtet auf. Ursprünglich aus dem Hebräischen. Seit etwa 500 Jahren bekannt. Achim von Arnim war ein bekannter Dichter der Romantik, stellte mit → Clemens von Brentano Anfang des 19. Jh. die Volksliedersammlung »Des Knaben Wunderhorn« zusammen.

Adalbert, Adelbert, Adelbrecht: aus dem Althochdeutschen. Bedeutung: edel, glänzend. Im 10. Jh. wollte der Asket Adalbert von Prag die Böhmen vom Heidentum abbringen. Er wurde zum Märtyrer. Namenstag: 23. April. Im 18. Jh. wurde der Name wiederentdeckt – zu der Zeit lebte Adelbert von Chamisso, Dichter, Weltumsegler und Naturforscher. Zur gleichen Zeit berühmt: Adalbert Stifter, im Böhmerwald geborener Dichter. Andere Formen: → Albert, → Albrecht. In Italien: Adalberto; in Frankreich: Aubert; in Ungarn: Béla. Abkürzungen: Abel, Adi, Bela, Bert.

Adalhard, Adalhart, Adelart, Adelhart, Adelhard, auch **Ahlert, Alhard, Alard, Allert:** aus dem Althochdeutschen. Bedeutung: edel und kräftig, stark. Beim Adel schon zu Zeiten beliebt, als noch Minnesänger durch die Lande zogen. Abkürzungen: Adi, Hartl.

Adalmar, Adelmar, Aldemar, Almar: aus dem Althochdeutschen. Bedeutung: edel und berühmt. Abkürzungen: Adi, Aldo.

Adalrich, Adelrich, Alderich, Allrich: aus dem Althochdeutschen. Verwandt mit den Namen Olerk, Olrik. Bedeutung: edel und reich. Im 10. Jh. lebte ein Adalrich als frommer Einsiedler am Zürcher See. Namenstag: 28. September. Andere Formen: Alrich, Allrich, Alrik, Ahlrich. Abkürzungen: Adi, Rick, Rik.

Adam: biblischer Name. Aus dem Hebräischen. Bedeutung: Mensch aus Erde. Nach der Schöpfungsgeschichte ist Adam der Stammvater der Menschen. Namenstag: 24. Dezember. Seit dem Mittelalter als Vorname bekannt. Adam Ries, Rechenkünstler, lebte im 16. Jh. in Oberfranken. Der bedeutende Maler Adam Elsheimer wurde im 16. Jh. in Frankfurt geboren. In Italien: Adamo; in Spanien: Adan; in Portugal: Adao; in Tschechien: Damek.

Ado: bereits im 8. Jh. ein eigenständiger Name. So ist Ado von Vienne, ein in der Champagne geborener Benediktinermönch, durch seine geschichtlichen Werke bekannt geworden. Namenstag: 16. Dezember.

Adolf, Adolph: entstanden aus dem Namen Adawolf. Aus dem Althochdeutschen. Bedeutung: edel und Wolf. Weckt Assoziationen an die grausamen Verbrechen im Nationalsozialismus. Ein Gegengewicht dazu setzt etwa der heilige Adolf, im 13. Jh. Bischof von Osnabrück und ein wohltätiger Erneuerer der Kirche. Namenstag: 30. Juni. Im 19. Jh.: Adolf Kolping, dessen soziales Engagement Auslöser für die heute weltumspannende Organisation Kolping-Werk war. Namenstag: 4. Dezember. In Italien und Spanien: Adolfo; in Frankreich: Adolphe. Abkürzungen: Adi, Ado, Alf, Azzo, Dolph.

Adrian, früher **Adriaen:** aus dem Lateinischen. Bezieht sich vermutlich auf Hadria, den Ort, aus dem die Eltern von Kaiser Aelius Hadrianus (2. Jh.) stammten. Dieser war ein begabter Künstler und launenhafter Herrscher. Im 4. Jh.: Adrian von Nikomedien, der mutig für seinen Glauben eintrat, voller Liebe für seine Frau Natalie. Namenstag: 8. September. Der niederländische Papst Hadrian VI. (15./16. Jh.) – Adrian von Utrecht – musste sich mit den Anfängen der Reformation auseinandersetzen. Bekannt ist auch der Tonsetzer Adrian Leverkühn aus dem Roman »Dr. Faustus« von → Thomas Mann. In den Niederlanden: Adriaan, Adriaen; in Frankreich: Adrien; in Italien, Spanien: Adriano. Abkürzungen: Adi, Adri, Ari.

Ägid, Ägidius, Aegid, Aegidius: aus dem Griechischen. Bedeutung: der Beschützende, Schildhalter. Der heilige Ägidius war im 9. Jh. Abt im Kloster St. Gilles, Südfrankreich. In Frankreich: Gilles; in England: Giles; in Italien und Spanien: Egidio. Abkürzungen: Gil, Gill, Gilles, Jil, Jill. → Egid.

Aemilius: Name vieler Politiker im alten Rom. Abkürzungen: Emil, Lio. → Emil.

Alan, Allan, Allen: trotz modernen Klangs ein alter Name aus dem Englischen/Keltischen. Bedeutung wohl: Fels. Im 19. Jh.: Edgar Allan Poe, genialer amerikanischer Schriftsteller. Gilt als erster Krimiautor. In Frankreich: Alain.

Alard, Alart, Alhard, Alhart: → Adalhard.

Alban: elegant und schlicht, abgeleitet von Albanus. Aus dem Lateinischen. Bedeutung: Mann aus Alba. Der österreichische Komponist Alban Berg gehörte zu den großen Neuerern der Musik des 20. Jh. In Italien: Albano.

Alberich: aus dem Althochdeutschen. Bedeutung: Naturgeist und reich. In der germanischen Mythologie ist Alberich König eines Elfen- und Zwergengeschlechts. Im 10. Jh. machten etliche Herrscher namens Alberich viel Wind in Europa. Abkürzungen: Al, Aldo, Bert, Bertel, Bertl, Rick. → Oberon.

Albert: neuere Form von → Adalbert. Aus dem Althochdeutschen. Bedeutung: edel, glänzend. Albertus Magnus, Albert von Köln genannt, versuchte als Kirchenlehrer bereits im 13. Jh. wissenschaftliches Denken mit dem Glauben zu verknüpfen. Namenstag: 15. November. Später auch in Fürstenhäusern gefragt. So war Königin → Viktoria von England mit einem Prinzen Albert glücklich (19. Jh.). Im 19./20. Jh. sind unter den Alberts viele Geistesgrößen, etwa der Physiker und Nobelpreisträger Albert Einstein. Auch unvergessen: der Friedensnobelpreisträger, Theologe, Arzt, Musiker, Philosoph Albert Schweitzer. In Italien: Alberto. Abkürzungen: Al, Aldo, Bert, Bertel, Bertl.

Albin: abgeleitet von Adalwin, Albwin, → Alwin. Aus dem Althochdeutschen. Bedeutung: Elf und Freund. Oder: der Weiße (wohl aus dem Lateinischen).

Albrecht: abgeleitet von Adalbrecht. Aus dem Althochdeutschen. Bedeutung: edel, glänzend. Einst in Königs- und Fürstenhäusern beliebt. Unvergessen: Albrecht Dürer, Maler, Kunsttheoretiker, Mathematiker (15./16. Jh.). Bereits im Mittelalter beliebte Abkürzungen: Abel, Bert.

Alexander: seit Jahrhunderten beliebt, auch bei Kaisern, Königen, Päpsten. Aus dem Griechischen. Bedeutung: schützen und Mann. Unter den Herrschern: Alexander der Große (4. Jh. v. Chr.), der von Persien aus seinen Machtbereich ausdehnte. Im 17. bis 19. Jh. Vorname vieler russischer Fürsten, Zaren und Großherzöge. In der Kirche spielte er ebenfalls eine bedeutende Rolle. So gab es im 2. Jh. einen ersten Papst Alexander. Namenstag: 30. Januar.

Auch bedeutende Künstler und Wissenschaftler hießen Alexander: Im 18./19. Jh. Alexander von Humboldt, berühmter Naturwissenschaftler. Reiste um die Welt, erforschte die Meere, die Vulkane, das Klima, den Sternenhimmel … In Frankreich: Alexandre, Alissandre; in Schottland: Alsandair, Alister, Alasdair; in Italien: Alessandro; in Griechenland: Aléxandros; in Polen: Aleksander; in Spanien: Alejandro; in Russland: Aleksandr, Alekseij, Alexei, Alexej. Kosenamen: Alec, Alek, Alex, Alessio, Alexis, Alexius, Alik, Aljoscha, Lex, Sander, Sando, Sascha, Xander.

Alexis, Alexius: aus dem Griechischen. Bedeutung: beschützen, abwehren. In der Kirche San Clemente in Rom ist ein Bild des Patriziers Alexius von Edessa aus dem 10. Jh. zu sehen, der später zu Fuß ins Heilige Land pilgerte. Namenstag: 17. Juli. Abkürzungen: Lex, Lix.

Alfons, Alphons: schon bei den Westgoten bekannt. Bedeutung: Kampf, willig, auch edel. In Spanien und Portugal lange ein Königsname. In Italien und Spanien: Alfonso; in Frankreich: Alfonse. Abkürzungen: Al, Aldo, Fonse.

Alfred, Alfrad: aus dem Altenglischen. Bedeutung: Elf und Rat. Alfred der Große, im 9. Jh. König der Angelsachsen, gründete Klöster und Schulen, verteidigte sein Reich gegen die Wikinger und wurde wie ein Heiliger verehrt. Namenstag: 28. Oktober. Im 19. Jh. kam der Name in Mode. Alfred Nobel (19. Jh.), schwedischer Chemiker und Erfinder, veränderte die Welt mit der Erfindung des Dynamits und stiftete den Nobelpreis. In Italien: Alfredo. Abkürzungen: Affie, Al, Fred, Freddie, Freddy, Fredl, Fredo.

Alfried: aus dem Althochdeutschen. Bedeutung: erfahren, Friede. Ende des 19. Jh. bekannt geworden. Wohl von → Alfred abgeleitet oder von Adalfrid, Aldfrid. Der bekannteste Alfried: der Unternehmer Alfried Krupp von Bohlen und Halbach (20. Jh.). Abkürzungen: Al, Fried.

Alois, Aloisius, Aloys, Aloysius: vor allem in Bayern bekannt. Aus dem Althochdeutschen. Bedeutung: vollkommen, weise. Bekannt ist der heilige Aloisius von Gonzaga, der sich im 16. Jh. für Arme und Kranke einsetzte. Namenstag: 21. Juni. Abkürzungen: Lois, Loise, Loisl.

Alrich, Alrik, Allrich, auch **Ahlrich:** → Adalrich.
Altman, Altmann: aus dem Althochdeutschen. Bedeutung: erfahren und der Mann. Abkürzung: Alto.
Alwin, auch **Adalwin, Adelwin:** aus dem Althochdeutschen. Bedeutung: edel, Freund. In England, Skandinavien: Alvin.
Amadeus, Amadé: aus dem Lateinischen. Bedeutung: lieber Gott. Klingt nach Mozartmusik. Im 13. Jh.: Amadeus Graf von Savoyen, der mit vier Königen verschwägert war und es sich gutgehen ließ. In Italien: Amedeo; in Frankreich: Amédée; in Spanien: Amadeo. → Wolfgang.
Amand: abgeleitet von Amandus. Aus dem Lateinischen. Bedeutung: liebenswürdig. Heinrich Seuse (13./14. Jh.), genannt Amandus, deutscher Mystiker, Philosoph, Troubadour, hat in seiner Dichtung Gott gepriesen. Im 19. Jh. hieß ein Hamburger Senator und Bürgermeister Amandus Augustus Abendroth. In Italien und Spanien: Amando.
Ambros: abgeleitet von Ambrosius. Aus dem Griechischen. Bedeutung: göttlich. Die Basilika Sant'Ambrogio in Mailand ist einem Ambrosius, Kirchenlehrer im 4. Jh., geweiht. Namenstag: 7. Dezember. Abkürzung: Brosl.
Amos: aus dem Hebräischen. Bedeutung: von Gott getragen. Laut Bibel war Amos ein einfacher, mutiger Mann, der Israel das Gericht Gottes androhte, weil die Sitten verfielen und den Benachteiligten Unrecht geschah.
Anastas, Anastasius: aus dem Griechischen. Bedeutung: Auferstehung. Im 4. Jh. gab es den Papst Anastasius I. Namenstag: 19. Dezember. In Griechenland: Anastásios. Abkürzungen: Ansast, Stas, Staas, Stanz.
Anatol: aus dem Griechischen. Bedeutung: der aus Anatolien. Im 3. Jh. lebte der heilige Anatol. Namenstag: 3. Juli. Anf. 20. Jh.: Der französische Schriftsteller Anatole France wird mit dem Literaturnobelpreis ausgezeichnet. In Frankreich: Anatole; in Russland: Anatolij. Abkürzung: Ano.
Andreas: aus dem Griechischen. Bedeutung: tapfer, tüchtig. Ein Androlos ist schon 250 v. Chr. auf der Olympialiste erwähnt. Viele Heilige heißen Andreas, auch einer der Apostel. Namenstag: 30. November. Im 17. Jh. lebte Barockdichter und Sprachgenie Andreas Gryphius. Aus dem

18. Jh.: Andreas Schlüter, Architekt, Bildhauer, Schöpfer des Bernsteinzimmers. Andreas Hofer (18./19. Jh.) war ein Tiroler Freiheitskämpfer. In Dänemark, Schweden: Anders; in England: Andrew; in den Niederlanden: Andres, Andrees, Andries; in Frankreich: André; in Italien: Andrea; in Schweden: Anders; in slawischen Ländern: Andra, Adrej, Andrij, Andrusch; in Ungarn: Andor, András. Kosenamen: Andi, Anden, Anderl, Andre, Andrei, Andrik, Andro, Andrusch, Anno, Drees. Drewes, Dries, Enders.

Angelus: aus dem Lateinischen. Bedeutung: Engel. Seit dem Mittelalter gebräuchlich. Im 20. Jh. ist Angelus Mann (genannt Golo) berühmt geworden, Historiker, Schriftsteller, Sohn von → Thomas Mann. In Italien: Angelo. Abkürzungen: Anno, Jojo, Luis.

Ansbert: aus dem Germanischen und Althochdeutschen. Bedeutung: Gott, glänzend. Abkürzungen: Bert, Bert(e)l.

Anselm, Anshelm: aus dem Germanischen und Althochdeutschen. Bedeutung: Gott und Helm. Anselm von Canterbury (11. Jh.) wurde wegen seiner Klugheit und Liebenswürdigkeit als Kirchenlehrer und Philosoph verehrt. Namenstag: 21. April. Anselm Feuerbach war ein bedeutender Maler des 19. Jh. Abkürzungen: Anno, Selmo.

Ansgar: aus dem Germanischen und Althochdeutschen. Bedeutung: Gott und Speer. Verwandt mit → Oskar. Im 9. Jh. musste der heilige Ansgar, Bischof von Hamburg-Bremen, auf dem Weg nach Skandinavien mit Seeräubern kämpfen. Namenstag: 2. Februar. Abkürzungen: Ande, Anderl.

Answald: aus dem Germanischen und Althochdeutschen. Bedeutung: Gott und walten. Abkürzungen: Ande, Anderl.

Anton, Antonius: aus dem Lateinischen. Geht auf einen römischen Familiennamen zurück. Antonius der Große (4. Jh.) war ein Eremit, dessen Einfluss weit bis ins Mittelalter reichte. Namenstag: 17. Januar. Unvergessen: Antonius von Padua (12./13. Jh.), verkündete das Evangelium. Namenstag: 13. Juni. Unter den Namensträgern sind viele Künstler: Anton van Dyck, niederländischer Maler (16./17. Jh.), Anton Bruckner, Komponist (19. Jh.), Anton Tschechow, russischer Schriftsteller (19. Jh.). In England:

Anthony; in Frankreich: Antoine; in Italien und Spanien: Antonio; in Ungarn: Antal; in slawischen Ländern: Antek. Abkürzungen: Donal, Donerl, Toni, Tonio, Tony.

Archibald: traditioneller englischer Name, wohl abgeleitet von Erkenbald. Aus dem Althochdeutschen. Bedeutung: fest, vornehm und kühn. Abkürzung: Archie.

Ariel: aus dem Hebräischen. Bedeutung wohl: Held Gottes. Der biblische Engel Ariel wird in Shakespeares »Der Sturm« und Goethes »Faust« als Luftgeist zur literarischen Figur. Einer der Monde des Uranus heißt Ariel.

Arist, Aristid, Aristide: aus dem Griechischen. Bedeutung: Bester, Vornehmster. Andere halten den Namen für einen Hinweis auf den Philosophen Aristoteles.

Arkadius, Arcadius: wohlklingend, klassisch. Aus dem Lateinischen. Bedeutung: aus Arkadien. In Russland: Arkadij. Abkürzung: Akadi.

Armand, Armant: → Hartmann, → Hermann.

Armin, Arminius: bezieht sich auf den Cherusker Arminius, der eine Schlacht gegen die Römer im Teutoburger Wald geschlagen hat (9. Jh.). Mit der Begeisterung für alles Germanische kam der Name im 19. Jh. wieder auf.

Arnold, Arnolt, Arnhold: aus dem Althochdeutschen. Bedeutung: Adler und walten. Im Mittelalter beliebt, im 19. Jh. erneut in Mode. Bekannte Arnolds dieser Zeit: Arnold Böcklin, Maler. Arnold Zweig, Schriftsteller. In Dänemark: Arild; in Frankreich: Arnaud; in Italien und Spanien: Arnaldo, Arnoldo; in Ungarn: Arniko. Abkürzungen: Arka, Arko, Arnd, Arne, Arno, Arnt, Arie, Ollie, Olly.

Arnulf, Arnolf: aus dem Althochdeutschen. Bedeutung: Adler und Wolf. Name vieler Bischöfe und Fürsten. Abkürzungen: Arne, Arno, Arnd, Arnt.

Aron: → Aaron.

Artur, Arthur: im 19. Jh. wie andere Namen aus England bei uns in Mode gekommen. Bezieht sich auf die keltische Sage von König Arthur und seiner Tafelrunde. Berühmt ist der Philosoph Arthur Schopenhauer (18./19. Jh.) sowie der gesellschaftskritische Schriftsteller Arthur Schnitzler (19./20. Jh.). In Italien: Arturo. Abkürzungen: Ari, Turo.

Arved, Arvid, Arwed, Arwid: aus dem Altnordischen. Bedeutung: Adler und weit (oder vielleicht auch Wald).

Askan, Ascan, auch **Asvin, Aswin, Aschwin:** aus dem Althochdeutschen. Bedeutung: Eschenspeer und Freund. Abkürzungen: Assa, Asso, Vin, Win.

Attila, Attilo: bezieht sich auf Hunnenkönig Attila (4. Jh.), der nach der Sage mit brutaler Gewalt ein Großreich errichtete, aber auf Dauer scheiterte. Abkürzungen: Azzo, Till, Tilo, Tillo. → Etzel, → Ildico (Mädchenname).

August, Augustus: aus dem Lateinischen. Bedeutung: ehrwürdig. Der Zusatz Augustus wurde dem römischen Kaiser Octavian um Christi Geburt als Ehrentitel verliehen; nach ihm ist der Monat August benannt. Seit der Renaissance Name von Königen und Fürsten. Im 19. Jh. erfolgreich: August Borsig, Maschinenbauer. Gründete die Borsigwerke in Berlin; galt als gerechter Arbeitgeber und Mäzen vieler Künstler. Im 19./.20. Jh. wird August zum Modenamen, den viele Künstler trugen, etwa der Schriftsteller August Strindberg, der Bildhauer Auguste Rodin, der Maler August Macke. Im Niederdeutschen: Austen. Abkürzungen: Austin, Gust, Gustl, Justus.

Augustin, Augustinus: leicht und beschwingt. Abgeleitet von → Augustus. Bedeutung: ehrwürdig. Im 4./5. Jh. lebte in Nordafrika der heilige Augustinus, ein bedeutender Kirchenlehrer, Philosoph und Wissenschaftler. Namenstag: 28. August. In England: Austin. Abkürzungen: Austen, Gust, Gustl, Gustinus, Justus.

Aurel, Aurelius, Aurelian: aus dem Lateinischen. Bedeutung: golden. Der römische Kaiser Marcus Aurelius (2. Jh.) war zugleich Feldherr und Philosoph. In Frankreich: Aurèle; in Italien und Spanien: Aurelio.

Axel: nordisch. Abgeleitet von Absalom. Aus dem Hebräischen. Bedeutung: Vater des Friedens. Im 16./17. Jh. vor allem im Norden bekannt. Zu dieser Zeit war Graf Axel Gustafsson Oxenstierna, ein kluger Stratege, geschickter Diplomat, dem schwedischen König Gustav Adolf unentbehrlich. Mitte des 20. Jh. kam der Name richtig in Mode.

Balder, Baldur: alter nordischer Name. Bedeutung: Gott des Lichts, der Sonne. Abkürzungen: Bado, Baldo, Basko.

Baldewin, Balduin: aus dem Althochdeutschen. Bedeutung: kühn und der Freund. Balduin von Boulogne zog beim 1. Kreuzzug im 12. Jh. in den Orient und wurde zum ersten König von Jerusalem. Balduin von Flandern war beim 4. Kreuzzug dabei, als das christliche Konstantinopel erobert wurde. In den Niederlanden: Boudewijn; in England: Baldwin; in Italien: Baldovino; in Frankreich: Baudouin. Abkürzungen: Aldo, Bado, Baldo, Basko, Dino.

Balthasar: zeitlos, klassisch. Aus dem Hebräischen. Bedeutung: Gott beschütze sein Leben. Ein »früher« Balthasar: einer der drei Weisen aus dem Morgenland. Aus dem 18. Jh.: Balthasar Neumann, begnadeter Baumeister des Barock und Rokoko. Abkürzungen: Bart, Bartel, Bartl, Hausl.

Baptist: biblischer Name. Aus dem Griechischen. Bedeutung: der Täufer. Ein Franzose, heute noch in Schweden präsent: Jean Baptiste Bernadotte, Marschall Napoleons, wurde später durch Adoption zum König Karl XIV. Johann von Schweden. In Frankreich: Baptiste, Batiste; in Italien: Battista. Abkürzungen: Bado, Bart.

Bartholomäus: aramäischer biblischer Name. Bartholomäus war ein Jünger Jesu. Namenstag: 24. August. In England: Bartholomew; in Frankreich: Bartholomé; in Italien, Spanien: Bartolomeo; in Italien: Barromeo oder Romeo; in Ungarn: Bartosz. Abkürzungen: Bart, Barnes, Bartel, Bartl, Barto, Basko, Bay, Ro, Rob, Robbie, Todd, Tom.

Basil, Basilius: poetisch. Aus dem Griechischen. Bedeutung: der König. Basilius der Große (4. Jh.) war eine herausragende Gestalt des frühen Christentums. Namenstag: 2. Januar. Im 16./17. Jh. legte der Naturforscher Basilius

Besler einen großartigen Garten an, stellte seine über tausend Pflanzen in Kupferstichen dar, die noch heute bewundert werden. In England: Basil; in Frankreich: Blaise; in Italien, Spanien: Basilio; in Osteuropa: Blazek; in Rumänien: Vasile; in Russland: Vasilij. Abkürzungen: Bay, Vasja.

Beat, Beatus: aus dem Lateinischen. Bedeutung: glückselig. Ein Einsiedler und Missionar namens Beatus wird seit dem 12. Jh. in der Schweiz verehrt. Namenstag: 9. Mai.

Benedikt, Benediktus: ein Klassiker. Aus dem Lateinischen. Bedeutung: der Gesegnete. Benedikt von Nursia (5./6. Jh) wird als Begründer des christlichen Mönchtums angesehen. Das von ihm gegründete Kloster Monte Cassino gilt als Mutterkloster der Benediktiner. Die Legende erzählt, Engel hätten Benedikt nach seinem Tode in den Himmel getragen. Namenstag: 11. Juli. Im 16./17. Jh. lässt Shakespeare Benedikt und Beatrice in seinem Stück »Viel Lärm um nichts« temperamentvoll um ihre Liebe kämpfen. In England: Bennet, Bennett; in Frankreich: Bénédict, Bénoit; in Friesland: Bendiks oder Bendix; in Italien: Benedetto; in Skandinavien: Bendt, Bent, Bendik; speziell in Schweden: Bengt; in Ungarn: Benedek; in Spanien: Benedicto, Benito. Abkürzungen: Bedo, Beene, Bene, Bengt, Benno, Benny, Diktus.

Benjamin: biblischer Name. Aus dem Hebräischen. Bedeutung: Sohn des Glücks. Der jüngste der zwölf Söhne Jakobs trug diesen Namen. Benjamin Franklin (18. Jh.), amerikanischer Staatsmann, zählte zu den Mitunterzeichnern der Unabhängigkeitserklärung. Gilt auch als Erfinder des Blitzableiters. In Italien: Beniamino; in Dänemark: Bent; in Frankreich: Bénoit. Abkürzungen: Bedo, Ben, Benji, Bent, Beene, Bene, Beno, Benni, Benno, Benny.

Benno: Abkürzung von → Benedikt, → Bernhard. Noch heute wird der Heilige Benno (11./12. Jh.) gefeiert, Patron von München, Bischof von Meißen. Namenstag: 16. Juni.

Benvenuto: aus Italien. Bedeutung: der Willkommene. Benvenuto Cellini (16. Jh.), Goldschmied, war ein Bildhauer der Renaissance mit einem bewegten Leben. Und ein geschäftstüchtiges Schlitzohr. Goethe übersetzte seine

Autobiographie, → Hector Berlioz wurde von seiner Geschichte zu der Oper »Benvenuto Cellini« inspiriert. Abkürzungen: Bedo, Ben, Beene, Bene, Beno, Benno, Bo.

Bernhard, Bernhart, auch **Bernd, Berend, Bernt,** früher **Bernhardin:** schnörkelloser Klassiker. Aus dem Althochdeutschen. Bedeutung: Bär und stark. Im 18. Jh.: Johann Bernhard Fischer, Architekt in Salzburg, Wien, Prag. Schuf begeisternde barocke Prachtbauten. Im 19. Jh. lebte Bernhard Riemann, genialer Mathematiker. In Dänemark: Bernt, Bernth; in Italien: Bernardo; in England, Frankreich: Bernard; in Ungarn: Bernát. Abkürzungen: Barnd, Bedo, Beene, Beeno, Bene, Benno, Beno, Bernie, Bertel.

Bernold, Bernhold, auch **Bernald:** aus dem Althochdeutschen. Bedeutung: der Bär und herrschen. Abkürzungen: Bedo, Berni, Bernie, Berny, Bert, Bertel.

Berthold, Bertold, Bertolt: aus dem Althochdeutschen. Bedeutung: glänzend und herrschen. Bekannt dank des Benediktinermönchs Berthold von Garsten (11. Jh.), der für seine Frömmigkeit bewundert wurde. Namenstag: 27. Juni. Abkürzungen: Bedo, Bert, Bertel.

Bertram: ein Klassiker. Aus dem Althochdeutschen. Bedeutung: glänzend und der Rabe. Berühmt aus alter Zeit: Bertram von Minden (14. Jh.), Maler der Gotik, genannt Meister Bertram, der die norddeutsche Malerei wesentlich beeinflusste. Abkürzungen: Ben, Bert, Bertel.

Der Vorname: ein Stück Identität

Der Vorname ist Teil der Identität, des Selbstbildes. Keiner wird den emotionalen Bezug zu seinem Namen einfach los – selbst wenn dieser durch Abkürzungen oder Spitznamen ersetzt wird. Die Psychologen sagen: Sind bestimmte Erwartungen mit einem Namen verknüpft, prägen sie die Persönlichkeit. Wer Siegfried heißt, glaubt vielleicht, ein Held sein zu müssen. Eine Carmen will möglicherweise glutäugig und leidenschaftlich sein. Das Gefühl »Ich sollte so sein wie ...« macht Druck und kann Kinder belasten. Neutralere Namen sind weniger mit Ballast beladen.

Bertrand: zeitlos. Vor allem in England und Frankreich bekannt. Aus dem Althochdeutschen. Bedeutung: glänzender Schild. Im 19./20. Jh.: Bertrand Arthur William Russell, Mathematiker und Philosoph. In Italien: Bertrando; in Spanien: Beltrán. Abkürzungen: Ben, Bert, Bertel, Nando.

Birger: alter Name, klingt frisch und modern. Bedeutung: Helfer, Beschützer. Im 13. Jh. gab es zwei Könige von Schweden mit Namen Birger. In Dänemark: Birge.

Björn, auch **Bjarne:** alter schwedischer Name, längst weithin beliebt. Bedeutung: der Bär. Schon im 10. Jh. ein Königsname. In Dänemark Bjarne; in Island: Bjarni.

Bodo, Botho, auch **Boto:** norddeutsch. Ursprünglich Kurzformen von Namen mit der Anfangssilbe »Bo«.

Bonifatius: anspruchsvoll. Aus dem Lateinischen. Bedeutung: der gutes Geschick verheißende. Etliche Päpste, auch Heilige und berühmte Aristokraten trugen diesen Namen. Andere Formen: Bonifacius, Bonifacio, Bonifaz. Abkürzungen: Azius, Azo, Azzo, Bon, Bono, Bonno.

Boris, auch **Borislaw:** ein alter slawischer Name. Bedeutung: Kampf und Ruhm, Ehre. Mehrere bulgarische Zaren trugen im Laufe der Zeit diesen Namen. → Liborius.

Brian, auch **Brayan:** aus dem Keltischen. Bedeutung: Hügel oder Stärke. Nach dem legendären König von Irland, Brian Boru (10. Jh.), ist die Harfe benannt, die auf den irischen Euromünzen abgebildet ist. In Italien: Briano; in der Bretagne: Brior.

Bruno: selten. Aus dem Althochdeutschen. Bedeutung: der Braune, auch Bär. Ein gebildeter Bruno, mit Königen und Kaisern verwandt, im 10./11. Jh. Bischof von Würzburg, ließ den Würzburger Dom erbauen. Machte Agnes von Poitou klar, dass Kaiser Heinrich III. der richtige Mann für sie sei. Namenstag: 27. Mai. In Italien: Brunone.

Burkard, Burkhard, Burghart, Burkhardt, auch **Burchard, Borchard:** alter deutscher Name. Bedeutung: die Burg und hart. Andere sagen: Birke, Waldgebiet. Der erste Bischof von Würzburg (8. Jh.) hieß Burkhard. Namenstag: 14. Oktober. In Italien: Bosco. Abkürzungen: Birk, Borg, Bork, Bosse, Bosso, Burk, Burt, Busse, Busso.

Cäcilius, Caecilius: anspruchsvoll. Aus dem Lateinischen. Erinnert an die Familie Caecilius Metellus, die jahrhundertelang in Rom eine politische Macht war, militärische Aufgaben wahrnahm und Stoff für aufregenden Klatsch lieferte. Abkürzungen: Cecco, Cäso, → Cecil.

Caesar, Cäsar: aus dem Lateinischen. Ein Familienname. Anspruchsvoll, erinnert an den römischen Herrscher Gajus Julius Caesar (1. Jh. v. Chr.). Aus dem 19. Jh.: César Franck, französischer Komponist und Organist. In Italien: Cesare; in Frankreich: César. Abkürzung: Cäso.

Cajetan: aus dem Lateinischen. Bedeutung: der aus Gaeta. Im 14. Jh. wurde ein Cajetan in der Lombardei geboren, der sich so vorbildlich benahm, dass man ihn schon während seiner Kindheit als Heiligen bezeichnete. Später wurde er wirklich ein Heiliger. Namenstag: 7. August. Abkürzungen: Jan, Kaj, Tano, Tanno. → Kajetan.

Cajus, Caius: ein im alten Rom üblicher Vorname. Bedeutung ungeklärt. Im 3. Jh. gab es einen Papst namens Cajus. Sein Grab mit Ring und Siegel wurde Jahrhunderte später in den Katakomben von Rom entdeckt. Abkürzung: Jus.

Calvin: vor allem in den USA beliebt. In Gedenken an den strengen Schweizer Reformator Johannes Calvin (16. Jh.).

Camill, Camillus oder **Camillo:** aus dem Lateinischen abgeleitet von den »camilli«, Knaben edler Abstammung, die im alten Rom den Priestern bei Opfern halfen. Ein mutiger Camillus: Marcus Flurius Camillus (5./4. Jh. v. Chr.), Feldherr, Politiker, wird als zweiter Gründer Roms gefeiert, denn man sagt, er habe die Gallier aus Rom vertrieben. In Frankreich: Camille; in Italien: Camillo. Abkürzung: Milo.

Candidus, Candid: aus dem Lateinischen. Bedeutung: hell, glänzend, aufrichtig. Der heilige Candidus (3. Jh.) war ein

Held des Christentums. Namenstag: 22. September. Im 18. Jh. veröffentlichte der Philosoph Voltaire anonym den aufsehenerregenden satirischen Roman »Candid oder der Optimismus«. Im 19. Jh. schrieb George Bernard Shaw ein Theaterstück mit dem Titel »Candide«. Ein »literarischer« Vorname! In Frankreich: Candide.

Carl: aus dem Althochdeutschen. Bedeutung: freier Mann. Ein wichtiger Carl aus dem 18./19. Jh.: Carl Friedrich Gauß, der als bester Mathematiker aller Zeiten gilt. Sein Porträt war auf dem Zehnmarkschein zu finden. In Frankreich und England: Charles; in Spanien, Portugal: Carlos; in den Niederlanden, in Dänemark und Tschechien: Karel; in Italien: Carlo; in Rumänien: Carol; in Polen: Karol; in Ungarn: Károly. Kosenamen: Calle, Cary. → Karl.

Carsten: → Christian.

Casimir: slawisch. Bedeutung: verkünden und Friede. Ein Herzog diesen Namens: Johann Casimir von Sachsen-Coburg (16./17. Jh.), der Coburg einerseits viel Gutes brachte wie prachtvolle Bauten, ein gute Verwaltung, andererseits für viele Hexenprozesse verantwortlich war. In Spanien: Casimiro. Abkürzungen: Cass, Miro. → Kasimir.

Caspar: zeitloser, norddeutscher Name persischen Ursprungs. Bedeutung: Schatzmeister. Geht auf einen der »Heiligen drei Könige« zurück. Der Name ist auch durch den romantischen Maler Caspar David Friedrich bekannt geworden (18./19. Jh.). → Kaspar.

Castor: aus dem Lateinischen. Weist auf die Halbbrüder Castor (auch → Kastor) und Pollux der griechischen Mythologie hin: Pollux ein Halbgott, Castor ein Sterblicher. Im 4. Jh. war Castor von Kaden als Missionar an der Mosel unterwegs. Namenstag: 13. Februar.

Cecil: traditioneller englischer Name. Aus dem Lateinischen. Bezieht sich auf einen Familiennamen. Ursprünglich eine Kurzform von → Cäcilius.

Cedric, Cederic, Cedrick: elegant. Aus dem Keltischen. Bedeutung: Kriegsherr. Bezieht sich eventuell auch auf den Gründer der westsächsischen Königsdynastie. Der Name wurde durch den Roman »Der kleine Lord« von F. H.

Burnett bekannt: Lord Fauntleroy heißt mit Vornamen Cedric. Abkürzungen: Ceddie, Ric, Ricki, Ricky.

Christian: ein biblischer Name. Aus dem Lateinischen. Bedeutung: zu Christus gehörend. Fürsten und Könige heißen seit Jahrhunderten Christian, vor allem im Norden. Der Name wurde bald volkstümlich. Im 17./18. Jh. erregte Christian Thomasius als Philosoph, Humanist und Jurist Aufmerksamkeit. Durch seinen Einfluss wurden Hexenprozesse und Folter abgeschafft. Ein Dichter diesen Namens: Hans Christian Andersen (19. Jh.), dessen Märchen wie »Die Prinzessin auf der Erbse« oder »Die kleine Meerjungfrau« heute noch beliebt sind. In Frankreich: Chrestien; in Italien: Cristiano; in Dänemark: Christen, Christiern; in Schweden: Christer; in den Niederlanden: Christiaan; in Bulgarien: Christo. Andere Form: Carsten, → Karsten. Abkürzungen: Cris, Chris(t), Jan. → Kristian.

Christoph, Christof, Cristof, auch **Christopher, Christoffer:** aus dem Griechischen. Bedeutung: Christusträger. Jeder kennt den Christophorus, einen Riesen von Mann, welcher der Legende nach das Jesuskind auf seinen Schultern über einen Fluss trug. Namenstag: 24. Juli. Christoph Kolumbus (Cristoforo Colombo), italienischer Seemann, war für die Spanier auf den Weltmeeren unterwegs. Soll Amerika entdeckt haben. War er wirklich ein Vorbild an Mut? Die Experten streiten darüber. Weniger umstritten: Christoph Willibald Gluck (18. Jh.). Begeisterte sich für Opern, war als Komponist erfolgreich, konnte seine Popularität in Wien und Paris auskosten. Steckte andere mit seiner Freude an der Musik an. In den Niederlanden, in Norddeutschland: Christoffer; in Italien: Christoff, Cristoforo; in Spanien: Cristóbal; in Frankreich: Christophe; in Bulgarien: Christo. Kosename: Christoffel. Abkürzungen: Chris, Christ, Risto, Stoffel, Stoffer, Toffi, Toffy.

Clamor: aus dem Lateinischen. Selten geworden. Bedeutung: freundlicher Zuruf. Der Apotheker Ludwig Clamor Marquardt (19. Jh.) erforschte Pflanzen und Mineralien. Nach seiner akademischen Karriere gründete er ein Chemieunternehmen, aus dem die Degussa geworden ist.

Claudius: die männliche Form des Namens Claudia. Aus dem Lateinischen. Geht auf einen altrömischen Geschlechternamen zurück. Tiberius Claudius Caesar Augustus Germanicus war römischer Kaiser (1. Jh.). Seine Klugheit wurde bewundert, seine Spleens sind legendär. Sein eindrucksvollster Schachzug: Er eroberte Britannien. Im 2. Jh. zählte ein griechischer Mediziner und Philosoph, Claudius Galenos, zu den namhaftesten Ärzten. Er hatte erstaunlich moderne Anschauungen, sah den Menschen stets als Ganzes. In Italien: Claudio. Abkürzungen: Clio, Dio. → Klaudius.

Claus: schlicht und einfach. Aus dem Griechischen. Seit Generationen beliebt. Eine Kurzform von → Nicolaus. Bedeutung: Sieg und Volk. Claus Schenk Graf von Stauffenberg stand im Zentrum des militärischen Widerstands gegen Adolf Hitler. → Klaus.

Clemens: ein traditioneller Name. In vielen Ländern bekannt. Aus dem Lateinischen. Bedeutung: gütiges, sanftes Wesen und der Geduldige. Im 1. Jh. gab es einen Papst Clemens I. Der Legende nach wurde er im Meer ertränkt – und dann geschah ein Wunder: Am Strand stand plötzlich eine Kirche, in der Clemens bestattet war. Namenstag: 23. November. Im 17./18. Jh.: Clemens Brentano, Dichter der Romantik. Führte ein Wanderleben, besuchte viele Geistesgrößen seiner Zeit. Zusammen mit → Achim von Arnim gab er eine bis heute beliebte Volksliedsammlung heraus: »Des Knaben Wunderhorn«. War den Frauen zugetan, mehrfach verheiratet und dabei streng katholisch. → Antonie, → Bettina, → Kunigunde, → Sophia. In England: Clement; in Frankreich: Clément; in Italien und Spanien: Clemente; in Dänemark: Clemmen. Abkürzung: Cleve.

Coelestin, Cölestin: aus dem Lateinischen. Bedeutung: der Himmlische. Mehrere Päpste hießen Coelestin. Im 13. Jh. widerfuhr dem Papst Coelestin IV. Tragisches: Er war der erste Papst, der in einem Konklave der Kardinäle gewählt wurde, überlebte diese besondere Anstrengung – Hitze, miese hygienische Bedingungen – nur um siebzehn Tage. In Frankreich: Célestin; in Italien und Spanien: Celestino; in England: Celestine. Abkürzungen: Celio, Tino.

Conrad, auch **Conradin:** ein alter deutscher Name. Bedeutung: kühn, tapfer und Ratgeber. Immer gleichbleibend beliebt. Aus dem 17./18. Jh.: Johann Conrad Schlau, Architekt, hat mit seinen Barockbauten etliche Städte, vor allem Münster, verschönt. Im 19. Jh.: Conrad Ferdinand Meyer, hoch angesehener Schweizer Dichter, hinterließ wunderbare Geschichten. In den Niederlanden: Conradus; in Italien: Conrado oder Corrado; in Spanien: Conrado. Abkürzungen: Con, Cone, Cono, Conni(e), Conno, Conny, Conz, Cord, Coordt, Cordt, Cort, Cuno, Cunz. → Konrad.

Constantin, Constantinus, Constans: ein zeitloser, immer beliebter Name. Aus dem Lateinischen. Bedeutung: der Standhafte. Unzählige Herrscher von der Antike bis ins 20. Jh. trugen diesen Namen: Römische und byzantinische Kaiser, Patriarchen, dazu Könige von Schottland bis Griechenland. In Italien: Constantino, Costantino oder Costante. Abkürzungen: Con, Cono, Connie, Conno, Conny, Conz, Cord, Cort, Costa, Costja, Cuno, Dino, Tino, Tintin. → Konstantin.

Corbinian: vor allem im Süden beliebt. Aus dem Althochdeutschen. Bedeutung: kleiner Rabe. Abkürzungen: Bi, Bibi, Cono, Conno, Conz, Corby, Cord, Cort. → Korbinian.

Cornelius: ein Klassiker. Aus dem Lateinischen. Bezieht sich auf die römische Familie der Cornelier. Im 3. Jh. wurde einer aus dieser Sippe Papst: der heilige Cornelius, der sich mit seiner verständnisvollen, milden, vergebenden Haltung durchsetzen musste, am Ende doch von Kaiser Gallus aus Rom verbannt wurde. Namenstag: 16. September. Im 19. Jh. entdeckte der norwegische Arzt Daniel Cornelius Danielssen das Bakterium für Lepra und schuf hoch im Norden ein Zentrum für die Erforschung dieser Krankheit. In den Niederlanden: Chrilles, Corneel oder Cornelis, auch Crilles; in Italien und Spanien: Cornelio. Abkürzungen: Con, Conno, Conni, Conny, Conz, Cornel, Cornelis, Cuno, Nelson, Niels, Nils. → Kornelius.

Cosimo: ein angenehm klingender italienischer Name, ursprünglich griechisch. Bedeutung: sittlich, ordentlich, auch ruhig. Wer die Stadt Florenz besucht, trifft auf den berühmten Cosimo de Medici (14./15. Jh.), wahrer Begründer der berühmten Medicisippe, genialer Banker, großzügiger Mäzen und Riesenschlitzohr. Abkürzungen: Como, Cono, Conno, Cosmo. → Kosimo.

Cosmas: aus dem Griechischen. Bedeutung: Ordnung, Zier. Cosmas und sein Zwillingsbruder → Damian (3. Jh.), beide Ärzte, behandelten Arme und Kranke unentgeltlich. Deshalb gelten sie als Schutzpatrone der Mediziner und Apotheker. Namenstag: 26. September. In Frankreich: Cosme; in England: Cosmo; in Italien: Cosimo oder Cosmo. → Kosmas.

Crispin, Crispinus: ein heiterer Name. Aus dem Lateinischen. Bedeutung: kraushaarig. In den Niederlanden:

Vornamen – Teil unserer Geschichte

Wer genau hinschaut, kann auch in der Vergangenheit bei der Namensgebung verschiedene Trends entdecken, beeinflusst von geschichtlichen Epochen:

- Als sich die Römer in Europa breitmachten, brachten sie »ihre« Namen aus der Antike mit.
- Mit der Christianisierung und mit den Kreuzzügen kamen zahlreiche biblische Namen auf. Sehr viele sind noch heute aktuell.
- Die Wikinger, Franken, Sachsen ... brachten auf ihren Eroberungszügen quer durch Europa auch ihre Namen mit. So wanderten die Namen von Norden nach Süden, von Osten nach Westen.
- Mit dem Humanismus wurde etwa im 16. Jh. Interesse an altrömischer Geschichte geweckt. Damit entdeckte man auch die »lateinischen« Namen langsam wieder, zuerst vor allem im Adel.
- Mit der französischen Sprache, die europaweit ihren Siegeszug antrat, kamen im 17./18. Jh. überall französische Namen ins Gespräch. Vorreiter wieder der Adel.
- Mit dem Interesse an alter deutscher Geschichte, an Sagen und Märchen aus grauer Vorzeit, erwachte mit der Romantik im 18./19. Jh. neues Interesse an alten Namen.

Krispijn; in Frankreich: Crépin; in Spanien: Crispo; in Italien: Crispino (als Kosename). In Amerika: Crispus. Abkürzungen: Cri, Cricri, Criss, Pino. → Krispin.

Cuno: Ursprünglich eine Abkürzung von → Konrad oder auch von Kunibert. Bedeutung: kühn, tapfer, Ratgeber oder kühn, strahlend. → Kuno.

Curt, auch **Curd:** vor Jahrzehnten ein beliebter Name, dann fast in Vergessenheit geraten. Ursprünglich Kurzform von → Konrad, einem alten deutschen Namen, oder auch Kunibert. Bedeutung: kühn, tapfer, strahlend und Ratgeber. Andere Form: Cord. → Kurt.

Cyprian: märchenhaft. Aus dem Griechischen. Bedeutung: von Zypern stammend. Auch ein römischer Familienname. Ein geheimnisvoller Cyprian aus alter Zeit: Cyprian von Antiochien – ein Magier des 4. Jh. Bei Justina, der schönsten aller Frauen, versagten seine Zauber- und Verführungskünste. Darüber schwermütig geworden, rettete ihn sein christlicher Glaube. Er könnte der mittelalterlichen Faustsage als Urbild gedient haben. Manche glauben, er sei identisch mit Cyprian, dem Bischof von Kartago, der als ein bedeutender Führer der Frühkirche gilt. Namenstag: 16. September. Abkürzungen: Ian, Jan.

Cyriac: aus dem Griechischen. Bedeutung: zum Herrn gehörig. Der heilige Cyriak soll im 3. Jh. die Tochter des Kaisers Diokletian von ihrer Besessenheit geheilt haben. Namenstag: 8. August. Im 14./15. Jh. spielt Cyriac von Ancona eine Rolle, italienischer Kaufmann, Archäologe, Humanist. Als Antikenforscher kopierte er zahllose griechische und lateinische Schriften. Viele sind nur dank seines unermüdlichen Einsatzes überliefert. In den Niederlanden: Cyriel. Abkürzung: Cyro.

Cyrill, Cyrillus: aus dem Griechischen. Bedeutung: der rechte Herr. Noch heute wird des Slawenapostels Cyrillus gedacht (8. Jh.). Er übersetzte die Bibel aus dem Griechischen in die slawische Sprache und entwickelte dabei die kyrillische Schrift, gilt deshalb als Begründer slawischer Literatur. In England Cyril; in Spanien: Ciril. → Kyrill.

Cyrus: in Spanien: Ciro. → Kyros.

D

Damian: aus dem Lateinischen/Griechischen. Bedeutung: bändigen oder Erfolg. Damian und sein Zwillingsbruder → Cosmas (3. Jh.), beide Ärzte, behandelten Arme und Kranke unentgeltlich. Gelten als Schutzpatrone der Mediziner und Apotheker. Namenstag: 26. September. In Italien: Damiano; in Griechenland: Damianos: in Frankreich: Damien. Abkürzungen: Dajo, Dan, Danni, Danny, Ian, Jan.

Daniel: ein biblischer Name; in vielen Ländern bekannt. Aus dem Hebräischen. Bedeutung: Gott ist mein Richter. Daniel wird von König Cyros in eine Löwengrube geworfen. Die Löwen rühren ihn nicht an, und er wird auf wunderbare Weise gerettet. Ein berühmtes Gemälde von Rubens stellt diese alttestamentarische Geschichte dar. In Italien: Daniele, Daniello, Danello; in Russland: Danii, Danila; in Spanien: Danilo; serbokroatisch: Danilo, Danko, Tanko; in Serbien: Dane; in Ungarn: Dános. Abkürzungen: Dan, Dani, Danko, Dano, Danny, Tanko.

Dankrad: aus dem Althochdeutschen. Bedeutung: Dank, Rat, Ratgeber, Gedanke. Abkürzungen: Dan, Dani, Danko, Danni, Danny, Rado. → Tankred.

Dankward: aus dem Althochdeutschen. Bedeutung: Dank, Hüter. Abkürzungen: Dan, Dani, Danko, Danni, Danny.

David: ein biblischer Name. Aus dem Hebräischen. Bedeutung: der Vielgeliebte. Erinnert an den König des vereinigten Israel (1000 v. Chr.), der über den viel kräftigeren Goliath siegte. Berühmt ist die Marmorstatue des David von Michelangelo (16. Jh.). Viel später, im 19. Jh.: David Livingstone, ein Missionar und Abenteurer mit einem Leben spannend wie ein Krimi. Erforschte Afrika. Gab den beeindruckenden Victoriafällen des Sambesi ihren Namen. In Italien: Davide; in England auch Dave. Abkürzungen: Dave, Davy, Taffy.

Demetrius: anspruchsvoll. Aus dem Griechischen. Bedeutung: Hinweis auf Demeter, die Göttin der Fruchtbarkeit. In Russland: Dimitri, Dimitrij; in Griechenland: Dimitrios; in Italien: Demetrio; in Frankreich: Demetre. Abkürzungen: Demel, Tio, Dimi, Mitja, Mito, Mitar, Titus.

Denis, Dennis: englisch/französisch; ursprünglich aus dem Griechischen/Lateinischen. Bedeutung: dem Gott Dionysos gewidmet. Im 18. Jh.: Denis Diderot, einer der großen Schriftsteller und Philosophen der Aufklärung. Wurde erst nach seinem Tod richtig berühmt. In den Niederlanden: Denys; in Frankreich: Dénis; in Ungarn: Denes; im Griechenland von heute: Dionysios. Abkürzungen: Dion, Nies, Nis, Onno. → Dionys.

Desiderius: ein gewichtiger Name. Aus dem Lateinischen. Bedeutung: der Erwünschte. Der Langobardenherrscher Desiderius widersetzte sich im 8. Jh. Karl dem Großen. In Frankreich: Didier, Désiré; in Italien: Desiderio.

Detlef, Detleph, Detlev, Dedlev, Detlof: aus dem Althochdeutschen. Bedeutung: das Volk, das Erbe. Im 15. Jh. gab es in Ratzeburg einen Bischof Detlev. Im 19./20. Jh.: Detlev von Liliencron, Lyriker, Prosa- und Bühnenautor, Verfasser wunderbarer Liebesgedichte. In Dänemark Tjelle. Abkürzungen: Delf, Dedo, Tialf, Tiark, Tjalf.

Dieter, Diether, Dietert: verwandt mit → Dietrich. Aus dem Althochdeutschen. Bedeutung der Anfangssilbe »Diet«: das Volk. Friesisch: Deter oder Dietje. Abkürzungen: Dedo, Deik, Derek, Derik, Derk, Derrick, Dido, Diddo, Diedo, Diemo, Dietz, Dimo, Dino, Dirch.

Dietmar, Ditmar, Dittmar, Dittmer, auch **Detmar:** aus dem Althochdeutschen. Bedeutung: das Volk, berühmt. In Friesland: Theitmar, Tjammer. Abkürzungen: Dido, Diddo, Diemo, Dimo, Dirch, Dito, Tedo, Temmo, Thiemo, Thimo, Tim, Timm, Timme, Timmi, Timmo, Timo, Tjark.

Dietrich, auch **Dietreich:** aus dem Althochdeutschen. Bedeutung: das Volk und mächtig. Der kampfesmutige Dietrich von Bern tritt im Nibelungenlied (13. Jh.) auf, besiegt Riesen und meistert Mutproben. In Friesland: Dederik, Deterd, Detert, Dethard, Diderik, Thade; in Frankreich:

D

Thierri, Thierry; in den Niederlanden: Diederik; in England: Derrick. Abkürzungen: Dedo, Deik, Derek, Derik, Derk, Derrick, Dido, Diddo, Diedo, Diemo, Dimo, Dierk, Dirk, Dietz, Dirch, Rick, Rik, Ricky, Riek.

Dionys, Dionysius: ungewöhnlich, anspruchsvoll, aber gar nicht so selten. Aus dem Griechischen, ein Hinweis auf den Gott der Fruchtbarkeit und des Weines. Der heilige Dionysius ist im 3. Jh. erster Bischof von Paris. Namenstag: 9. Oktober. Abkürzungen: Don, Dino. → Denis.

Dirk → Dietrich.

Dominik, Dominic, Dominikus: aus dem Lateinischen. Bedeutung: Gott gehörend. Ein »früher« und fröhlicher Dominikus: Dominikus Guzman, im 13. Jh. Gründer des Dominikanerordens. Namenstag: 8. August. Ein genialer Physiker, Sternenforscher, der die Welt im 19. Jh. ein Stück weiterbrachte: der Franzose Dominique François Jean Arago, als eine von 72 bedeutenden Persönlichkeiten namentlich auf dem Eiffelturm verewigt. In Italien: Domenico; in Spanien: Domingo; in Frankreich: Dominique; in Ungarn: Domokos, Domonkos, Doman; in England: Dominic; in slawischen Ländern: Domka; in Kroatien: Dominko. Abkürzungen: Dino, Dinko, Doman, Domos, Dunko, Mingo, Minko, Nick, Nicke, Nickl, Nikl.

Donat, Donatus: selten, zeitlos. Aus dem Lateinischen. Bedeutung: von Gott gegeben. Der große italienische Bildhauer Donatello schuf im 15. Jh. die Bronzestatue eines fröhlichen David mit Hut, harmonisch, anmutig: ein wunderschöner Jüngling. In Italien: Donato, Donatello; in Frankreich: Donatien; in England: Donet. Abkürzungen: Doro, Natello, Natus, Tello.

Dorian, Dorien: romantisch. Aus dem Englischen/Griechischen. Bedeutung: der Dorier. Bekannt geworden im 19. Jh. durch den Roman »Dorian Gray« von Oscar Wilde. In Italien: Doriano. Abkürzung: Jan.

Douglas: aus dem Englischen/Keltischen. Bedeutung: vom dunklen Wasser, dunkelblau. Abkürzung: Doug.

Dragomir: seltener slawischer Name. Bedeutung: lieb, teuer und der Friede. Abkürzungen: Dag, Dragan, Drago.

Eberhard, Eberhart, auch **Everhard:** aus dem Althochdeutschen. Bedeutung: Eber und stark. War über Jahrhunderte für Erstgeborene der Fürsten beliebt. Im 15. Jh. gab es bei den Württembergern den klugen Herzog Eberhard im Bart, der über den Tellerrand hinaussah und die schöne Gräfin Gonzaga aus Mantua heiratete. In Italien: Everardo; in den Niederlanden: Everhart; in Frankreich: Evraud. Abkürzungen: Ebel, Ebbo, Ebi, Ebo, Eppo, Hartl, Jorit, Jorrit.

Eckart, Eckhart, Eckard, Eckhard, Eckehard, Eckehart: aus dem Althochdeutschen. Bedeutung: Schwertspitze und hart. Im 13. Jh. macht Meister Eckart, freier Denker, berühmter Ordensmann, auf sich aufmerksam. Von Kirchenkritikern bewundert, von der Inquisition verfolgt. In Friesland: Edsardt, Edsart, Edsert, Edzard, Edzart, Eggert. Abkürzungen: Ecco, Ecki, Ecke, Ecko, Eeke, Eeko, Egge, Eggo, Eke, Eko, Ekke, Ekko, Hartl.

Edgar: aus dem Altenglischen. Bedeutung: Besitz und Speer. Ein früher englischer Königsname. Viel später, im 19./20. Jh.: Edgar Degas, Maler, Bildhauer. Berühmt sind die Bilder von seinen Tänzerinnen. Erblindete, arbeitete als Bildhauer weiter. In Italien: Edgardo. Abkürzungen: Ed, Ede, Edo, Eddie, Eddy.

Edmond, Edmund: aus dem Englischen. Auch in Frankreich und den Niederlanden bekannt. Bedeutung: Erbgut und Schutz. Ein Königsname. Im 10. Jh. war Edmund II. König von England. Im 16./17. Jh. bestimmte Edmond Halley, Astronom und Mathematiker, auf St. Helena die Sterne des südlichen Himmels. Außerdem erforschte er den Erdmagnetismus, den Monsun … Nach ihm wurde ein Komet benannt. In Italien: Edmondo; in Irland: Eamon, Eamonn. Abkürzungen: Ed, Ede, Edo, Eddie, Eddy, Ehm, Ned.

Eduard: zeitlos und traditionell. Verwandt mit → Edward. Bedeutung: Besitz und Hüter. Ein früher Königsname. Viele königliche Eduards waren machtverliebt, exzentrisch und nicht zimperlich. Viel harmloser dagegen ein heimatliebender Schwabe, der im 19. Jh. auf der schwäbischen Alb Versteinerungen sammelte und Gedichte schrieb: Eduard Mörike, Pfarrer, Erzähler, Lyriker, hat Gedichte hinterlassen wie »Frühling lässt sein blaues Band wieder flattern durch die Lüfte …«. Eduard Hitzig (19./Anf. 20. Jh.) war Mediziner, Hirnforscher, ein Pionier in seiner Zeit. Abkürzungen: Ed, Eddie, Doardo.

Edward, Edvard: aus dem Englischen. Bedeutung: Besitz und Hüter. Johann → Gottfried Herder las einem schottischen Edward in einem Gedicht die Leviten. Der Norweger Edvard Grieg (19./20. Jh.) bezog Volksmusik in seine romantischen Kompositionen ein, die bis heute viel gespielt werden. In Schweden, Norwegen: Edvard; in Portugal: Duarte; in Frankreich: Édouard; in Spanien: Eduardo, Edoardo; in Italien: Odoardo. Abkürzungen: Ed, Eddy, Ned.

Edwin, Edvin: aus England. Bedeutung: Besitz und Freund. In Schweden: Edvin; in Spanien und Italien: Eduino. Abkürzungen: Edik, Win, Winn.

Edzard, Edzart: → Eckart.

Egbert: kernig und sehr männlich. Verwandt mit Eckbert. Aus dem Althochdeutschen. Bedeutung: Spitze einer Waffe und glänzend. In grauer Vorzeit, im 9. Jh., war ein Egbert König von Wessex. Abkürzungen: Bert, Egge, Eggo.

Egid, Egidius, Egilo: aus dem Griechischen. Bedeutung: der Beschützende, Schildhalter. Im 17./18. Jh., in der Zeit des Spätbarock schuf Egid Quirin Asam, Bildhauer und Stuckateur, zusammen mit seinem Bruder Cosmas Damian Kunstwerke wie die Asamkirche in München. In Frankreich: Gilles; in England: Giles; in Italien und Spanien: Egidio; in Schweden: Ilian; in Dänemark: Gilg, Gils, Jillis. Abkürzungen: Egil, Gil, Jil, Tilg. → Ägid.

Egil: alt, aber nicht veraltet. Aus dem Althochdeutschen. Hergeleitet von Egilbert, Elbert oder Agilbert. Bedeutung: Schwertspitze und glänzend.

Egino: klangvoll. Kurzform von Namen wie Eginhard, Eginolf, Eginulf. Aus dem Althochdeutschen. Bedeutung: Schwertspitze. Im 11. Jh. gab es einen wissenschaftlich interessierten, gebildeten Egino, Bischof von Dalby, später von Lund. Abkürzungen: Agi, Ehm, Elger, Gino.

Egmont, Egmond, Egmund: neuere Form von Agimund. Bedeutung: Schwertspitze und Schutz. Die Schauspielmusik »Egmont« von → Ludwig van Beethoven bezieht sich auf das gleichnamige Trauerspiel von Johann Wolfgang Goethe. Beides hat mit dem Freiheitskampf des Graf Egmont in den Niederlanden gegen die spanische Vorherrschaft zu tun. Abkürzungen: Ehm, Elger, Monte, Monty.

Egon: verwandt mit → Egino. Bedeutung: Schwertspitze. Schon lange bekannt. So gab es bereits im 17./18. Jh. in der Familie von Fürstenberg mehrere Mitglieder namens Egon. Im 19./20. Jh. sehr beliebt.

Eike, Eiko: friesischer Name. Kurzform zu Namen mit der Anfangssilbe »eg«. Bedeutung: Schwertspitze. Seit Jahrhunderten bekannt. Ein Eike von Repgow schrieb im 13. Jh. das erste Rechtsbuch des Mittelalters in deutscher Sprache. Abkürzungen: Eiko, Iko, Liko.

Eilard, Eiler, Eilert, Eilhard: abgeleitet von Agilhard. Aus dem Althochdeutschen. Bedeutung: Schwertspitze und hart. Abkürzungen: Eibe, Eibo, Eiko, Iko, Liko.

Einar, Einer, Einert, Eint, Ejnar, Ejner: nordisch. In Island nicht selten. Bedeutung: der allein kämpft.

Einhard: aus dem Althochdeutschen. Bedeutung: einzig, allein und hart, kräftig. Im 8./9. Jh. lebte der einflussreiche fränkische Gelehrte und Geschichtsschreiber Einhard. Er begleitete → Karl den Großen auf allen Reisen.

Eitel: einst mit einem zweiten Namen in der Bedeutung von »nur« gebräuchlich. Ein beliebter Namenszusatz bei Fürsten. Ulrich von Württemberg (15./16. Jh.) etwa hieß ursprünglich Eitel Heinrich (»nur Heinrich«). Auch ein Sohn Kaiser Wilhelms II. hieß Eitel (19./20. Jh.).

Elard, Elart: friesisch. Verwandt mit Adelhard, Edelhard. Aus dem Althochdeutschen. Bedeutung: edel und hart.

Elia, Elias, Elija: biblischer Name. Aus dem Hebräischen.

E

Bedeutung: Gottes Fürsorge. Erinnert an den Propheten Elija oder Elias, der nach Moses als wichtigster Prophet gilt und die Menschen zu Einsicht und Umkehr bringen will. Im Judentum auch die Verkörperung von Standfestigkeit. »Elias« heißt ein Oratorium von → Felix Mendelssohn Bartholdy (19. Jh.). In Italien: Eliano; in Frankreich: Élie; in Russland: Ilia, Ilja, Ilija. Abkürzungen: Elis, Ellis, Lias.

Eligius: aus dem Lateinischen. Bedeutung: der Auserwählte. Der heilige Eligius (6./7. Jh.), war Münzmeister am Merowingerhof und später Bischof von Noyon. Namenstag: 1. Dezember. In Frankreich, England: Eloi; in Spanien: Eloy. Abkürzungen: Eli, Gus, Ligius, Ligus.

Elmar, Ellmar, Elimar, Almar: bezieht sich auf Egilmar, Adelmar – Namen aus dem Althochdeutschen. Bedeutung: Schwertspitze, berühmt oder edel. Im 8./9. Jh. brachte ein Elmar das Christentum nach Belgien. Namenstag: 28. August. In Schweden: Elmer; in England, Schweden: Elmo.

Elof, Eloff, Eluf, Elov: nordisch. Entstanden aus Elef. Klingt nach alten Rittersagen. Bedeutung: alleiniger Erbe. In Dänemark: Eluf. Abkürzungen: Eli, Elo, Loff, Loffe, Luf.

Elvin, Elwin: abgeleitet von → Alwin, Adalwin, Namen aus dem Althochdeutschen. Bedeutung: edel und Freund. Im 19. Jh. lehrte ein Elwin Bruno Christoffel als Professor in Zürich Mathematik, ein vorbildlicher Lehrer, der seine Schüler begeisterte. Abkürzung: Vin.

Emanuel, Emmanuel: klassisch und zeitlos. Ein biblischer Name. Aus dem Hebräischen. Bedeutung: Gott mit uns. Carl Philipp Emanuel Bach (18. Jh.) war der zweite Sohn des großen Johann → Sebastian Bach. Er war zu seiner Zeit einer der berühmtesten Cembalisten. Komponierte. Zählt zu den Sturm-und-Drang-Künstlern im Aufbruch aus der Barocktradition. Soll damals berühmter als sein Vater gewesen sein. In Italien: Emanuele. Abkürzungen: Emo, Emmo, Manne, Manuel, Mendel. → Immanuel.

Emerich, Emmerich, Emrich: Hinweis auf einen alten Familiennamen. Bedeutung: reich, mächtig. Ein erfolgreicher Emmerich, der seinem Publikum Freude und Fröhlichkeit schenkte: Emmerich Kalman (19./20. Jh.), ungarischer

Operettenkomponist. In England: Emmery oder Emory; in Frankreich: Emry; in Ungarn: Imre. Abkürzungen: Amy, Amery, Emo, Emmo, Rich, Rick, Rik.

Emil, Emilian: abgeleitet vom lateinischen Geschlechternamen → Aemilius. Der Emilianusstollen im Saarland ist nach seinem ersten Besitzer benannt. Bereits im 2. Jh. wurde hier von Römern Kupferbergbau betrieben. Im 19./20. Jh.: Émile Zola, ein wunderbarer Romancier und vorbildlicher Journalist, der für die Freiheit kämpfte. Ein begabter Wissenschaftler im 19./20. Jh.: Emil von Behring, Bakteriologe und Serologe. In Frankreich: Émile, Emilien; in Italien, Spanien: Emilio, Emiliano; in England: Emilian; im Slawischen: Milo, Milko. Abkürzungen: Emo, Emmo.

Enne, Enno: norddeutsch. Kurzformen von → Einhard. Aus dem Althochdeutschen. Bedeutung: Schwertspitze, hart. Mächtige ostfriesische Fürsten trugen diesen Namen wie etwa Enno Cirksena (14./15. Jh.), der als resoluter Führer sein Land stärkte. Auf ihn folgten noch etliche Ennos als Herrscher von Ostfriesland.

Enoch: aus dem Hebräischen. Bedeutung: der Eingeweihte. Der Name hat eine lange Geschichte – auch in Nordamerika: Der Schiffbauer und Kaufmann Enoch Poor (18. Jh.) war im Unabhängigkeitskrieg ein siegreicher Brigadegeneral. Auch in seinem Privatleben zeigte er Courage: Heiratete seine Braut trotz immenser Widerstände. Abkürzungen: Ano, Enno, Oker.

Ephraim: ein biblischer Name. Aus dem Hebräischen. Bedeutung: fruchtbar. Im 18. Jh. lebte Gotthold Ephraim Lessing – Dichter, Denker, Kritiker; ein Mann der Aufklärung. Bibliothekar in Wolfenbüttel. Wurde wegen seiner Ironie, seines Witzes, seiner Polemik geliebt, aber auch angefeindet. Abkürzungen: Ef, Effe, Eppe, Eppo.

Erasmus: aus dem Griechischen. Bedeutung: liebenswürdig. Ein Erasmus aus dem 4. Jh. gilt in der katholischen Kirche als Nothelfer bei Schmerzen. Namenstag: 2. Juni. Im 15./16. Jh. macht Erasmus von Rotterdam auf sich aufmerksam, niederländischer Gelehrter, Humanist, Philologe, Philosoph, Wegbereiter der Reformation. In Frankreich:

Erasme; in Italien: Erasmo. Abkürzungen: Asmus, Elmo, Erko, Ermo, Rasmus, Rasso.

Erhard, Erhart, Ehrhard: aus dem Althochdeutschen. Bedeutung: Ehre und hart. Schon im 15./16. Jh. gebräuchlich. Ein Erhard Altdorfer, kleiner Bruder des großen Malers und Baumeisters Albrecht Altdorfer, war am Hof von Herzog Heinrich von Mecklenburg Hofmaler und Hofbaumeister. Abkürzungen: Erko, Harko, Hartl.

Erich: nordisch. Bedeutung: alleiniger, beständiger Herrscher oder auch Mann mit außerordentlichen Kräften. Ein Erich aus dem 13. Jh., König der Dänen und »Plovpenning« genannt, weil er von seinen Landsleuten für jeden Pflug einen Pfennig als Steuer eintrieb, um Kreuzzüge zu finanzieren. Im 15./16. Jh.: Erich von Braunschweig-Grubenhagen, aufgeschlossen, interessiert, Bischof. Ließ sich von der Reformation nicht groß beirren. Erst im 19. Jh. wurde der Name Erich in Deutschland wirklich populär. In England: Eric.

Erik: skandinavische Form von → Erich, Bedeutung siehe dort. Vor mehr als tausend Jahren musste Erik der Rote (11. Jh.), so genannt wegen seiner roten Haarpracht und seines roten Bartes, aus Island fliehen und machte sich auf die Suche nach einem neuen Land. Der Sage nach erkundete er die Küsten Grönlands, ließ sich mit seinen Gefährten dort nieder. In der Liste der schwedischen und dänischen Könige sind etliche Herrscher namens Erik zu finden. Andere Namensformen: Jerik, Jerk, Jerker. Auch Eriko.

Erland, Erlan: nordisch. Aus dem Althochdeutschen oder Altenglischen. Bedeutung wohl: fremd. In Schweden seit Jahrhunderten bekannt. Abkürzungen: Ano, Arno.

Erling: nordisch. Bedeutung: kleiner Fürst. Der Norweger Erling Skakke (12. Jh.), verheiratet mit einer Tochter König Sigurds, laut Überlieferung ein kluger, willensstarker Mann, erreichte mit List und Tücke sein Ziel: Sein Sohn Magnus wurde König. Der Name Erling taucht in Norwegens Geschichte häufiger auf. Abkürzungen: Erle, Lino.

Erno: verwandt mit Arno. Ursprünglich Abkürzung von Namen mit der Anfangssilbe »arn«, die »Adler« bedeutet. → Arnold, → Arnulf.

Ernst: ein alter deutscher Name. Bedeutung: Ernst, Entschlossenheit. Auch ein Fürstenname, etwa bei den Markgrafen von Baden. Im 16. Jh.: Johann Ernst I. von Sachsen-Coburg regierte in Coburg unbehelligt von kaiserlicher Einmischung. Im 18./19. Jh.: Ernst Karl Abbe. Beschäftigte sich mit Mathematik, Physik; Philosophie, Sozialpolitik. War Astronom, Unternehmer. Entwickelte zusammen mit Carl Zeiss und Otto Schott die Grundlagen moderner Optik. War Mitbegründer der Zeiss-Werke. Aus einer Arbeiterfamilie stammend, sorgte er für gute Arbeitsbedingungen im Unternehmen. In Italien, Spanien: Ernesto, Ernestino oder Erno; in England, Frankreich: Ernest; in Ungarn: Ernö.

Erwin: unkompliziert, handfest. Hergeleitet von Herwin. Aus dem Althochdeutschen. Bedeutung: Heer, Freund. Der deutsche Baumeister Erwin Steinbach (13./14. Jh.) wirkte am Bau des Straßburger Münsters mit. Von Goethe in dem Aufsatz »Von deutscher Baukunst« erwähnt. In England: Irwin. Abkürzungen: Erry, Win, Winn, Wyn.

Eskild, Eskil: nordisch schlicht. Bedeutung: Gott und Helm. Schon immer in Dänemark aktuell. Im 10. Jh. wurde ein guter, frommer Eskil aus Dänemark in so viele politische Händel verstrickt, dass er sich, Ruhe suchend, ins Kloster von Clairvaux zurückzog. Namenstag: 12. Juni. Abkürzungen: Ilia, Ilj, Kai.

Esmond: aus dem Englischen. Dem Namen → Osmund verwandt. Bedeutung: Gott und Schutz. Abkürzungen: Eso, Esse, Moni, Mondo, Monti.

Den Vornamen ändern – und wie?

Wer seinen Namen behördlich in sämtlichen offiziellen Papieren ändern lassen will, muss begründen, warum, wieso, weshalb er mit dem eingetragenen Vornamen nicht glücklich wird, am besten mit einem psychologischen Gutachten. Außerdem wird ein polizeiliches Führungszeugnis verlangt sowie eine beglaubigte Abschrift aus dem Familienbuch. Weitere Infos gibt es bei den Standesämtern.

Ethan: schlicht und einfach. Ein biblischer Name. Aus dem Hebräischen. Bedeutung: Stärke. Ein Weiser, ein Schreiber am Hof König Davids, hieß Ethan.

Etzel: unkompliziert. Kurzform von Azilo. Bezieht sich auf den Namen → Attila. Der Hunnenkönig heißt im Nibelungenlied Etzel.

Eugen: traditionell. Aus dem Griechischen. Bedeutung: Wohlgeborener. Im 17./18 Jh. war Prinz Eugen von Savoyen für die Habsburger tätig: als Diplomat, begeisterter Sammler und Kunstmäzen und vor allem als Feldherr, der mit seinen Truppen das osmanische Heer vor Wien in die Flucht schlug. Daran erinnert das Lied: »Prinz Eugen, der edle Ritter …«. In Frankreich: Eugène; in Griechenland: Evgenios; in Ungarn: Jenö. Abkürzung: Gene.

Eustach, Eustachius: zeitlos. Aus dem Griechischen. Bedeutung: ährenreich. Die Legende erzählt vom heiligen Eustachius (1./2. Jh.), der bei einer Jagd auf einen Hirsch traf. Als er den Bogen spannte, sah er im Geweih ein Kruzifix, hörte die Stimme Jesu. Er ließ das Tier laufen. Namenstag: 20. September. Im 16./17. Jh. machte sich Eustachius von Harras, Rittergutsbesitzer nahe Weimar, zusammen mit Freunden für die deutsche Sprache stark. In England: Eustace; in Frankreich: Eustache; in Italien: Eustachio. Abkürzungen: Eugen, Tatscho.

Evan: aus dem Dänischen, von → Johannes abgeleitet. Johannes ist ein biblischer Name aus dem Hebräischen. Bedeutung: Gott ist gnädig. In England: Ewen.

Evangelist: anspruchsvoll. Aus dem Griechischen. Bedeutung: der die frohe Botschaft verkündet. Im 17./18. Jh. als Zweitname bekannt. Im 18. Jh. malte Johann Evangelist Holzer wunderbar lichte, lebensvolle Fresken im Rokokostil, in Kirchen wie der in Münsterschwarzbach zu bewundern. In Griechenland: Evangelos. Abkürzungen: Evan, Evo.

Evert, Eward, Ewert: kernig. Verwandt mit → Eberhard. Aus dem Althochdeutschen. Bedeutung: Eber und hart. Abkürzungen: Vero, Wero.

Ezzo: schlicht. Aus dem Italienischen. Bedeutung: edel und Wolf. Kurzform von → Adolf(o). Andere Form: Azzo.

Fabian, Fabianus, Fabius: ein Name mit 2000-jähriger Geschichte. Aus dem Lateinischen. Weist auf das Geschlecht der Fabier hin. Im 3. Jh. v. Chr. rettete der kluge Stratege Fabius Maximus Rom vor Hannibal. 600 Jahre später wurde ein Fabianus zum Papst gewählt, der den Märtyrertod starb und heiliggesprochen wurde. Namenstag: 20. Januar. In Italien: Fabiano, Fabio; in Frankreich: Fabien, Fabrice; in Russland: Babi, Fabijan. Abkürzungen: Abi, Ian, Jan.

Fabricius, Fabrizius: edel, klassisch und zeitlos. Aus dem Lateinischen. Ehemals ein Familienname. In Italien: Fabricio, Fabrizio; in Frankreich: Fabrice.

Falk, Falko: kurz, schlicht, einfach. Ein alter deutscher Name, an die Zeiten von Rittern und Falknern erinnernd. Bedeutung: der Falke. Im 6. Jh.: Falko, Bischof von Tongern und Maastricht, ein Vorbild für seine Gemeinde.

Farald, Farold, Farolt: aus dem Althochdeutschen. Bedeutung: fahren, walten. Abkürzungen: Faro, Raldo.

Faust, Faustus, Faustinus: aus dem Lateinischen. Bedeutung: der Glückliche. In den ersten Jahrhunderten nach Christus lebten Kirchenleute wie Faustus von Reji oder Faustus von Mileve. Das Vorbild für Goethes Faust hieß mit Nachnamen Faust, zog im 16. Jh. durch die Lande und sagte die Zukunft voraus. In Italien, Spanien: Faustino, Fausto.

Fedor, Feodor: in Deutschland übliche Kurzform des russischen Namens Fjodor. Verwandt mit → Theodor. Aus dem Griechischen. Bedeutung: Gottesgeschenk. Im 17. Jh. hob der russische Zar Fedor III. Ämterprivilegien in Russland auf. Höfische Würdenträger sollten nach Eignung ausgewählt werden. Leider war diese Änderung nicht von Dauer. Im 19. Jh.: Fjodor Dostojewski, russischer Schriftsteller mit einem bewegten Leben. Seine Werke wie »Schuld und Sühne« oder »Der Spieler« sind Klassiker der Weltliteratur.

Felix, Felizian: ein biblischer Name. Aus dem Lateinischen. Bedeutung: der Glückliche. Mehrere Päpste und Heilige hießen Felix. Der heilige Felix von Nola (3. Jh.) wurde als Christ verfolgt, floh zweimal vor seiner Gefangennahme. Namenstag: 14. Januar. Ein musikalischer Felix aus dem 19. Jh.: Jakob Ludwig Felix Mendelssohn Bartholdy, Komponist, Pianist (wie seine Schwester → Fanny). Enkel des Philosophen → Moses Mendelssohn. In Frankreich: Félicien, Félix; in Italien: Felice; in Russland: Feliks. Abkürzungen: Fedo, Lex, Lix, Lipp.

Ferdinand: immer aktuell. Aus dem Althochdeutschen. Bedeutung: der Friede und gewagt, kühn. Ein verbreiteter Kaiser- und Königsname, vor allem bei den Habsburgern. Diesen Namen trug auch ein bedeutender Wissenschaftler des 19./20. Jh.: Ferdinand von Richthofen, Forscher, Geograph, Weltreisender. Die »Seidenstraße« hat ihre Bezeichnung von ihm erhalten. In Frankreich: Fernand, Ferrand, Fernandel; in Italien: Ferdinando, Ferrante, Ferranto, Fernando; in Spanien auch: Fernán, Fernández, Hernando; in Portugal: Fernao. Abkürzungen: Andi, Ando, Andy. Ferdi, Ferdie, Feri, Ferry, Fery, Nando, Nano, Nante.

Fidelius, Fidelis: selten. Aus dem Lateinischen. Bedeutung: ehrlich, zuverlässig. → Ludwig van Beethovens einzige Oper »Fidelio« (19. Jh.) hatte wenig Erfolg, bis zu der denkwürdigen Aufführung in Anwesenheit der europäischen Monarchen zu Beginn des Wiener Kongresses. Man sah »Fidelio« als Symbol der Befreiung Europas von der Herrschaft Napoleons. Später besonders in Frankreich bejubelt. In Italien: Fidelio; in Frankreich: Fidèle. Abkürzungen: Fide, Fidel, Fidl, Fido, Fidus, Lios, Lius.

Filibert: → Philibert.

Filip, Filipe, Filipp, Filippo, Filippos, Filko: → Philipp.

Flavius: aus dem Lateinischen. Bezieht sich auf die römische Familie der Flavier, die im 1. Jh. n. Chr. die Kaiser Vespasian, → Titus und Domitian stellte. In Italien, Spanien: Flavio. Abkürzungen: Flo, Vitus.

Florens, Florenz, Florentin: liebenswürdig. Hergeleitet von Florentius. Aus dem Lateinischen. Bedeutung: blühend. Im 2./3. Jh. machte Quintus Septimus Florens Tertullianus von sich reden, ein begabter Kirchengelehrter aus Karthago. In Frankreich: Florent. Abkürzungen: Flo, Flori, Florie, Flory, Renz, Renzo, Rezzo.

Florian, Florianus, Florin, Florus, Flurin: aus dem Lateinischen. Bedeutung: der Blühende. Im 2. Jh. auch ein römischer Kaisername. Im 4. Jh. lebte der heilige Florian, römischer Beamter, unweit von Wien geboren. Gilt als Schutzheiliger bei Feuergefahr. Namenstag: 4. Mai. In den Niederlanden: Floris; in Italien: Fiore, Fiorenzo, Fiorello, Florestan; in Griechenland: Floros. Abkürzungen: Flo, Flori, Florie, Flory, Florry, Linus.

Folker, Folkert: aus dem Althochdeutschen. Bedeutung: das Volk und das Heer. → Volker.

Fortunat, Fortunatus: aus dem Lateinischen. Bedeutung: der Glückliche, der Gesegnete. Ein interessanter, wenn auch nicht sehr vorbildlicher Fortunat: Markgraf Eduard Fortunat von Baden. Machte im 16. Jh. Schulden in Fülle, besserte sein Einkommen durch Falschmünzerei und Alchimie auf und heiratete, jedenfalls aus Sicht seiner Familie, die »falsche« Frau. In England: Fortune; in Frankreich: Fortuné; in Italien: Fortunio. Abkürzung: Natus.

Frank, Franck, Franko: klar und deutlich. Aus dem Althochdeutschen. Bedeutung: aus Franken. Ist vielleicht auch ein Hinweis aus dem Spätmittelalter auf Steuerbefreiung: »frank und frei!« Oder: Kurzform von → Franziskus. In Italien: Franco; in England: Franklin; in Spanien: Francisco.

Franz, Franziskus, Franciscus, Francisco: aus dem Lateinischen. Bedeutung: der Franzose. Bereits im 12./13. Jh. war Franz von Assisi ein Vorbild. Er wollte so glaubwürdig leben, wie Jesus es getan hatte. Andere orientierten sich an seinen Vorstellungen, so entstand der Orden der Franziskaner. Namenstag: 4. Oktober. Im 18./19. Jh. machte der Komponist Franz Schubert Geschichte: Besonders seine Liederzyklen »Winterreise« und »die schöne Müllerin« sind berühmt. Der Ungar Franz Liszt war im 19. Jh. ebenfalls

Komponist und ein begnadeter Pianist. Seine Tochter →Cosima heiratete später →Richard Wagner. In Italien: Francesco, Franco, Fresco; in Frankreich: François; in England: Francis; in Spanien, Portugal: Francisco, Frasquito; in Osteuropa: Francisk, Franciszek, Franek, Frantek; in Ungarn: Ferenc; in den Niederlanden, in Schweden: Frans; in Dänemark: Frants. Abkürzungen und Kosenamen: Cecco, Cisco, Cisko, Franc, Franco, Frane, Franjo, Frank, Frans, Fresco, Paco, Pako, Pancho, Zisko.

Frido, Friddo, Friedo: Kurzform von →Friedrich. Seit langem verselbstständigt. Aus dem Althochdeutschen. Bedeutung: Friede und mächtig, reich. →Fried.

Fridolin, Friedolin: ursprünglich Koseform von →Friedrich. Aus dem Althochdeutschen. Bedeutung: Friede, Herrschaft und mächtig, reich. Im 5./6. Jh. soll dem heiligen Fridolin der Legende nach im Traum eine Insel erschienen sein. Auf der Suche nach diesem Traumbild kam Fridolin aus seiner Heimat Irland bis an den Rhein und errichtete auf einer Insel im Strom das Kloster Säckingen. Namenstag: 6. März. Abkürzungen: Frid, Fridl, Frido, Friddi, Fritz, Frits, Lino. Koseform: Friedel.

Fried, Friedel: kurz, prägnant. Kurzform von Namen wie →Friedhelm, →Friedenand, auch →Friedrich. Seit langem verselbstständigt. Alle »Fried«-Namen stammen aus dem Althochdeutschen. Bedeutung: der Friede.

ALTE NAMEN AUS OSTFRIESLAND

In Ostfriesland kannte und kennt man in anderen Gegenden unbekannte Vornamen, meist aus altostfriesischen Zeiten.

- Alte friesische Jungennamen:
  Abbo, Aeili, Ayelt, Bonno, Enno, Gretus, Habbe, Habbo, Keno, Krino, Manno, Meenhrad, Onno, Rikus, Tadeus, Tamme, Tammo, Tjard, Tjark, Ubbo, Ude, Weert.
- Alte friesische Mädchennamen:
  Aalke, Dina, Dirkea, Ditje, Eske, Fenna, Foelke, Foline, Greetje, Jabobea, Kea, Meta, Okka, Talea, Hinrika, Hinrike, Trintje, Ubbina.

Friedemann, Friedmann: aus dem Althochdeutschen. Bedeutung: der Friede und der Mann. Ein besonderer Friedemann aus dem 18. Jh.: Wilhelm Friedemann Bach, der älteste und vielleicht begabteste von Johann →Sebastian Bachs Söhnen. Hatte leider wenig Erfolg mit seinen Kompositionen und Konzerten. Abkürzungen: Fried, Friedo, Mano.

Friedenand: verwandt mit →Ferdinand. Aus dem Germanischen. Bedeutung: der Friede, der Schutz und mutig, kühn. Abkürzungen: Fried, Friedo, Nando.

Frieder: Kurzform von →Friedrich. Aus dem Althochdeutschen. Bedeutung: der Friede.

Friedger: fast vergessen. Aus dem Althochdeutschen. Bedeutung: der Friede und der Speer.

Friedrich, Friederich: aus dem Althochdeutschen. Bedeutung: Friede und mächtig. Die lange Reihe berühmter Herrscher führt Friedrich I. von Staufen an, im 12. Jh. römisch-deutscher Kaiser (Barbarossa genannt wegen seines roten Bartes). →Konstanze. Friedrich II. von Staufen (13. Jh.) war hochintelligent, fortschrittlich im Denken. Im 18./19. Jh.: Friedrich Schiller, neben Goethe der bedeutendste Dichter und Dramatiker. Seine Werke werden heute noch viel gespielt, viel gelesen. Noch ein berühmter, eigenwilliger Dichter jener Zeit: Friedrich Hölderlin. Seine Lyrik gilt als Höhepunkt der abendländischen Literatur. In England: Frederic; in Frankreich: Frédéric, Frédérick; in Dänemark, den Niederlanden: Frederik; in Schweden: Fredrik; in Italien, Spanien: Federico, Federigo; in Friesland: Frederich, Frerich, Frederick. Abkürzungen: Brisko, Ferry, Frek, Frerk, Frido, Friddo, Fried, Friede, Riek, Rik, Rix. →Fritz.

Fritz: schnörkellos. Kurzform von →Friedrich. Aus dem Althochdeutschen. Bedeutung: Friede und mächtig. Der Fritz, über den die Menschheit immer noch staunt: Friedrich der Große, König von Preußen (18. Jh.), auch der Alte Fritz genannt, machtbewusst, gebildet, hochmusikalisch. Unter seiner Ägide wurde Preußen groß. Bemühte sich um Offenheit und Toleranz. Zwei seiner Wahlsprüche: »Jeder soll nach seiner Façon glücklich werden!« – »Ich bin der erste Diener meines Staates!« In den Niederlanden: Frits.

Gabriel: ein beliebter biblischer Name. Aus dem Hebräischen. Bedeutung: der Mann Gottes. Andere sagen: Gott zeigt sich stark. Der Erzengel Gabriel kommt als Bote mit dem Auftrag auf die Erde, Maria die Geburt des Gottessohnes zu verkünden. Namenstag: 29. September. Die katholische Kirche feiert verschiedene Heilige mit Namen Gabriel. Aus dem 18. Jh. ein nicht besonders braver Gabriel: Honoré Gabriel Victor de Riqueti, Marquis de Mirabeau – ein Freigeist, der ein buntes Leben mit vielem Auf und Ab führte. In Italien: Gabriele, Gabriello, Gabrio; in Russland: Gavriil, Gawriil; in Ungarn: Gábor.

Gallus: individuell. Aus dem Lateinischen. Bedeutung: der Gallier. Ein früher Kosmopolit – die Mutter aus Gallien, der Vater aus England, geboren in Spanien: Gallus Quintus Bonosus (3. Jh.). Machte sich zum römischen Kaiser, scheiterte an seinem Gegner Probus. In Italien: Gallo.

Gandolf, Gandolph: isländisch. Erinnert an alte Sagen. Bedeutung: Werwolf und Wolf. In unseren Breiten seit Jahrhunderten bekannt. So ist im 17. Jh. in Salzburg von dem Erzbischof Maximilian Gandolph Graf von Kuenburg die Rede. Unterstützte Wien bei der Belagerung durch die Türken. Abkürzungen: Dolf, Gadi, Gaddo, Gard.

Garnett: aus dem Altenglischen. Bedeutung: der Speerbewaffnete. Abkürzungen: Gary, Garry, Ned.

Gaspar, Gaspare, Gaspard, Gasparo: → Kaspar.

Gaston: französisch. Bedeutung vielleicht: Gast, Fremder. Gaston IV. von Béarn, genannt der Kreuzfahrer, nahm im 11. Jh. am ersten Kreuzzug teil. Nach dem Fall Jerusalems betrat er als Erster die Stadt. Setzte auf Verhandlungen statt auf Machtkämpfe. Später baute er etliche Kirchen am Jakobsweg. In England: Foster. Abkürzungen: Gab, Gap.

Gaudenz: ein alter Name aus der Schweiz. Aus dem Lateinischen. Bedeutung: fröhlich sein, sich freuen. Johann Gaudenz von Salis-Seewis (18./19. Jh.), Schweizer Dichter, reiste viel, besuchte die Geistesgrößen seiner Zeit, wurde von den Dichterkollegen ob seiner Empfindsamkeit »Die Bündner Nachtigall« genannt. War ein Günstling Marie → Antoinettes. Abkürzungen: Gaddo, Galdo.

Gaynor, Gainer, Gainor: irisch, gälisch. Bedeutung: der Sohn des Blonden. Abkürzung: Gail.

Gebhard, Gebhardt: aus dem Althochdeutschen. Bedeutung: Gabe und hart, stark. Gebhardt Leberecht Blücher, Fürst von Wahlstadt (18./19. Jh.), Soldat in preußischen Diensten, später Generalfeldmarschall, war beteiligt am Krieg gegen Napoleon. Siegreich, daher an Napoleons Abdankung beteiligt. Bekam zu Lebzeiten ein Denkmal, was sehr selten ist. Abkürzungen: Gebo, Hartl, Hardy, Jerry.

Geerd, Gerd, Gert: norddeutsch. Kurzformen von → Gerhard. In den Niederlanden: Geert.

Georg: ein Klassiker. Passt immer und überall. Aus dem Griechischen. Bedeutung: Bauer. In England gab es etliche Könige namens Georg. Eher ein Vorbild: Georg Friedrich Händel, im 17. Jh. geboren, Komponist von Opern, Oratorien, Vokal- und Instrumentalmusik. Lebte in London. Im 18./19. Jh.: Georg Büchner (19. Jh.), Schriftsteller, Naturwissenschaftler, Revolutionär, setzte sich für politische Freiheiten ein. In Frankreich: Georges; in England: George; in Italien: Georgio, Giorgio; in Spanien: Jorge; in Griechenland: Georgios, Giorgios; in Schweden: Göran, Jöran, Jorrit; in Osteuropa auch: Jark, Jork, Yorck, York; in Russland, Bulgarien: Georgij; in Rumänien: Gheorge; in Ungarn: György; in den Niederlanden: Geo. Kosenamen: Georgy, Gero, Gorg, Gorch, Göris, Görres, Görg, Görs, Grigl, Joris, Jooris, Schoos, Schorsch. → Jürgen.

Gerald, Gerold: handfest. Norddeutsch. Bedeutung: Speer und herrschen. Bereits im 10. Jh. ist Gerald von Ostia bekannt, ein katholischer Heiliger, Bischof von Ostia. Namenstag: 7. Dezember. In Frankreich Géraud, Giraud; in Italien: Giraldo. Abkürzungen: Aldo, Geddo, Gero, Jerry.

Nur Schall und Rauch?
Die Bostoner Sprachwissenschaftlerin Amy Perfors hat in Studien herausgefunden, dass der Klang des Vornamens einen nicht zu unterschätzenden Einfluss darauf hat, wie attraktiv Frauen und Männer auf andere wirken. Während Männer dunkle Vokale wie u in Frauennamen mögen, sollen Frauen in Männernamen eher helle Vokale wie ein i bevorzugen. Die Wissenschaftlerin weist darauf hin, dass Namensklänge unser Unterbewusstsein ansprechen und auf uns mehr oder weniger anziehend wirken können. Vielleicht klingen dunkle Vokale in den Ohren von Männern geheimnisvoller, helle Vokale in den Ohren von Frauen sanfter, nach mehr Zärtlichkeit und Verständnis. Ein weites Feld.

Gerbert: weniger bekannt. Aus dem Althochdeutschen. Bedeutung: Speer und glänzend. Im Niederdeutschen: Garbert, Gerbit. Abkürzungen: Gero, Gerry.

Gerhard, Gerhart: ein alter deutscher Name, im vorigen Jahrhundert sehr beliebt. Bedeutung: Speer und hart. Im 18./19. Jh. reformierte Gerhard Johann David von Scharnhorst das preußische Militär. Sorgte etwa dafür, dass die Prügelstrafe abgeschafft wurde. Im 19./20. Jh. stand Gerhart Johannes Robert Hauptmann im Rampenlicht, erst zum Bildhauer ausgebildet, dann bewunderter Schriftsteller, vor allem Dramatiker, begabt, schön und schnell berühmt. In Irland: Gearoid; in England: Garret, Garrett, Garrard, Gerard; in Italien: Gherardo, Galdo, Galdino; in Spanien und Italien: Gerardo, Gaddo; in den Niederlanden: Gaard, Gevaart, Gevaert, Gevert, Gerardus; in Frankreich: Gérard; in Ungarn: Gellért; in Friesland: Garrit, Gebbert, Geppert, Gerit, Gerriet, Gerrit, Gerjet, oder Jerrit. Abkürzungen: Gerd, Geerd, Gert, Gaddo, Galdo, Gerko, Gero, Hardy, Harry, Jerry.

German: aus dem Lateinischen. Bedeutung: der Germane oder der Bruder. Im 5. Jh. findet ein German, französisch Germain/ Germaine, aus Auxerre zum christlichen Glauben, wird ein verehrter Bischof seiner Heimatstadt. In England: Jerman, Jermyn; in Italien: Germano; in Russland: Gera. Abkürzungen: Gero, Gerry, Gary, Garry.

Germo, auch **Germar:** aus dem Althochdeutschen. Bedeutung: Speer und berühmt.

Gernot: aus dem Althochdeutschen. Bedeutung: Speer und Gefahr. Ein König Gernot spielt im vor über tausend Jahren entstandenen Nibelungenlied eine Rolle.

Gerold: früher nicht ungewöhnlich, heute selten. Abgeleitet von Gerwald. Aus dem Althochdeutschen. Bedeutung: Speer und herrschen. Vor mehr als tausend Jahren trugen mehrere Bischöfe und Heilige diesen Namen. Abkürzungen: Gero, Gerry, Ollie, Olly.

Gerrit: friesische Kurzform zu → Gerhard oder → Gervas.

Gervas, Gervasius: aus dem Althochdeutschen. Bedeutung: Speer und heranwachsen, andere sagen: Speerknecht. Es gibt etliche Kirchenleute dieses Namens. Ein bedeutender Heiliger und Märtyrer: Gervasius (3. Jh.), Namenstag: 19. Juni. In Frankreich: Gervase; in Italien: Gervasio; in England: Jervis. Abkürzungen: Gerrit, Gerry.

Gerwig: aus dem Althochdeutschen. Bedeutung: Speer und Kampf. Der Name war schon im 16. Jh. gebräuchlich: Ein Gerwig Blarer von Giersberg, Abt der Klöster Weingarten und Ochsenhausen, war während der Reformation in geheimnisvollen Missionen als kaiserlicher Rat für Karl V. unterwegs. Abkürzungen: Gerry, Wig, Wigo, Wiggo.

Gerwin: aus dem Althochdeutschen. Bedeutung: Speer und Freund. Taucht bereits im 15. Jh. auf. So leitete ein Gerwin van Langenburg die Bauarbeiten am Willibrordi-Dom in Wesel. Baumaterial wurde damals übrigens nicht nur mit Geld, sondern auch mit Butter, Gewürzen, Stockfisch, Hering bezahlt. Abkürzungen: Gerry, Win, Winn.

Gideon, Gedeon, Gidion: ein biblischer Name. Aus dem Hebräischen. Bedeutung vielleicht: schneiden, fällen. Aus dem 18./19. Jh.: Gideon Algernon Mantell, englischer Landarzt, leidenschaftlicher Forscher, sammelte und interpretierte Fossilien. Entdeckte mehrere Arten von Sauriern. Abkürzungen: Gy, Gido, Ono.

Giesbert, Gisbert: norddeutsch, aus dem Althochdeutschen. Bedeutung: Geisel und glänzend. Abkürzungen: Bert, Giso.

Gilbert: französisch. Verwandt mit → Giesbert. Aus dem Althochdeutschen. Bedeutung: Geisel und glänzend. In Italien: Gilberto; in Schottland: Gilleabart; in Frankreich: Guilbert. Abkürzungen: Bert, Berto, Gil, Gill, Gilles.

Giselher: aus dem Althochdeutschen. Bedeutung: Geisel und Heer. Nach dem Nibelungenlied war Giselher einer der Brüder der wunderschönen Kriemhild. Kosename: Gessler. Abkürzungen: Gess. → Gunther.

Gobert: aus dem Althochdeutschen. Bedeutung: Gott und glänzend. Abkürzungen: Bert, Gobbo, Gorch, Gorg.

Godwin: hergeleitet von Gottwin. Aus dem Althochdeutschen. Bedeutung: Gott und Freund. Im 11. Jh. muckte in England ein Godwin gegen König Eduard auf, als dieser den Engländern die feinere normannische Lebensart aufzwingen wollte. Nach dem Tod Eduards wurde Godwins Sohn König. Abkürzungen: Win, Winn, Winnie.

Götz: Kurzform von Namen mit der Anfangssilbe »Gott«. Aus dem Althochdeutschen. Bedeutung: Gott und Friede. Ein kraftstrotzender Götz aus dem 15./16. Jh.: Götz von Berlichingen, als schwäbischer Reichsritter und Haudegen in unzählige Landesfehden verwickelt. Bei einem Scharmützel verlor er eine Hand und bekam eine Eisenhand als Ersatz. Goethe hat ein Drama über ihn geschrieben.

Gordan, Gorden, Gordon: klangvoll und schlicht. Aus dem Altenglischen. Ursprünglich ein Familienname. Abkürzungen: Dani, Dany, Gorm.

Gordian: ohne Firlefanz. Aus dem Lateinischen. Erinnert an die Stadt Gordium. Abkürzung: Goran.

Gosbert: aus dem Althochdeutschen. Bedeutung: Gote und glänzend. Im 9. Jh. entstand unter dem Abt Gosbert die bis heute weltberühmte Bibliothek in St. Gallen. Koseform: Gosling. Abkürzungen: Bert, Gos.

Gottfried: aus dem Althochdeutschen. Bedeutung: Gott und Friede. Aus dem 12./13. Jh. ist Gottfried von Straßburg bekannt, einer der wichtigsten Dichter des Mittelalters.

Schrieb das zauberhafte Gedicht »Tristan und Isolde«. Ein Genie des 17./18. Jh. war Gottfried Wilhelm Leibniz: Philosoph, Mathematiker, Diplomat, Historiker. Johann Gottfried Herder (18./19. Jh.), war Dichter, Philosoph, Theologe, Fürstenerzieher, Hofprediger, Superintendent. Und nicht zu vergessen der große Realist Gottfried Keller (19. Jh.), Dichter, Schriftsteller aus der Schweiz, der eigentlich Maler werden wollte. In England: Geoffrey, Jeffrey; in Frankreich: Geoffroi; in den Niederlanden: Govert. Abkürzungen: Fried, Fried, Gode, Godo, Goff, Gov.

Gottlieb: im 17./18 Jh. aufgekommener Vorname, früher sehr beliebt. Bedeutung: von Gott geliebt. Im 18./19. Jh. trauert der Dichter Friedrich Gottlieb Klopstock in wunderbaren Oden einer verlorenen Liebe nach. Johann Gottlieb Fichte setzte sich etwa zur gleichen Zeit als Philosoph, auch als Erzieher, für den deutschen Idealismus ein. Von ganz anderem Kaliber: Gottlieb Daimler, Ingenieur, Konstrukteur, Unternehmer (19. Jh.). Baute das erste Kraftfahrzeug modernen Typs. Abkürzungen: Godo, Odo.

Gratian, Grazian: abgeleitet vom römischen Namen Gratianus. Aus dem Lateinischen. Bedeutung: anmutig. Kaiser Gratianus (4. Jh.), eigentlich Flavius Gratianus, hervorragend ausgebildet, an den Künsten interessiert, musste mit einer sich von England ausbreitenden Rebellion kämpfen. In Frankreich: Gratien; in Italien: Graziano; in Spanien: Graciano. Abkürzungen: Gri, Ian, Jan.

Gregor, Gregorius: aus dem Griechischen. Bedeutung: der Wachsame. Fern jeder Mode und durch die Jahrhunderte gebräuchlich. Auch ein Papstname. Der erste Papst diesen Namens, Gregor I., der Große (6. Jh.), war energisch und machtbewusst nach außen, demütig nach innen. Auf ihn gehen die gregorianischen Gesänge zurück. Im 19. Jh.: Johann Gregor Mendel, Mönch, vor allem aber Naturwissenschaftler. Entdeckte die Gesetze der Vererbung und legte damit den Grundstein zur Genetik. In Frankreich: Grégoire; in England: Gregory; in Italien: Gregorio; in Schweden: Göran, Jöran (→ Georg); in Dänemark: Greger, Jorgen, Jörgen, Yorrick; in den Niederlanden: Gregoor, Joris; in

England: Gregory, York; in Russland: Griogrij, Grischa; in Ungarn: Gergely, Gorgely; in Griechenland: Gregorios. Abkürzungen: Gore, Gorius, Gorjes, Jörn, Jorit, Joris, Jooris, Jorn.

Günter, Günther, Gunther, Gunter: aus dem Althochdeutschen. Bedeutung: Kampf und Heer. Blieb als Name des Burgunderkönigs Gunther aus dem Nibelungenlied jahrhundertelang geläufig. In Frankreich: Gontier. → Gunar, → Siegfried.

Guido: fröhlich. Aus dem Italienischen. Bedeutung: der Wald. Verwandt mit dem Namen Wido. Aus dem Althochdeutschen. Im 19. Jh. war Hans Guido von Bülow ein bedeutender Klaviervirtuose und Kapellmeister, später Chefdirigent der Berliner Philharmoniker. Verheiratet mit → Cosima, die sich später mit → Richard Wagner zusammentat. In Frankreich: Guide; in England: Guy. Abkürzungen: Gino, Guy, Ido.

Gunar, Gunnar: nordisch. Verwandt mit → Günter. Aus dem Althochdeutschen. Bedeutung: Kampf und Heer. In der Sage von Atli (Attila) spielt Gunnar eine tragende Rolle. Das unheimliche Geschehen beginnt mit den Worten »Atli sandte einst zu Gunnar …«. In Dänemark: Gunder.

Guntbert: aus dem Althochdeutschen. Bedeutung: Kampf und glänzend. Eine verwandte Form: Gombert, Gompert. Abkürzungen: Bert, Bertel, Bertl.

Gustaf, Gustaaf, Gustav, Gustavus: ursprünglich ein schwedischer Name. Bedeutung: Gott, Stab und Stütze. Auch ein Königsname. Gustav II. Adolf (16./17. Jh.) war eine schillernde Persönlichkeit. Machte Schweden zur Großmacht. Reformierte aber auch Verwaltung und Bildungswesen. In Schweden: Goesta, Gösta; in den Niederlanden: Gustaaf, Gustavus; in England, in Frankreich: Gustave; in Italien, in Spanien: Gustavo; in Ungarn: Gusztáv. Abkürzungen: Gus, Jussi, Staf, Stav.

Gustinus: Kurzform von → Augustinus.

H

Hadrian: → Adrian.

Hagen: aus dem Althochdeutschen. Bedeutung: der Hag, die Einfriedung. In der Gudrunsage wird vom »wilden Hagen von Irland« erzählt, der von einem Greifvogel entführt wird. Schließlich kann er diesem auf einem Schiff entkommen; er heiratet dann die schöne Prinzessin Hilde. Der Hagen aus der Nibelungensage ist weit weniger angenehm: von Anfang an misstraut Hagen von Tronje → Siegfried, dem Helden der Sage. Schließlich bringt er ihn um, denn er kennt seine einzige verletzliche Stelle. In Schweden: Högne. Abkürzungen: Hardy, Hark, Harko, Heio, Heyjo.

Hakon, Haakon, heute auch **Haco:** alter norwegischer Vorname. Bedeutung: hoher Sohn. Acht norwegische Könige trugen den Namen. Abkürzungen: Hak, Hark.

Hannes: → Johannes.

Hans: kurz und bündig. Kurzform von → Johannes, Johann. Aus dem Hebräischen. Bedeutung: Der Herr ist gnädig. War und ist beliebt, deshalb ist die Liste unvergessener Menschen namens Hans lang. Ein wichtiger Vertreter im 15./16. Jh.: Hans Baldung, genannt Grien, ein Zeichner, Maler, Kupferstecher. Zwei weitere Künstler im 16. Jh.: der Maler Hans Holbein der Ältere und sein Sohn Hans Holbein der Jüngere, einer der bedeutendsten Maler der Renaissance. Kosenamen: Haio, Hajo, Hanjo, Hano, Heio.

Harald: nordisch; seit langem über Skandinavien hinaus bekannt. Verwandt mit dem Namen Herwald. Aus dem Althochdeutschen. Bedeutung: Heer und herrschen. Im 10. Jh. wurde ein König von Dänemark, Harald I. Blauzahn, von seinem heidnischen Sohn aus der Heimat vertrieben. In Italien: Eraldo. Abkürzungen: Hardy, Hard, Hardi, Hardo, Hari, Haro, Harri, Harro, Harry, Lary, Larry. → Harold.

Harding: klingt zwar nach Friesland, kommt aber aus dem Altenglischen. Bedeutung: Sohn des Tapferen. Abkürzungen: Hark, Hary, Harry.

Harold: verwandt mit dem Namen →Harald. Ein alter englischer Name; traditionell. Bedeutung: Heer und walten. Im 11. Jh. wurde ein Harold Godwinsson Nachfolger des englischen Königs Eduard. Er war der letzte angelsächsische König vor der Eroberung Englands durch die Normannen unter Wilhelm dem Eroberer im 11. Jh. Der berühmte Teppich von Bayeux erzählt diese Geschichte. In Irland: Aralt. Abkürzungen: Hardy, Hark, Harko, Haro, Harro, Harry, Hasko, Hasso, Lary, Larry.

Harry, Harri: unkompliziert; passt immer. Ein englischer Name, verwandt mit →Henry/→Heinrich (aus dem Althochdeutschen). Bedeutung: Einfriedung und reich, mächtig.

Hartmann: aus dem Althochdeutschen. Bedeutung: hart, stark und der Mann. Ein berühmter Namensträger aus dem 12. Jh.: Hartmann von Aue, Ritter und erster großer Dichter der höfischen Zeit. Ein bedeutender Hartmann, der drei Jahrhunderte später lebte: Hartmann Schedel, Humanist, Historiker. Hinterließ Meisterwerke der Buchkunst. Einmalig ist die Schedelsche Weltchronik aus dem 15. Jh. Mit fast zweitausend Illustrationen gilt sie neben der Gutenberg-Bibel als der aufwendigste Buchdruck des 15. Jahrhunderts. In Frankreich: Armand, Armant (Namen, die wesentlich leichter, heiterer klingen als Hartmann); in Italien, in Spanien: Armando. Abkürzungen: Hark, Harry.

Hartmut: noch Mitte des vergangenen Jahrhunderts ein beliebter Name, der schon kleine Jungen männlich erscheinen lässt. Aus dem Althochdeutschen. Bedeutung: hart und der Mut. In der Gudrunsage, einem Heldenepos aus dem 13. Jh., bemüht sich ein Hartmut von Ormanie um die begehrenswerte Kudrun (→Gudrun), die sich ihm immer wieder entzieht, obwohl er mehr als hartnäckig sein Ziel verfolgt. Abkürzungen: Hark, Harko, Hardy, Harri, Harro, Haro, Harry, Hasko, Hasso, Mutje.

Hasso, Hesso: kernig, männlich. Aus dem Althochdeutschen. Ein Hinweis auf Hessen.

Haug, Hauk: individuell; selten. Ein norddeutscher Name, verwandt mit dem Namen → Hugo, einer Kurzform von Namen mit der Anfangssilbe »Hug«. Bedeutung: der Verstand, der Gedanke. Auch verwandt mit → Hubert.

Hayo: → Hagen.

Hector, Hektor: aus dem Griechischen. Bedeutung: der Beschirmer. In der Sage um Troja, der »Ilias« von Homer, ist Hektor ein berühmter Held, der mutig kämpft und dennoch unterliegt. Ein ganz anderer Hector, schon nahe an unserer Zeit: Hector Louis Berlioz, französischer Komponist (19. Jh.), Vertreter der Romantik und mit der »Symphonie Fantastique« Begründer der Programmmusik. → Benvenuto. In Italien: Ettore; in Frankreich: Hector; in Portugal: Heitor. Abkürzungen: Henk, Toni, Tony.

Heilmar: selten. Aus dem Althochdeutschen. Bedeutung: heil, gesund und berühmt. Abkürzungen: Heijo, Heio, Heiko, Heilo, Hein, Heino, Heinz, Mano. → Helmar.

Heilmut: aus dem Althochdeutschen. Bedeutung: heil, gesund und Geist, Gemüt. Abkürzungen: Heijo, Heio, Heiko, Heilo, Hein, Heino, Heinz, Hinz, Mutje.

Heim, Heimo, Heimito: Kurzform von Namen mit der Anfangssilbe »Heim«, etwa Heimbrecht oder Heimfried. Aus dem Althochdeutschen. Bedeutung: das Heim. Ende des 19. Jh. wurde der Schriftsteller Franz Carl Heimito Ritter von Doderer geboren. Abkürzungen: Heijo, Heio.

Heinar, Heiner: verwandt mit → Heinrich. Aus dem Althochdeutschen. Bedeutung: Einfriedung und reich, mächtig. Abkürzungen: Heijo, Heio, Hein, Heinz, Helm, Hinz.

Heinrich: vom Zeitgeist unberührt. Aus dem Althochdeutschen. Bedeutung: die Einfriedung und reich, mächtig. Schon im Mittelalter ein beliebter Name für Kaiser und Könige. Heinrich III., hochgebildet und schön, wurde im 11. Jh. deutscher König, später römisch-deutscher Kaiser. Im 18./19. Jh.: Bernd Heinrich von Kleist, Dichter. Verließ das Militär, um sich der geistigen Bildung zu widmen. Ein Aufmüpfiger aus der langen Liste berühmter Namensträger: Heinrich Heine, Dichter, Journalist, Satiriker (19. Jh.). Wusste mit der Sprache elegant umzugehen. Wurde ob dieser Leichtigkeit geliebt, konnte aber auch anecken. Darf nicht fehlen: Heinrich Schliemann (19. Jh.). Kaufmann, genialer Autodidakt, leidenschaftlicher Archäologe. Er fand das verschüttete antike Troja. In England: Henry; in Frankreich: Henri; in Schweden, Dänemark, Norwegen und Ungarn: Henrik, auch Henrich; in Italien: Enrico oder Arrigo; in Spanien: Enrique; in Russland: Jendrik, Jendrick, Jendrich; in Polen: Henryk; in Tschechien: Jindrich; in Norddeutschland: Endric, Endrich, Endrik, Enrik, Haiko, Haike, Heio, Heijo, Heiko, Heinko, Hinderk, Hinnerk, Hinrich oder Hinrik. Abkürzungen: Eno, Enzio, Enzo, Hein, Heiner, Heino, Heintje, Heinz, Henk, Reitz, Rick, Ricki, Ricko, Ricky, Rik, Riko, Rique.

Heinz, Hinz: Mitte des 20. Jh. ein Hit unter den Vornamen. Kurzform von →Heinrich. Aus dem Althochdeutschen. Bedeutung: Einfriedung und reich, mächtig.

Helge: ein nordischer Name. Bedeutung: heil, gesund. Aus Helge wird in Russland Oleg.

Helmar: individuell, bodenständig. Eine andere Form des Namens →Heilmar. Aus dem Althochdeutschen. Bedeutung: gesund, berühmt. In Dänemark, Schweden: Helmer. Abkürzungen: Helm, Henk, Lary, Larry.

Helmut, Helmuth, Hellmut, Hellmuth: aus dem Althochdeutschen. Bedeutung: nicht eindeutig geklärt, entweder Gesundheit und Mut oder Kampf und Mut. Im 19. Jh. hatte Helmuth von Moltke, Generalfeldmarschall und genialer Stratege, großen militärischen und politischen Einfluss in Preußen und wirkte an der Gründung des Deutschen Reiches wesentlich mit. Abkürzungen: Helm, Helmke, Helmko, Helmo, Henk, Mutje.

Hendrik, Hendryk, Henrik: verwandt mit dem Namen →Heinrich. Bedeutung: Einfriedung und reich, mächtig. Eigentlich ein niederländischer Name, der aber in ganz Europa immer präsent war, und nicht nur dort: Im 19. Jh. machte in Südafrika ein Hendrik Witbooi von sich reden, hochintelligenter Häuptling des Orlam-Stammes. Er wurde nach der Unabhängigkeit Namibias zum Nationalhelden ausgerufen. Unvergessen auch Henrik Ibsen (19./

20. Jh.), aus einer vornehmen norwegischen Familie stammend. Wurde nach einigen Umwegen künstlerischer Theaterleiter in Bergen und schrieb sozialkritische, für die damalige Zeit fast revolutionäre Dramen (»Peer Gynt«, »Nora oder ein Puppenheim«). Lebte lange im Ausland. Andere Formen: Endric, Endrich oder Enrik. In Schweden, Dänemark, Norwegen, Friesland: Henrik. Abkürzungen: Henk, Henke, Henneke, Hein, Heineke, Heinko, Heino, Heintje, Riek, Rik, Rix.

Henner, Hennig, Henning: norddeutsche Namen, abgeleitet von → Heinrich. Bedeutung: Einfriedung und reich, mächtig. Erst im 20. Jh. als Vornamen populärer geworden. Abkürzungen: Hein, Henk.

Henri, Henry: schlicht, einfach, schön. Kurzform von → Heinrich. Aus dem Althochdeutschen. Bedeutung: Einfriedung und reich, mächtig. In England immer beliebt, vor allem im Königshaus. Ein sehr erfolgreicher Henri aus dem 19. Jh.: Henri Nestlé, Apotheker aus Frankfurt. Wanderte in die französische Schweiz aus. In einer alten Mühle gründete er ein Unternehmen und produzierte zunächst Essig, Öl, Knochenmehl, Likör. Der Erfolg kam mit der Idee, Nahrung für Säuglinge herzustellen.

Herald, Herold: ein traditioneller Name, verwandt mit Herwald. Aus dem Althochdeutschen. Bedeutung: das Heer und herrschen. Abkürzungen: Lary, Larry.

Herbert, Heribert, Herbot, Haribert: aus dem Althochdeutschen. Bedeutung: der Herr und glänzend. Bereits im 8. Jh. ist in den Geschichtsbüchern von einem Heribert von Laon die Rede, Großvater von → Karl dem Großen. Später, im 10./11. Jh.: der heilige Heribert von Köln; unter Kaiser Otto III. Erzbischof und Kanzler für Italien und Deutschland. Schutzpatron für Regen. Namenstag: 20. August. In Frankreich: Aribert; in Spanien: Heriberto; in Italien: Eriberto. Abkürzungen: Bert, Berto, Herb.

Hermann: aus dem Althochdeutschen. Bedeutung: das Heer und der Mann. Ein besonders erfolgreicher Hermann im 12./13. Jh.: Hermann von Salza; gewitzter Politiker, Hochmeister des Deutschen Ordens, Vertrauter Friedrichs II.

und Vermittler zwischen Papst und Kaiser. Im 19. Jh.: Hermann von Helmholtz, vielseitiger Wissenschaftler, Physiker, Physiologe. Ihm haben die Naturwissenschaften grundlegende Erkenntnisse in Fülle zu verdanken. In Italien: Armando, Ermanno, Erminio; in Frankreich: Armand, Armant; in den Niederlanden, Schweden, England: Herman; in Russland: German; in Friesland: Hemmo. Abkürzungen: Ermo, Harm, Harro, Herm, Hermo, Herms, Mano.

Hermien, Hermin: niederländisch. Bedeutung: Heer und Mann. Hergeleitet von Namen mit der Anfangssilbe »Her«, wie → Hermann. Abkürzungen: Herm, Hermi, Herms.

Herward: nie einer Mode unterworfen. Aus dem Althochdeutschen. Bedeutung: das Heer und der Hüter. In Skandinavien: Hervard. Abkürzungen: Herm, Hermo.

Hieronymus: anspruchsvoll. Aus dem Griechischen. Bedeutung: der mit dem heiligen Namen. Im 4./5. Jh. traf der heilige Hieronymus auf einer Wallfahrt ins Heilige Land mit einem hinkenden Löwen zusammen, ließ sich nicht in die Flucht schlagen, sondern entfernte ihm einen Dorn aus der Tatze. Die beiden blieben zusammen. Künstler wie Dürer, Bellini, Caravaggio haben sein Leben in Gemälden dargestellt. Namenstag: 30. September. Ein berühmter Maler des ausgehenden Mittelalters: Hieronymus Bosch, wohlhabend genug, um in großer Freiheit die Visionen malen zu können, die ihn umtrieben und die bis heute faszinieren. In England: Gerome, Hierom, Hierome, Jerome; in der Schweiz: Jeronimo, Jeronimus; in Frankreich: Jérome; in Italien: Geronimo, Girolamo; in Spanien: Jeronimo; in den Niederlanden: Jeroen. Abkürzungen: Gary, Garry, Gero, Gerry, Hinz, Jero, Jerrit, Jerry, Nino, Ono, Rino.

Hilmar, Hjalmar: aus dem Althochdeutschen, hergeleitet von den wesentlich älteren Namen Hildemar, Heldemar. Bedeutung: der Kampf und berühmt. In Familienchroniken tauchen alle Formen bereits im 12. Jh. auf. Im 11. Jh. wird der Klostergründer Heldemar von Tournai erwähnt. Namenstag: 13. Januar. Abkürzungen: Hinz, Mano.

Hilpert: aus dem Althochdeutschen, hergeleitet von Hildebrecht. Bedeutung: Kampf und glänzend. Abkürzung: Hinz.

GROSS-HANS UND KLEIN-HANS

Heute unvorstellbar: In manchen Gegenden Deutschlands, etwa in Thüringen, konnten Eltern früher mehrere Kinder mit dem gleichen Vornamen taufen lassen. Die Kinder bekamen dann Beinamen: zum Beispiel »Groß-Johann« und »Klein-Johann«. Manchmal wurde auch bei einem Doppelnamen wie Johann Christoph ein Namensteil im Alltag weggelassen oder gar vergessen. Oft wurde dann bei der Heirat oder beim Tode des Namensträgers ein neuer Doppelname erfunden.

Hiob: biblischer Name aus dem Hebräischen. Bedeutung: »Wo ist der Vater (Gott)«. Heute fast vergessen, vielleicht weil der von Gott schwer geprüfte Hiob so viel Leid erfahren musste, bis er auf seine Frage nach dem Sinn dieses Leides eine Antwort fand. Kosenamen: Bob, Bobby, Job.

Hippolyt: seltener Name mit langer Geschichte. Aus dem Griechischen. Bedeutung: der die Pferde ausspannt. Hippolytos ist eine Gestalt der griechischen Mythologie, Euripides schrieb schon im 5. Jh. v. Chr. ein gleichnamiges Drama. Im 2. Jh. erklärte sich der heilige Hippolyt von Rom zum ersten Gegenpapst der Geschichte, weil er mit dem »echten« Papst Kalixt überhaupt nicht einverstanden war, ihn sogar für kriminell hielt. Namenstag: 13. August. In Frankreich: Hippolyte. Abkürzungen: Hipp, Hipo.

Hoimar: originell; ein friesischer Name. Bedeutung wahrscheinlich: erhaben und berühmt.

Holger, Holdger: schwedisch, dänisch. Seit langem auch im deutschsprachigen Raum bekannt. Bedeutung: die Insel und der Speer. Abkürzung: Holm.

Honoré: anspruchsvoller französischer Name. Bedeutung: der Geehrte. Hergeleitet von Honorius. Aus dem Lateinischen. Honoré de Balzac (18./19. Jh.) gilt als einer der wichtigsten französischen Schriftsteller und Wegbereiter des Realismus. In Italien: Onorio. Abkürzung: Nono.

Horaz, Horatius: ein klassischer, anspruchsvoller Name. Aus dem Lateinischen. Bedeutung: aus dem Geschlecht der Horatier stammend. Berühmt geworden: Horaz, eigentlich

Quintus Horatius Flaccus (um Chr. Geburt), Dichter im alten Rom, Schützling und Freund des großen Maecenas, der die Künstler förderte. In den Niederlanden: Horats; in England: Horatio, Horace; in Frankreich: Horace; in Spanien: Horacio. Abkürzungen: Tino, Titus.

Horst: heute selten. Aus dem Mittelhochdeutschen. Bedeutung: Gebüsch, Dickicht. Geht auf einen Ritternamen des 12./13. Jh. zurück. Der Name war im 19./20. Jh. beliebt.

Hubert, Hubertus: ein traditioneller Name, bezieht sich auf noch ältere Namen wie Hugbert, Hugubert. Aus dem Althochdeutschen. Bedeutung: der Gedanke, der Verstand und glänzend. Hubertus von Lüttich (7./8. Jh.) lebte fromm und wohltätig am Hofe Kaiser Pippins des Mittleren. Er soll einen Hirsch mit Kruzifix im Geweih gesehen haben (→Eustach). Deshalb wurde er im 15. Jh. zum Schutzpatron der Jäger und Forstleute. Namenstag: 3. November. In England: Howard; in Spanien: Huberto; in Italien: Oberto, Uberto. Abkürzungen: Bert, Berto, Hub, Hubi, Huby.

Hugo: angenehm im Klang. Kurzform von Namen mit der Anfangssilbe »Hug«, etwa Hugbald. Bedeutung: der Verstand und kühn. Hugo von Hofmannsthal (19./20. Jh.) war der vielseitigste Autor der Wiener Moderne und beliebt bei den Frauen. Etwa zur gleichen Zeit: Hugo Junkers, wegweisender Ingenieur, Unternehmer, Erfinder. Engagierte sich auch für Architektur (Bauhaus). Hatte unter den Nationalsozialisten besonders zu leiden. Im Englischen: Hugh; in Frankreich: Hugues.

Humbert, Humbrecht, noch älter: **Hunberht:** aus dem Althochdeutschen. Bedeutung: junges Tier, junger Bär und glänzend. In England Humphrey; in Schweden: Humfrid; in Italien: Umberto. Abkürzungen: Bert, Bertel, Berto.

Hyazint, Hyazinth, Hyacinth: romantisch. Aus dem Griechischen. Bedeutung: erinnert an die griechische Sage von einem Jüngling, der von Apollo nach seinem Tode in eine Hyazinthe verwandelt wurde. →Wolfgang Amadeus Mozart schrieb mit elf Jahren seine erste Oper, »Apollo und Hyazinth«. In Frankreich: Hyacinthe; in Spanien: Jacinto; in Polen: Jacek. Abkürzungen: Zinto, Zintho.

I

Ico, Iko: nordisch. Koseform zu →Isaac. Bedeutung: Er (Gott) lächelt zu. Schon im 17. Jh. bekannt, denn ein tapferer Ico kämpfte im Dreißigjährigen Krieg auf schwedisch-lutherischer Seite: Ico von Frydag, Offizier, Diplomat. Heiratete später trotz seines Engagements auf protestantischer Seite eine Katholikin.

Ignaz, Ignatius: vor allem im Süden beliebt. Aus dem Lateinischen. Bedeutung: feurig. Ein berühmter Ignatius aus dem 15./16. Jh.: Ignatius von Loyola, baskischer Herkunft. Verwundet im Krieg gegen Frankreich, las er auf dem Krankenlager nicht seine geliebten Ritterromane, sondern theologische Werke. Später gab er sein Leben als Ritter und Edelmann auf. Studierte, wurde Priester, gründete den Jesuitenorden. Namenstag: 31. Juli. In Tschechien: Ignatz; in Spanien: Ignacio. Abkürzungen: Igo, Natus, Naz.

Igor: russisch, abgewandelt von →Ingvar. Ursprünglich nordisch. Bezieht sich auf den germanischen Gott Ingwio. Abwandlungen: Atze, Igo, Naaz, Naz, Naze, Nazzo.

Immanuel: biblischer Name. Aus dem Hebräischen. Bedeutung: Gott mit uns. Immanuel Kant (18./19. Jh.) war ein bedeutender Philosoph der Neuzeit. Seine »Kritik der reinen Vernunft« kennzeichnet den Beginn der modernen Philosophie. Er lebte nach einem streng geregelten Tagesablauf, hatte aber Freude an Gesellschaft, galt als galant und hatte einen feinen, trockenen Humor. Abkürzungen: Imo, Immo, Manne, Manuel, Mano, Mendel. →Emanuel.

Ingmar, Ingemar: skandinavisch. Geht auf den althochdeutschen Namen Ingomar zurück, der sich auf einen germanischen Gott bezieht. Bedeutung: Glanz durch Gott Ingwio. Ingwio, der auch Freyr heißt, ist ein geheimnisvoller, magischer, lichterfüllter Gott, der bei den Lichtelfen lebt.

Trotz der Verwandtschaft zu Ingwio gibt es im Christentum einen Ingmar, dessen heute noch in der katholischen Kirche gedacht wird: Im 8. Jh. hieß ein bedeutender Gelehrter und Erzbischof von Reims Ingmar, der sich nachdrücklich dagegen wehrte, dass sich weltliche Mächte in Kirchenangelegenheiten einmischten. Namenstag: 21. Dezember. Abkürzungen: Ingo, Ino, Ivar.

Ingobert, Ingbert: bezieht sich auf den Gott Ingwio. → Ingmar. Abkürzungen: Bert, Ingo, Ino.

Ingo, in Skandinavien auch **Inge:** Kurzform von Namen mit der Anfangssilbe »Ing« wie Ingobert, Ingbert, Ingebert, auch Ingolf. Bezieht sich auf den germanischen Stammesgott Ingwio. → Ingmar. Bereits im 6. Jh. soll ein frommer Ingbert verehrt worden sein, der als Einsiedler lebte. Die Stadt St. Ingbert im Saarland ist nach ihm benannt. Namenstag: 22. Oktober.

Ingvar, Ingwar, Ingwer: bezieht sich auf den germanischen Gott Ingwio. → Ingmar. Eine andere Namensform: Yngvar. Abkürzungen: Ingo, Ino, Ivar, Iwar.

Innozenz: aus dem Lateinischen. Bedeutung: der Unschuldige. Ein Papstname: Vierzehn Päpste dieses Namens gab es in den vergangenen Jahrhunderten. Im 5. Jh.: Innozenz I. Soll ein politisch engagierter Bischof von Rom gewesen sein, der die vorrangige Stellung der Bischöfe von Rom betonte. Namenstag: 12. März. Ein ganz anderer Innozenz im 18. Jh.: Claudius Innozenz du Paquier. Erhielt das kaiserliche Privileg zur Herstellung von Porzellan. Begründete damit die zweitälteste Porzellanmanufaktur Europas in Wien-Rossau. Abkürzungen: Ino, Inno, Izo, Izzo, Nono, Nonno, Zenz.

Irenäus, Ireneus: ein besonderer Name. Aus dem Griechischen. Bedeutung: der Friedliche. Schon in der Frühzeit der Kirche wurde ein Irenäus zum wegweisenden Theologen, Bischof von Lugdunum (heute Lyon, Frankreich). Wird als Heiliger verehrt. Namenstag: 28. Juni. In Frankreich: Irènée; in Italien: Ireneo. Abkürzungen: Ino, Renz.

Isaac, Isaak: ein biblischer Name, in vielen Ländern seit Jahrhunderten bekannt. Aus dem Hebräischen. Bedeutung: Er (Gott) lächelt zu. Schon im 17./18. Jh. gebräuchlich. So hieß etwa der Stiefsohn des Oberrabbiners und Bankiers Samson Wertheimer Isaac Nathan Oppenheimer. Im 18./19. Jh. ist in der Kulturgeschichte von Isaac Sinclair die Rede, mit einem Leben spannend wie ein Krimi. Er war Diplomat in Diensten der Landgrafschaft Hessen-Homburg und Anhänger der französischen Revolution und deshalb wegen Hochverrats angeklagt. Kümmerte sich um → Friedrich Hölderlin. → Ico.

Isidor: aus dem Griechischen. Erinnert an die altägyptische Göttin Isis, Gemahlin des Osiris. Bereits im 6./7. Jh. wird ein Isidor bewundert und verehrt, Bischof von Hispale (heute Sevilla). Man streitet darüber, ob er der letzte Schriftsteller der Spätantike war, der das Wissen der Antike ordnete, oder ob er eher als erster Schriftsteller des Frühmittelalters zu bezeichnen ist. Er wird als Heiliger verehrt. Namenstag: 4. April. In Italien: Isidoro; in Griechenland: Isidoros. Abkürzungen: Dorius, Doro, Dorus.

Ivan, Iwan, Iwanoder: ein russischer Name, in vielen Ländern bekannt und beliebt. Abgeleitet von dem Namen → Johannes, der aus dem Hebräischen stammt. Bedeutung: Gott ist gnädig. Wer den Namen Iwan hört, denkt zuerst an den grausamen Iwan IV., Zar von Russland (16. Jh.), der zu Recht den Beinamen »der Schreckliche« trug. Besser als Vorbild geeignet: Iwan Sergejewitsch Turgenew (19. Jh.), einer der wichtigsten russischen Autoren, ein meisterhafter Stilist, der sich gerne am Westen orientierte und lange in Frankreich und Deutschland lebte. Eine andere Namensform: Yvan. Kosenamen: Wanja, Vanja.

Ivar, Iwar: individuell. Nordisch. Geht auf den Namen → Ingvar, Ingwar zurück, der sich auf den germanischen Gott Ingwio bezieht. → Ingmar, → Ingobert, → Ingo, → Ingvar. In Schweden: Iver.

Ive, Ivo, Ivon, Iwe, Iwo, Yvo: aus dem Norden, ursprünglich ein alter englischer Name. Bedeutung: die Eibe. Wird auch als männliche Form des weiblichen Namens → Ivonne, Yvonne verstanden. Ein Sohn des Schriftsteller → Gerhart Hauptmann hieß Ivo (20. Jh.).

Jack: aus dem Englischen. Kurzform von J-Namen wie →Jacob/Jakob, →Johannes. Aus dem 19./20. Jh. einer der vielen Jacks, die es in England und Amerika immer schon gab: Jack London, amerikanischer Autor. Sein wohl bekanntester Roman: »Der Seewolf«. Auch als Jack London längst zum Erfolgsschriftsteller geworden war, solidarisierte er sich weiterhin mit sozial Schwachen, interessierte sich lebenslang für das Milieu, aus dem er selbst stammte.

Jacob, Jakob, Jacobus, Jakobus: beliebter biblischer Name hebräischen Ursprungs. Bedeutung: der Fersenhalter (eigentlich jedoch »Gott möge schützen«). Der alttestamentarischen Erzählung nach hielt sich Jakob bei seiner Geburt an der Ferse seines Zwillingsbruders Esau fest. Seit Jahrhunderten ist der Name im Gespräch. Ein König unter den vielen Königen mit Namen Jakob aus dem 17./18. Jh.: Jakob I., Sohn →Maria Stuarts. Wurde später König von England und Irland. Ein herausragender Jakob aus dem 15./16. Jh.: Jakob Fugger, ein unglaublich erfolgreicher Geschäftsmann aus Augsburg, der Königshäuser finanzierte und auch die Kirche. Im 19. Jh. sammelte Jacob Ludwig Grimm, deutscher Sprachforscher, zusammen mit seinem jüngeren Bruder →Wilhelm deutsche Märchen. In England: James, Jack, Jake, Jim, Jimmy; in Frankreich: Jacques; in Italien: Giacomo, Giacomino, Giacobbe, Jacopo; in Russland: Jakow; in Osteuropa: Jakub; in Spanien: Jaime, Iago, Yago, Thiago, Tiago. Abgekürzt oder als Kosename: Jabbo, Jago, Jako, Jaap, Jack, Jaco, Jascha, Jaki, Jackel, Jackl, Jim, Jimmy, Jock, Jocke, Jockel.

James: international. Englische Form von →Jacob/Jakob. In der englischen Geschichte löst ein James den anderen ab. Auch die Liste von Wissenschaftlern und Künstlern dieses Vornamens ist lang. Ein eigensinniger James war der irische Dichter James Joyce (19./20. Jh., mit »Ulysses« berühmt geworden). Abkürzungen: Jack, Jim, Jimmie.

Jan, Jaan, Jann, Janns, Jannich: ursprünglich in Norddeutschland, den Niederlanden, in Polen und Russland als Kurzform von → Johann(es) üblich, heute in vielen Ländern beliebt. Bedeutung: Gott ist gnädig. Eine Berühmtheit seiner Zeit: Jan Dismas Zelenka, Barockkomponist aus Böhmen, im 17./18. Jh. am Dresdner Hof lebend. Seine originellen Werke wurden Ende des 20. Jh. wieder entdeckt. In Dänemark: Jannik, Jens; in der Schweiz: Yan, Yann. Kosenamen: Janning, Jannis, Jenning, Yannik.

Jaromir: slawischer Name. Bedeutung: mutig, stolz, kampfbereit. Im 12. und 13. Jh. herrschten auf Rügen mehrere slawische Herzöge dieses Namens. → Jesko.

Jason: klangvoll, heute in vielen Ländern beliebt. Aus dem Griechischen. Bedeutung: der Heilende. Die Argonautensage (= Sage von der Besatzung des übernatürlich schnellen Schiffes Argo) erzählt von Jason und der abenteuerlichen Suche nach dem Goldenen Vlies.

Jasper, Jesper: → Kaspar.

Jens: ursprünglich ein dänischer Name, heute international. Geht auf → Johannes zurück. Bedeutung: Gott ist gnädig. Erst vor etwa hundert Jahren beliebt geworden. Ein Hinweis darauf ist die Geschichte aus dem 19. Jh. von Uwe Jens Lornsen, Kapitänssohn aus Keitum auf Sylt, Beamter in Kopenhagen. Er wollte den dänischen Staat modernisieren. Von Haft bedroht, nahm sich Lornsen das Leben. In seiner Heimat wurde er als Held gefeiert.

Jeremias, Jeremia, Jeromin: ein biblischer Name, aus dem Hebräischen. Bedeutung: Gott erhöht. Bekannt geworden durch den Propheten und Märtyrer Jeremia (um 600 v. Chr.), der den Untergang Jerusalems voraussagte. Jeremia gilt als besonders wichtiger Prophet des Tanach, der hebräischen Bibel. Im 19. Jh. schrieb der Pfarrer Albert Bitzius unter dem Pseudonym Jeremias Gotthelf. Ganze Schülergenerationen erinnern sich an sein Buch »Die schwarze Spinne«. In England: Jeremy. Abkürzungen: Jerry, Jesse.

Jesko: Kurzform von → Jaromir. Bedeutung: mutig, stolz, kampfbereit. Zu seiner Zeit bekannt: Jesko Albert Eugen von Puttkammer (19./20. Jh.), Gouverneur von Kamerun, Kaiserlicher Kommissar von Togoland. Kolonialbeamter von altem Schrot und Korn und sehr umstritten.

Joachim: seit langem beliebt. Aus dem Hebräischen. Bedeutung: Gott richtet auf. Der heilige Joachim war der Vater von Maria, der Mutter Jesu. Namenstag: 26. Juli. Viele Patriarchen und Kurfürsten, Markgrafen, Herzöge, sogar Könige trugen diesen Namen im Laufe der Jahrhunderte. Im 18. Jh. in die Geschichte eingegangen: Johann Joachim Winckelmann, Archäologe, Schriftsteller, Bibliothekar. Beaufsichtigte in Rom die antiken Schätze. Goethe schrieb über ihn das Buch »Winckelmann und sein Jahrhundert«. Neuere Namensformen: Jochen, Jochem, Jochim. In Russland, in Friesland: Akim; in Norwegen: Akim, Akkim, Joacim, Joakim, Jocum, Jochum, Jokum; in Dänemark: Jokum; in Schweden: Jocke, Jockum; in Italien: Gioachino, Gioacchino; in Spanien: Joaquin; in Portugal: Joaquim; in Brasilien: Joaquim. Abkürzungen: Achim, Aki, Akim, Jo, Jockel, Joe, Joggi, Jojo, Joke, Jokim, Jos, Jiri, Kim.

Jobst: kurz, salopp. Kurzform von → Jodocus. Aus dem Keltischen. Bedeutung: der Kämpfer. Ein Beweis dafür, dass der Name eine lange Tradition hat: Jobst von Mähren, Politiker im 14./15. Jh., schaffte es, nach geschickten Ränkespielen zum römisch-deutschen König gewählt zu werden. Auch im 17./18. Jh. ist Jobst gebräuchlich. So begleitete ein Christoph Jobst von Zanthier den Fürsten Leopold von Anhalt-Köthen auf einer sehr unterhaltsamen, jahrelangen Kavalierstour (das war eine Art von Bildungsreise für junge Adelige) quer durch Europa. Kosenamen: Jo, Job, Joe, Jojo, Jos.

Jochen: → Joachim.

Jodocus, Jodokus, Jodok: besonders, aber nicht zu ausgefallen. Aus dem Keltischen. Bedeutung: der Kämpfer. Im 7. Jh. lebte in Nordfrankreich der heilige Jodok, Sohn eines Königs oder Fürsten. Er verzichtete auf alle weltlichen Herrschaftsansprüche, wurde Priester, Einsiedler, Gründer eines Klosters und wird noch heute verehrt. Namenstag: 13. Dezember. Viel später: Jodocus Hondius (16./17. Jh.), Flame, Verleger, vor allem jedoch Kartograph. Er begann als Kupferstecher und spezialisierte sich später auf die Herstellung von Karten und Globen. In England: Jocey oder Joyce. Abkürzungen: Jo, Jockel, Joe, Joggi, Job, Jobst, Jojo, Joos, Jost, Joost. → Jobst, → Jost.

Joel: ein biblischer Name, heute in vielen Ländern beliebt. Aus dem Hebräischen. Bedeutung: Jehova ist Gott. In der Bibel spielt Joel als früher Prophet eine Rolle. Ein anderer Joel war Familienoberhaupt der Leviten, eines der zwölf Stämme Israels. Abkürzungen: Jo, Joe, Jojo, Joke.

Johann, Johan, Johannes, Johanno: ein biblischer Name. Aus dem Hebräischen. Bedeutung: Gott ist gnädig. Das vierte Buch des Neuen Testaments, das Johannes-Evangelium, soll der Apostel Johannes verfasst haben. Ein anderer Johannes im frühen Christentum war Johannes der Täufer, Prophet, Bußprediger, Asket. Kündigte das Reich Gottes an. Namenstag: 24. Juni. Im 15. Jh. ermöglichte Johannes Gutenberg durch Entwicklung der entscheidenden Technik den Buchdruck auch in der westlichen Welt. Viel später, im 19. Jh., lebte Johannes Brahms, einer der großen Komponisten der deutschen Romantik, eng befreundet mit → Robert und → Clara Schumann. In Russland: Ivan, Iwan; in Schweden, in Norwegen: Johan, Jöns, auch Hasse; in Finnland: Juhani, Jukka; in Italien: Gian, Gianni, Giannino, Giovanni, Giovannino; in Frankreich: Jean; in Spanien: Juan; in Dänemark: Evan, Iven, Jens; in Polen: Janek; in Ungarn: Jankó und János; in Tschechien: Hanus, Huschke; in Slowenien: Jovan; in Litauen: Janis; in Friesland: Jehannes. Abkürzungen: Gian, Gianni, Gion, Hanke, Hanko, Hannes, Hanno, Hannu, Hans, Hanse, Hanus, Hasse, Jack, Jahn, Jais, Jan, Janek, Janis, Janko, Jannes, Janning, Jes, Jess, Jo, Jockel, Joe, Jöns, Joggi, John, Johnny, Jojo, Joke, Jon, Jonny, Joos, Jorn, Jussi. → Evan, → Hans.

John: international. Klingt modern und ist doch schon alt. Kurzform von → Johannes. Bedeutung: Gott ist gnädig. Im 12./13. Jh. gab es in England einen König namens John, der allerdings kein starker König war, man nannte ihn daher John Lackland (»ohne Land«). Er war der Bruder von → Richard Löwenherz. Kosename: Johnny, Jonny.

Jonas: aus dem Hebräischen. Bedeutung: die Taube. In der Bibel wird der Prophet Jonas von einem Wal vor dem Ertrinken gerettet. In Italien: Giona. Kosenamen: Jos, Jojo.

Jonathan: ein biblischer Name, in vielen Ländern beliebt. Aus dem Hebräischen. Bedeutung: Gott hat gegeben. Im 18. Jh. schrieb Jonathan Swift den Abenteuerroman »Gullivers Reisen«. Abkürzungen: Jo, Jon, Nat, Nathan.

Jordan: ein alter deutscher Name, ungewöhnlich, aber nicht abgehoben. Aus dem Germanischen. Wird mit dem palästinensischen Fluss Jordan in Verbindung gebracht. Andere Bedeutung: die Erde und kühn. In den Niederlanden: Jordaan; in Italien: Giordano; in Frankreich: Jourdain. Abkürzungen: Dan, Don, Jo, Jojo.

Jork: originell, aber eingängig. Slawisch. Bedeutung: der Bauer. Verträgt sich mit den meisten Familiennamen. Hergeleitet von → Georg, verwandt mit → York/Yorck.

Josef, Joseph: traditioneller biblischer Name; vor allem im Süden beliebt. Aus dem Hebräischen. Bedeutung: Gott möge hinzufügen. Unter den vielen berühmten Josephs ein durch die Zeiten bewunderter: Joseph Haydn, wegweisender Komponist der Wiener Klassik aus dem 18./19. Jh. Eng mit Mozart befreundet. Hatte später große Erfolge in London. Ein weiterer Joseph von bleibender Bedeutung: Joseph Karl Benedikt Freiherr von Eichendorff (18./19. Jh.), Lyriker, Romantiker. Außerdem war der Name Josef/Joseph auch bei Hofe beliebt, etwa bei den Habsburgern. In Italien: Giuseppe; in Frankreich: José, Josèphe; in Russland: Ossip, Josip; in Polen: Józef. Abkürzungen: Bepp, Bepperl, Beppo, Jo, Jojo, Jos, Josch, Joschka, Joschi, Josel, Joshi, Joshka, Joshy, Josip, Sepp, Seppe, Seppl, Sepperl.

Josias, Josiah, heute auch **Joschijah:** ein biblischer Name; aus dem Hebräischen. Bedeutung: Gott heilt. Erinnert an den Josias aus dem Alten Testament, Sohn und Nachfolger des Königs Amon von Juda. Abkürzungen: Jo, Jojo, Jos, Josch, Joschka, Joschi, Joshi, Joshka, Joshy.

UNGEWÖHNLICH, ABER NICHT ZU AUSGEFALLEN
Zu exotisch sollte der Vorname nicht sein. Die meisten Eltern möchten aber einen ungewöhnlichen Namen und wollen sich mit ihrer Wahl von anderen abheben. Ein Balanceakt! Denken Sie bei der Namensgebung daran, dass der Name Ihr Kind sein ganzes Leben lang begleiten wird. Dazu kommt: Das Besonderssein hat meist ein Verfallsdatum. Ist ein Name heute noch einigermaßen exklusiv, kann er in ein paar Jahren schon voll im Trend liegen.
In der Hitliste der Vornamen spiegelt sich diese Entwicklung: Was gestern noch verpönt war und »verstaubt« wirkte, ist inzwischen ein Renner.

Jost, Joost: ursprünglich niederländisch. Geht wohl auf →Jodocus oder den biblischen Namen →Josua zurück. Im 16./17. Jh. arbeitet Jost Bürgi als genialer Uhrmacher, Instrumentenbauer, später auch Hofastrologe am Hof des Landgrafen Wilhelm IV. von Hessen, danach in Prag bei Kaiser Rudolf II. Eine sagenhafte Karriere, die oft bestaunt wurde. Kosenamen: Jo, Josch, Jos, Jojo.
Josua, Joshua: ein biblischer Name, heute vor allem in den USA beliebt. Aus dem Hebräischen. Bedeutung: Gott hilft. Taucht in der Bibel in verschiedenen Zusammenhängen auf. So hieß zum Beispiel der Nachfolger des Mose Josua. Namenstag: 1. September. Abkürzungen: Jo, Jojo, Jos, Josch, Joschka, Joschi, Joshi, Joshka, Joshy.
Jürgen, Juergen: norddeutsch, abgeleitet von →Georg. Aus dem Griechischen. Bedeutung: der Landmann. Der Name Jürgen taucht in alten Chroniken kaum auf, aber es gab ihn auch schon im 18. Jh.: So heißt es etwa in alten Unterlagen, ein Jürgen Christian Findorff habe bei Papenburg Ödland kultiviert um neue Siedlungen zu ermöglichen. In Dänemark Jörgen; in Osteuropa: Jirko; in Polen: Jerzy; in Schweden: Göran, Jöran oder Jorrit; niederdeutsch: Jörn. Abkürzungen: Jörn, Jürg, Jürn, Just.
Julian: guter Klang; ansprechend. Aus dem Lateinischen. Bedeutung: ein alter römischer Familienname. Aus dem

4. Jh.: Kaiser Flavius Claudius Julianus, bekannt als Julian Apostata. Er förderte die römischen und griechischen Kulte, wollte das Christentum zurückdrängen, blieb allerdings erfolglos. Ein weiterer Hinweis auf die lange Tradition dieses Namens: der heilige Julian (4. Jh.), ein Wohltäter, der sein Haus den Notleidenden öffnete. Er starb als Märtyrer. Namenstag: 6. Januar. In Italien: Giuliana; in Frankreich: Julien. Abkürzungen: Ano, Jul, July, Just, Lano.

Julius: aus dem Lateinischen. Bedeutung: bezieht sich auf ein römisches Geschlecht. Ein klassischer Name, der durch viele Jahrhunderte Geschichte gemacht hat. Der erste unvergessene Julius, Gaius Julius Caesar (1. Jh. v. Chr.), ist allen ein Begriff, die sich je mit römischer Geschichte befasst haben. Ein schroffer, großartiger Gebirgszug, der Slowenien von Oberitalien abgrenzt, ist nach diesem großen, mächtigen Feldherrn benannt: die Julischen Alpen. Auch mehrere katholische Päpste trugen den Namen Julius. In England Giles; in Frankreich: Jules, in Italien: Giulio, Luglio; in Spanien: Julio. Abkürzungen: Jul, Jus, Just.

Justus, Justin, Justinus, Justinian, Justinianus: Ein alter, heute internationaler Name. Aus dem Lateinischen. Bedeutung: der Gerechte. Gilt auch als Kurzform von → August, Augustus. Im 17. Jh. lebte Justus Georg Schottelius, Lehrer, Sprachforscher, Dichter. Er wurde in die literarische Gruppe »Fruchtbringende Gesellschaft« aufgenommen, deren Mitglieder sich um die deutsche Sprache bemühten. Erwähnenswert aus dem 19. Jh.: Justus Liebig, der schon als Junge, angesteckt von den Zaubereien der Schausteller auf Jahrmärkten, selbst chemische Wunder vollbringen wollte. Wurde bald Professor für Chemie und machte zahllose Entdeckungen. Seine noch im heutigen Alltag bekannteste »Erfindung«: eine flüssige Speisewürze. In Frankreich: Juste; in Spanien: Justo. Abkürzungen: Jus, Just, Tino.

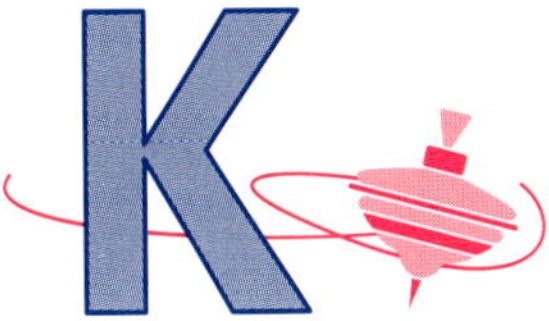

Kajetan: → Cajetan.

Kamill, Kamillo: ein zeitloser Name. Aus dem Lateinischen, ursprünglich Griechischen. Bedeutung: der Ehrbare, andere sagen: der Opferdiener. Erinnert an den heiligen Kamillus von Lellis (eigentlich Camillo de Lellis, 16. Jh.). Er verspielte sein gesamtes Hab und Gut. Bekehrt, widmete er sein Leben den Kranken. Gründete später mit Gleichgesinnten den Orden der Kamillianer. Namenstag: 14. Juli. Abkürzungen: Kalle, Milo, Millo. → Camill.

Kandidus: → Candidus.

Karl: ein alter deutscher Name. Bedeutung: freier Mann. Der mächtigste Karl: Karl I. der Große (8./9. Jh.), in Rom zum Kaiser gekrönt. Bekam seinen Beinamen bereits zu Lebzeiten, weil er ein riesiges Reich mitten in Europa schuf. Ebenfalls mächtig: Karl V., im 16. Jh. als Karl I. König von Spanien, später auch Kaiser des Heiligen Römischen Reiches. Dank der neuen Eroberungen in Amerika hatte er Macht über ein Reich, »in dem die Sonne nie unterging«. Verzichtete zugunsten seines Sohnes auf den spanischen Thron und zugunsten seines Bruders auf die Kaiserwürde. Jahrhunderte später: Karl Reichsfreiherr vom und zum Stein machte sich im 18./19. Jh. als Staatsmann daran, Wirtschaft, Verwaltung und Bildung in Preußen zu reformieren. Sein politischer Freund, auch Widersacher: Karl August Fürst von Hardenberg, preußischer Staatsmann im 18./19. Jh., entwarf zusammen mit Humboldt und Stein eine preußische Verfassung. In Frankreich, in England: Charles; in Spanien, in Portugal: Carlos; in den Niederlanden, in Dänemark, in Tschechien: Karel; in Italien: Carlo; in Rumänien: Carol; in Polen: Karol; in Ungarn: Károly. Kosenamen: Kalle, Kallemann. Kare. → Carl.

Karsten, Kersten: norddeutsch. Abgeleitet von →Christian. Bedeutung: der Christ. Aus dem Lateinischen. Im 14./15. Jh. soll der Hamburger Bürgermeister Kersten Miles dem Seeräuber →Klaus Störtebeker versprochen haben, dass von seinen Kameraden die überleben würden, an denen er nach seiner Enthauptung noch kopflos vorbeirenne. →Carsten.

Kasimir: aus dem Slawischen. Bedeutung: verkünden und Friede. Mehrere Könige Polens, die durch die Jahrhunderte damit beschäftigt waren, das Land zu stabilisieren, hießen Kasimir. Das Volksstück »Kasimir und Karoline« von Ödön von Horváth (20. Jh.) erzählt von einer Liebe zwischen Missverständnis und Versöhnung. Abkürzungen: Kass, Miro. →Casimir.

Kaspar: gleichbleibend beliebt. Ein norddeutscher Name persischen Ursprungs. Bedeutung: Schatzmeister. Ein geheimnisvoller Kaspar aus dem 19. Jh.: Kaspar Hauser, der als junger Mann verwahrlost in Nürnberg auftauchte, nicht richtig sprechen konnte, überempfindlich auf Licht und Geräusche reagierte. Verschiedene Forscher nahmen sich des »Findeljungen« an und versuchten ihm zu helfen. Man glaubte, er sei jahrelang in einem Verlies gefangen gehalten worden. Später wurde er Opfer eines Attentats. Ein munterer Kaspar: Das Kasperle, der komische Held des Puppentheaters. Die Figur ist im deutschen Sprachraum seit Ende des 18. Jh. bekannt. In England: Gaspar, Jasper; in Frankreich, in Spanien, in Portugal: Gaspard, Gasparo; in Italien: Gaspare; in Ungarn: Gáspár; in Skandinavien, in den Niederlanden: Jasper, Jaspar, Jesper. Abkürzungen: Cass, Gary, Gass, Kaschba, Koschba, Paro. →Caspar.

Kastor: aus dem Griechischen. Nachdem der Gott Zeus die schöne Leda in der Gestalt eines Schwanes verführt hatte, brachte diese Kastor (auch →Castor) und Pollux zur Welt. Aber auch normale Sterbliche hießen in der Antike Kastor. Aus dem 1. Jh.: Kastor von Rhodos, Geschichtsschreiber. Hat festgehalten, was bis heute interessiert.

Kilian: irisch, schottisch. Einst keltisch. Bedeutung etwa: Kirchenmann. Im 7. Jh. war schon ein Iroschotte namens

Kilian unterwegs. Er sollte den Germanen im Auftrag des Papstes den christlichen Glauben bringen. Brachte außerdem Kenntnisse in Ackerbau, Viehzucht, Holzwirtschaft mit. Das kam gut an. Abkürzungen: Kill, Kim.

Klaudius: männliche Form von Klaudia/→Claudia. Aus dem Lateinischen. Von einem Familiennamen. Abkürzungen: Dino, Dio, Klaus. →Claudius.

Klaus: über viele Generationen beliebt. Kurzform von Nikolaus, →Nicolaus. Aus dem Griechischen. Bedeutung: Sieg und Volk. Ein besonders wilder, sagenumwobener Klaus aus dem 14. Jh.: Klaus Störtebeker, berühmtester aller Seeräuber, der mit den Hansestädten im Dauerclinch lag. →Karsten, →Claus.

Klemens, Klemenz: aus dem Lateinischen. Bedeutung: gütiges, sanftes Wesen und der Geduldige. Ein Klemens, der als Politiker Weichen gestellt hat: Klemens Wenzel Lothar von Metternich, Staatsminister des österreichischen Kaiserreichs (18./19. Jh.). Sorgte für Stabilität und Ordnung. Förderte die Heirat der österreichischen Erzherzogin Marie-Luise mit Napoleon. Hatte später den Vorsitz beim Wiener Kongress. In Osteuropa: Klement, Kliment. Abkürzung: Kleve. →Clemens.

Knut, Knud: nordisch. Bedeutung: aus edlem Geschlecht. Oder aus dem Althochdeutschen. Bedeutung dann: freimütig. Knud war in Dänemark frühzeitig ein Königsname. Im 11. Jh. herrschte etwa König Knud, genannt der Große. Wurde außerdem König von England. Mit Geschick gelang es ihm, ein großes Nordseereich zu bilden.

Kolumban: aus dem Lateinischen. Bedeutung: die Taube. Zwei eindrucksvolle Männer haben vor langer Zeit bei der Christianisierung eine Rolle gespielt: Kolumban von Iona, war im 6. Jh. in Schottland als Missionar unterwegs, und wenig später Kolumban von Luxeuil in Franken und Alemannien. Andere Namensform: Columban. Abkürzungen: Kolo, Kollo, Olli, Ollie, Olly.

Konrad, Konradin: über die Jahrhunderte gleichbleibend beliebt. Aus dem Althochdeutschen. Bedeutung: kühn, tapfer und Ratgeber. Ein sehr erfolgreicher Konrad im

10./11. Jh.: Konrad II., König von Italien, Kaiser des römisch-deutschen Reiches. Ihm gelang es, sein Reich auf einigermaßen friedliche Weise zusammenzuhalten und es, als er auch noch König von Burgund wurde, sogar immens zu vergrößern. Ein künstlerischer Konrad war ein gewisser Konrad Witz, im 15. Jh. ein bedeutender Maler, Vertreter der oberrheinischen Spätgotik. Berühmt ist auch der Konrad aus dem alten Kinderbuch »Struwwelpeter«. In Dänemark Kort, Kord; in den Niederlanden: Koenraad; in Russland: Kondrat. Abkürzungen: Kon, Kone, Kono, Konni, Konno, Konny, Konz, Kord, Kort, Koort, Kord, Kuno, Kunz, Kurd, Kurt. → Conrad, → Curt.

Konstantin: zeitlos. Aus dem Lateinischen. Bedeutung: der Standhafte. Unzählige Herrscher trugen diesen Namen von der Antike bis ins 20. Jh.: Römische und byzantinische Kaiser. Patriarchen in Konstantinopel. Könige von Schottland bis Griechenland. (Mal mit dem Anfangsbuchstaben K, mal mit C.) In Osteuropa Kostadin, Kostatin, Kosta; in Griechenland: Kostas. Abkürzungen: Dino, Konny, Kono, Kosta, Kostja, Kunz, Tino, Tintin. → Constantin.

Korbinian: vor allem im Süden beliebt. Aus dem Althochdeutschen. Bedeutung: kleiner Rabe. Der heilige Korbinian (7./8. Jh.), Sohn der Irin Corbiniana und des Franken Waltekis, sorgte für Sitte und Anstand; wurde und wird dafür verehrt, vor allem in München und Freising. Namenstage: 8. September und 20. November. Abkürzungen: Bi, Bibi, Korbe, Korby, Korwe. → Corbinian.

Kornelius: aus dem Lateinischen. Bezieht sich auf die römische Familie der Cornelier. In den Niederlanden: Korneel; in Ungarn: Kornel. Abkürzungen: Kees, Kornel, Korneel, Nelson, Niels, Nils. → Cornelius.

Kosimo: italienisch, inzwischen international. Ursprünglich griechisch. Bedeutung: sittlich, ordentlich oder ruhig. Verwandt mit dem Namen → Kosmas. → Cosimo.

Kosmas: interessant, selten. Aus dem Griechischen. Bedeutung: Ordnung und Zier. Im 11./12. Jh. ist Kosmas von Prag der erste und bedeutendste böhmische Chronist des Mittelalters. Verwandt mit → Kosimo. → Cosmas.

Krispin, Krispinus: aus dem Lateinischen. Bedeutung: kraushaarig. In den Niederlanden: Krispijn, Krisijn. Abkürzungen: Kriss, Pino. → Crispin.

Kristian: die schwedische Schreibweise von → Christian. In Island: Kristjan; in Amerika, in Russland: Krister; in Friesland: Karsten, Kersten, Karsjen, Kasjen. Abkürzungen: Jan, Kren, Kristo.

Kristof, Kristoffel, Kristoffer: skandinavisch. Ursprünglich aus dem Griechischen. Bedeutung: Christus tragend. Abkürzungen: Kris, Kristo, Stoffel, Stoffer. → Christoph.

Kuno: ursprünglich Abkürzung von → Konrad. Bedeutung: kühn, tapfer und Ratgeber. Kuno von Alvensleben (16./17. Jh.), Domherr von Magdeburg, liebte Italien, reiste einige Male dorthin. Wurde in die »Fruchtbringende Gesellschaft«, die größte literarische Gruppe des Barock, aufgenommen. In Friesland: Keno. → Cuno.

Kurt: Kurzform von alten Namen wie → Konrad, Kunibert. Bedeutung: kühn, tapfer und Ratgeber oder kühn und glänzend. Andere Formen: Cord, Curd, Curt.

Kyrill: aus dem Griechischen. Bedeutung: der rechte Herr. In Bulgarien: Kiril. → Cyrill.

Kyros, Kyrus: alter persischer Königsname. Kyros II. (6. Jh. v. Chr.), hat große Teile Griechenlands und des heutigen Afghanistans erobert, Babylon eingenommen und so ein mächtiges altpersisches Königsreich aufgebaut. Herodot, griechischer Historiker, pries die kulturelle und religiöse Toleranz dieses Herrschers.

Wie die Eltern, so das Kind?

In Zeiten wachsender Individualität werden immer weniger Kinder nach Vater oder Mutter benannt: Nur noch bei jedem zwanzigsten Baby ist dies heute der Fall. Auch (Paten-)Tanten, (Paten-)Onkel oder die Großeltern halten kaum noch als Namensspender her. Allerdings: Vielleicht stoßen Sie ja auf einen besonders schönen traditionellen Vornamen für Ihr Kind, wenn Sie sich etwas in Ihrer (älteren) Verwandtschaft umsehen. Wenn die Person dann noch als Vorbild taugt – perfekt!

L

Ladislaus: aus dem Slawischen. Bedeutung: Macht und Ruhm. Ungarische, böhmische, polnische Herrscher trugen diesen Namen vom 13. Jh. an. Ein anderer Ladislaus aus Ravensburg und dem 15./16. Jh.: Ladislaus Sunthaym, Historiker, Genealoge, Geograph, Geistlicher, ein Rundum-interessierter, der viel reiste, um in Klöstern und weltlichen Archiven Geschichtsschreibung zu betreiben. In Ungarn: László. Abkürzungen: Adi, Addi, Claus, Klaus, Ladi, Lado.

Lambert, Lampert: aus dem Althochdeutschen. Bedeutung: das Land und glänzend. In Namensregistern taucht dieser Name bereits im 16. Jh. auf. Abkürzungen: Bert, Lambi.

Lancelot, Lanzelot: aus dem Altenglischen. Bedeutung: bezieht sich auf die Sage von König Artus. Lancelot, der sagenhafte Held und Ritter der berühmten Tafelrunde, spielt in der Artus-Sage eine wichtige Rolle. In verschiedenen Fassungen der Sage tritt Lancelot unterschiedlich auf: Mal betet er die schöne Guinevre zurückhaltend wie ein Minnesänger an, mal begeht er gleich Ehebruch mit ihr. Abkürzungen: Lan, Lanz, Lenz, Zeno.

Lars: Kurzform von → Laurenz/Laurentius.

Laurenz, Laurentius: aus dem Lateinischen. Verwandt mit dem Namen → Lorenz. Bedeutung: eine Ortsangabe, aber auch: der Lorbeergeschmückte. Ein Laurentius aus dem 3. Jh. wurde zu einem der meistverehrten Heiligen der katholischen Kirche. Weil alljährlich um seinen Gedenktag der Sternschnuppenschwarm der Perseiden auftritt, wird diese Himmelserscheinung »Laurentiustränen« genannt. Namenstag: 10. August. Ein anderer war im 6./7. Jh. Erzbischof von Canterbury und damit beauftragt, den Inselbewohnern den christlichen Glauben näher zu bringen –

keine leichte Aufgabe in der christlichen Frühzeit. Namenstag: 2. Februar. In den Niederlanden, in Norwegen: Lavrans; in Dänemark: Laurids; in Schweden: Lars, Laurens, Laurits, Lavranz; in Russland: Lawrenti; in England: Laurence, Lawrence; in Frankreich: Laurent; in Italien: Lorenzo. Andere Formen: Laurel, Lauritz, Lewerenz, Loris. Abkürzungen: Enz, Lars, Lasse, Laurel, Lauri, Laurie, Lauro, Lenz, Lorry, Renz, Renzo, Rick, Rik.

Laurin: klingt angenehm. Bedeutung: bezieht sich auf die Dietrichsage (13. Jh.). Bekannt ist daraus die Geschichte vom Zwergenkönig Laurin, der Zauberkräfte besaß, aber schließlich → Dietrich von Bern unterlag. In den Dolomiten steht sein sagenhafter Rosengarten, der in der Dämmerung rot glüht. Abkürzungen: Laurel.

Leander, Leandros: aus dem Griechischen. Bedeutung: Mann und Volk. Oft besungen, oft beklagt, von hellenistischen Dichtern und später von Ovid, dann von Schiller und Hölderlin: die tragische Liebesgeschichte von Leander und Hero, die durch das Meer getrennt waren, nicht zueinander kommen konnten. Im 6. Jh. gab es einen Erzbischof Leander von Sevilla, der für seinen Glauben kämpfte. Namenstag: 13. März. In Italien: Leandro; in Frankreich: Léandre. Abkürzungen: Andi, Andy, Len, Lenny, Leo.

Leberecht, Lebrecht: erinnert an einen Roman aus dem 19. Jh., »Leberecht Hühnchen« von Heinrich Seidel, dessen Titelheld Leberecht die Kunst beherrscht, aus kleinen Dingen Glück zu ziehen. Abkürzungen: Brecht, Leo.

Leo, Leon, Leonidas: unkompliziert, angenehm im Klang. Aus dem Griechischen, später Lateinischen. Bedeutung: der Löwenstarke oder der Löwe. Mehrere byzantinische Kaiser trugen diesen Namen. Ein späterer, hochgelobter Leo: Leo oder Leon von Catania (8. Jh.). War ein reicher Mann, mutig wie ein Löwe, strahlend wie ein Stern. Wurde wegen seines klaren, glaubwürdigen Lebens zum Bischof bestimmt. Namenstag: 20. Februar. Leon war 2006 der beliebteste Jungenname in Deutschland. In Frankreich: Léon; in Italien: Leone; in Russland: Lew, Leonid. Als Kosenamen: Len, Lenni, Lenny, Lenz. → Lionel.

Leonard, Leonhard, Leonhart, auch **Lennart, Lennert, Lenard, Lenhard:** die ersten Silben aus dem Lateinischen, die letzte Silbe aus dem Althochdeutschen. Bedeutung: Löwe und hart, stark. Ein unübertroffener Leonhard aus dem 15./16. Jh.: Leonardo da Vinci, italienischer Maler, Bildhauer, Architekt, genialer Künstler und visionärer Wissenschaftler. Schon zu Lebzeiten berühmt, führte er ein Wanderleben zwischen Mailand, Florenz, Rom, in Diensten verschiedener Herzöge, aber auch des Papstes, zuletzt am Hofe des französischen Königs. Jahrhunderte später: Leonhard Euler, im 18. Jh. Professor für Mathematik. Ein Großteil der heutigen mathematischen Symbolik geht auf ihn zurück. Sein Wirken reichte über die Mathematik hinaus, widmete sich auch der Mechanik, Optik, Musik. Ein zweiter Mathematiker aus dem 19. Jh.: der Franzose Léonard Mathieu, der die Differenzialgleichungen entdeckte. In England: Leonard; in Frankreich: Léonard; in Italien: Leonardo, Lenardo, Linardo; in Schweden: Linnart. Abkürzungen: Hard, Hartl, Len, Lenny, Leo, Leon, Lenz. → Lienhard.

Leopold: aus dem Althochdeutschen. Vor allem im Süden beliebt. Bedeutung: das Volk und kühn, geht auf den Namen → Luitpold zurück. Die Habsburger in Österreich, aber auch Fürstenhäuser in Deutschland hatten für diesen Namen viel übrig. Ein Leopold von den vielen: Leopold von Anhalt-Köthen (17./18. Jh.), Kunstkenner und Musikfreund (→ Jobst). Holte Johann → Sebastian Bach an den Köthener Hof, blieb ihm lebenslang freundschaftlich verbunden. Im 19. Jh.: Leopold von Ranke, Mitglied der Akademie der Wissenschaften und Professor an der Universität Berlin. Wird als Begründer moderner Geschichtswissenschaft gesehen. In Frankreich: Léopold; in Italien: Leopoldo. Abkürzungen: Len, Leo, Lenz, Leon, Poidl, Pol, Polde, Poldi, Poldo, Pole, Polle.

Levin, Lewin, Leveke: abgeleitet vom alten Namen Liebwin. Bedeutung: lieb und der Freund. Im 16./17. Jh. beim Adel beliebt. Levin von der Schulenburg war im 17. Jh. Landrat im Fürstentum Anhalt. Auch in jüdischen Familien ein beliebter Name. Abkürzungen: Lev, Vin, Winn.

Liborius: aus dem Lateinischen. Bedeutung wohl: frei. Die Reliquien des heiligen Liborius von Le Mans (4. Jh.) werden im Dom von Paderborn aufbewahrt. Namenstag: 9. April. Liborius Wagner, Sohn protestantischer Eltern, arbeitete im 16. Jh. als katholischer Priester in Würzburg – im Dreißigjährigen Krieg keine leichte Aufgabe. Starb als Märtyrer, da er seinem Glauben nicht abschwor. Namenstag: 9. Dezember. Niederdeutsch: Börries. Abkürzung: Boris.

Liebrecht: traditioneller Name mit einer schönen Bedeutung: lieb und glänzend. Abkürzungen: Li, Bert, Brecht.

Lienhard, Lienhart: im Mittelalter gefragt. Bedeutung: Löwe und hart, stark. Verwandt mit → Leonhard. Im 16. Jh. ließ Lienhard Hirsvogel (auch: Hirschvogel) in Nürnberg den prunkvollen Hirsvogelsaal errichten. Im 18. Jh. verfasste Johann Heinrich Pestalozzi den Roman »Lienhard und Gertrud«, der ein internationaler Erfolg war. Er wurde daraufhin zum Ehrenbürger der jungen Französischen Republik ernannt. Abkürzungen: Hartl, Len, Lenz, Linn, Lino.

Linus: schnörkellos, einfach. Aus dem Griechischen. Bedeutung: Klagegesang. Im 1. Jh. war der heilige Linus als Nachfolger von Petrus Bischof von Rom. Namenstag: 23. September. Abkürzung: Linn.

Lionel, Lion, Lyonel: verwandt mit → Leon/Leonidas. Englisch/italienisch, ursprünglich aus dem Griechischen. Bedeutung: der Löwenstarke. In Frankreich Lionne; in Russland: Leonid; als Kosename in Italien: Lionelo. Abkürzungen: Lenz, Linn.

Livius: klangvoll, edel. Aus dem Lateinischen. Bedeutung: abgeleitet von einem Familiennamen. Im 3. Jh. v. Chr. wurde der Dichter Livius Andronicus bewundert, der die Odyssee übersetzte. Erst mit ihm begänne die lateinische Literatur, wird gesagt. Abkürzungen: Lif, Liv, Vio.

Lorenz: verwandt mit → Laurenz/Laurentius. Aus dem Lateinischen. Bedeutung: Ortsangabe; auch: der Lorbeergeschmückte. Ein mächtiger, gebildeter Lorenz aus Florenz (15. Jh.): Lorenzo de'Medici, genannt »der Prächtige«. Kluger Politiker und großzügiger Förderer der Kunst. Abkürzungen: Lenz, Lo, Lorry, Renz, Renzo, Rienzo.

Lothar: aus dem Althochdeutschen. Bedeutung: berühmt und das Heer. Im 9. Jh. musste Lothar I. mit seinem Halbbruder Karl um die Kaiserkrone kämpfen. Im 11. Jh. lebte der später als Friedenskönig bezeichnete Kaiser Lothar III.

Louis: zunehmend in Mode. Abgeleitet von Clovis (Chlodwig). Verwandt mit dem Namen → Ludwig. Aus dem Althochdeutschen. Bedeutung: berühmt und Kampf. Jahrhundertelang als französischer Königsname gefragt. Ein besonders prunkvoller Louis aus dem 17./18. Jh. war Louis XIV., der seinen immensen Machtanspruch in einem Satz zusammenfasste: »L'État, c'est moi!« (»Der Staat bin ich!«) Aber er brachte auch Kultur und Wissenschaften zur Blüte. Ein Louis aus dem 18. Jh.: der Preußenprinz Louis Ferdinand, politisch engagiert, musisch hochbegabt und sehr beliebt bei den Frauen. In England: Lewis; in Spanien, in Portugal: Luis, Luiz; in Italien: Luigi. Andere Formen: Lovis, Lowis, Luis. Kosename: Lulu.

Lovis, Lowis: → Louis.

Luca, Lucas, Lukas: ein biblischer Name. Aus dem Griechischen. Bedeutung: der Lucanier. Das dritte Buch des Neuen Testaments wird Lukas zugeschrieben. Namenstag: 18. Oktober. Zwei berühmte Maler dieses Namens: Lukas Cranach der Ältere, berühmter Maler der Renaissance, befreundet mit Philipp Melanchton und → Martin Luther. Lukas Cranach der Jüngere, sein Sohn, ein ebenso genialer Künstler. In Italien: Lucio, Luciano; in Frankreich: Lucien; in Irland: Lucan. Abkürzungen: Luc, Luck, Lucky.

Lucian, Lucius, Luzius: aus dem Lateinischen. Bedeutung: bei Tagesanbruch geboren. Ein Lieblingsname der alten Römer. Im 2. Jh. v. Chr. lebte Lucius Cornelius Sulla. Wollte das römische Reich stärken, erreichte mit seinen autoritären Versuchen das Gegenteil. Im 8./9. Jh. war der heilige Lucius von Chur als Missionar in der Schweiz unterwegs. Der Legende nach soll er ein englischer König gewesen sein. Namenstag: 3. Dezember. Außerdem gab es drei Päpste und mehrere andere Heilige mit diesem Namen. In Italien: Lucio, Luciano; in Frankreich: Lucien; in Irland: Lucan. Abkürzungen: Ian, Jan, Luc, Luck, Lucky.

Ludger, Luidger, Luitger: zeitlos. Aus dem Althochdeutschen. Bedeutung: Volk und Speer. Im 9. Jh. gründete der heilige Luitger (auch Liudger) ein Kloster (lat.: monasterium), dem die Stadt Münster ihren Namen verdankt. Namenstag: 26. März. In Friesland: Lutjer, Lüder, Lüer, Lübbers, Lübbert, Lübbo, Lübe, Lüdeke, Luideke, Lükko, Lüko. Abkürzungen: Gerry, Lu, Ludo, Luck, Lugge, Lutz.

Ludwig: alter deutscher Name, wieder zunehmend gefragt. Bedeutung: berühmt und Kampf. Ein »früher« Ludwig aus dem 9. Jh.: Kaiser Ludwig der Fromme. Im 18./19. Jh.: Ludwig van Beethoven war einer der größten Komponisten aller Zeiten. Seine Musik ist eigenwillig, ungewöhnlich, genial. Die Tragik seines Lebens: Er wurde schwerhörig. Ein königlicher Ludwig aus dem 19. Jh.: Ludwig II. von Bayern, der »Märchenkönig«, der als 18-Jähriger auf den Thron kam, Schlösser von Weltruf erbaute, die Künste förderte und → Richard Wagner die Festspiele in Bayreuth ermöglichte. Sein früher Tod ist geheimnisumwittert. In den Niederlanden, Friesland: Lodewik, Lowik, Lovis, Lowis; in Frankreich: Louis; in Schweden: Ludvig; in Italien: Lodovico, Lodowico, Ludovico, Luigi; in Osteuropa: Ludvik, Ludwik; in Ungarn: Lajos. Abkürzungen: Lu, Luck, Ludo, Lugge, Luggi, Luik, Lutz, Wick, Wicke, Wickl, Wigg, Wigge, Wiggerl, Vico. → Louis.

Luitpold: hergeleitet von Luitbald. Aus dem Althochdeutschen. Bedeutung: das Volk und kühn. Der Name hat vor allem in Bayern Tradition. Besonders beliebt, auch dank seiner Bescheidenheit: Prinzregent Luitpold aus dem Hause Wittelsbach (19./20. Jh.) Abkürzungen: Luis, Poldi.

Lukas: → Luca.

Lysander: elegant. Aus dem Griechischen. Bedeutung: der Freigelassene. Ein Staatsmann und Feldherr aus Sparta hieß Lysander (5. Jh. v. Chr.). Er verhandelte geschickt mit den Persern, zwang Athen zur Kapitulation. Von Demokratie hielt er allerdings nicht viel. Fast zweitausend Jahre später: In William Shakespeares (16. Jh.) »Ein Sommernachtstraum« kämpft ein verliebter Lysander um seine Geliebte. In Italien: Lisandro. Abkürzungen: Sander, Sandro.

M

Magnus: aus dem Lateinischen. Bedeutung: der Große. War in Fürstenhäusern in Großbritannien, Norwegen, Schweden und Deutschland sehr beliebt. Magnus von Schottland (12. Jh.) stammte aus einem Adelsgeschlecht auf den Orkney-Inseln. Machte seinen Landsleuten als Räuber das Leben schwer. Konvertierte zum Christentum und verhielt sich von da ab vorbildlich. Er wurde von einem (wohl heidnischen) Verwandten ermordet, als Märtyrer heilig gesprochen. Namenstag: 16. April. In Norwegen: Magne, Magnar, Mogens. Abkürzungen: Maans, Manto.
Mainart: → Meinhard.
Malcom: gälisch. Eine Ortsbezeichnung. Ein alter Name, der in der britischen Geschichte immer wieder auftaucht. Malcom IV. (12. Jh.) war der letzte schottische König mit einem schottischen Namen. Abkürzungen: Mal, Mel.
Malte, Molte: dänischer Name, seit langem in anderen Ländern bekannt. Herkunft umstritten. Bedeutung wohl: Herrscher der Volksversammlung. Im 19. Jh. ließ der kunstsinnige Fürst Wilhelm Malte I., schwedischer Gouverneur in Pommern, zu Putbus auf Rügen das erste Seebad überhaupt erbauen. Berühmt ist Malte Laurids Brigge, eine Romanfigur von Rainer Maria Rilke (20. Jh.). Ein genauer Beobachter, immer auf der Suche nach Antworten.
Manfred: vor Jahrzehnten sehr gefragt. Hergeleitet von Manfried. Aus dem Althochdeutschen. Bedeutung: Mann und Frieden. Ein berühmter Manfred im 13. Jh.: unehelicher, später legitimierter Sohn des Staufenkaisers Friedrich II. Wurde von den Sizilianern als Friedrichs Nachfolger in Sizilien anerkannt, nicht aber vom Papst, von seinem Halbbruder und anderen Mitbewerbern. → Bianca. Abkürzungen: Fred, Freddie, Freddy, Fried, Mane, Mano, Manto.

Manuel: Kurzform von Emmanuel, Immanuel. Aus dem Hebräischen. Bedeutung: Gott mit uns. Bereits im Mittelalter gab es zwei Kaiser in Byzanz mit Namen Manuel. Im 15. Jh. regierte König Dom Manuel (Beiname »der Glückliche«) in Portugal. Unter seiner Ägide wurde der Seeweg nach Indien entdeckt, ein erster Schritt zu einem Kolonialreich war getan. In Spanien: Manolo, Monlito; in Italien: Manuele. Abkürzungen: Mane, Mano, Manto.

Marcel, Marcelin, Marcellin, Marzell, Marzellin: ein französischer Name, der sich eingebürgert hat. Hergeleitet von Marcellus/Marzellus. Aus dem Lateinischen. Möglicherweise einst ein Familienname. Bedeutung als Vorname: Gott Mars geweiht. Im 4. Jh. trugen zwei aufeinander folgende Päpste diesen Namen: Marcellinus, dann Marcellus. Namenstag: 16. Januar. In Italien: Marcello.

Marcus, Markus, Marco, Marko: Kurzform alter Namen mit der Anfangssilbe »Mark«, etwa Markward. Bedeutung: Grenzmarke. Oder: Ein biblischer Name, aus dem Lateinischen. Bedeutung: der Kriegerische. Das Markusevangelium im Neuen Testament soll von Johannes Markus aufgezeichnet worden sein, einem Begleiter von Simon Petrus. Namenstag: 25. April. Der Name Marcus hat in der christlichen Kirche von jeher eine zentrale Rolle gespielt. So gab es im 4. Jh. einen Papst Marcus. Aus der Antike: Marcus Antonius, römischer Staatsmann und Feldherr (1. Jh. v. Chr.), der → Julius Caesar diente. Er wurde der Geliebte der ägyptischen Königin Kleopatra, mit der er drei Kinder hatte. Alles zusammen erregte in Rom viel Ärger – Stoff für Dramen, Filme, Opern … In England: Mark; in Frankreich: Marc; in Italien und Spanien: Marco; in Osteuropa: Marek. → Aurel.

Maria: als Zweitname für Männer schon vor langer Zeit gebräuchlich, etwa im 14./15. Jh. bei Filippo Maria Visconti, Herzog von Mailand. Eine seiner größeren Taten: Verrückt nach Spielkarten, »erfand« er die Tarotkarten. Viel später, im 18./19. Jh. lebte Carl Maria von Weber, Komponist, Pianist, Dirigent. Führte wie viele Künstler zu der Zeit ein Wanderleben. → Maria (Mädchenname).

Marian, Marianus: aus dem Lateinischen. Hinweis auf eine Familie. Schon im 11. Jh. war ein Marian in Europa unterwegs: Marian von Schottland, der eigentlich aus Irland stammte, schließlich im Kölner Dom gelebt haben soll und eine Weltchronik verfasste, deren Original in den Vatikanischen Bibliotheken aufbewahrt wird. Namenstag: 22. Dezember. Abkürzungen: Maris, Maro.
Marinus: vor allem in den Niederlanden bekannt. Aus dem Lateinischen. Bedeutung: der am Meer Lebende. Im 7. Jh. wurde der Wanderbischof Marinus vom Papst zusammen mit einem Anianus nach Bayern geschickt. Marinus lebte in Wildparting (Irschenberg) als Einsiedler, Anianus in Alb. Als Marinus von Vandalen umgebracht wurde, soll Anianus gleichzeitig eines natürlichen Todes – mit einer goldenen Taube im Mund – gestorben sein. Noch heute pilgern Gläubige am Namenstag, dem 15. November, an die Grabstätte in Wildparting. In Frankreich: Marin; in Italien: Marino. Als Kosename: Marinello. Abkürzungen: Maris, Maro, Rick, Ricky, Rik, Rino.
Marius: schon bei den alten Römern beliebt. Aus dem Lateinischen. Bedeutung: Mann aus dem Meer. Aus dem 2./1. Jh. v. Chr.: Gaius Marius, römischer Staatsmann, Feldherr. Machte eindrucksvoll Karriere, obwohl er von der römischen Oberschicht nicht anerkannt wurde. Im 18./19. Jh. gab es einen Schriftsteller mit Namen Joseph Marius Franz von Babo, im 19./20. Jh. den französisch-russischen Tänzer Marius Petipa. In Italien: Mario(lino). Abkürzung: Lino.
Markus: → Marcus.
Martin, Martinus: schlicht und schön. Aus dem Lateinischen. Bedeutung: Gott Mars geweiht. Ein Martin, der die Welt nachhaltig prägte: Martin Luther (15./16. Jh.), Theologe, Augustinermönch mit großem rhetorischem, schriftstellerischen Können und faszinierender Ausstrahlung, entfachte mit seiner Kritik an Fehlentwicklungen der Kirche eine Kirchenspaltung. Aus dem 16./17. Jh.: Martin Opitz, Humanist, Barockdichter, verfasste wunderbare Gedichte, machte sich für die deutsche Sprache stark. Ein weitgereister Martin im 18./19. Jh.: Martin Heinrich Karl Lichten-

stein, Physiker, Zoologe, lebte in Afrika am Kap der Guten Hoffnung, dann in Berlin. Brachte den Preußenkönig Friedrich Wilhelm IV. dazu, ein Riesengrundstück für einen Zoo zu erwerben. In den Niederlanden auch Martinus, Martijn, Merten; in Dänemark: Mort, Morten, Morton; in Italien, in Spanien: Martino, Marzio; in Polen: Marcin. Kosenamen: Mart, Maart, Maarten, Mertel, Merten, Tino.

Matthias, Mathias, Matias, Mattias, Mathes, Matthes, Mates, Mattes, Matthis, Mathis, Matis, Mattis, Matthies, Maties, Matties, Mattheis, Matheis, Mateis, Matteis, alte Form: **Matthäus:** geschichtsträchtig. Ein biblischer Name. Aus dem Hebräischen. Bedeutung: Geschenk Gottes. In der christlichen Kirche wichtig: der Apostel Matthias. Namenstag: 24. Februar. Ein Maler aus dem 15./16. Jh.: Mathias (Matthaeus) Grünewald, Meister Mathis genannt. Schuf als Maler nur wenige, aber beeindruckende Werke. Im 19. Jh.: Matthias Claudius, Journalist, Lyriker. »Der Mond ist aufgegangen ...« – wer kennt diese Verse nicht? Mit kleinen Residenzstädten kam Claudius nicht zurecht, er wollte im freieren Hamburg leben, auch wenn das für ihn samt Familie mit zwölf Kindern finanziell schwierig war. In Frankreich: Mathieu, Matthieu, Mathis; in England: Matthews, Matthew, Mathew; in Italien: Matteo, Mattia, Mattei; in Portugal: Mateus; in Spanien: Matias, Matteo, Mateo; in Schweden: Mats, Mads; in Finnland: Matti. Kosenamen und Abkürzungen: Hias, Mads, Mathi, Mathis, Matheis, Mat, Mats, Mato, Matt, Matte, Matti, Matts, Matz, Tewes, Theis, Theiß, Thias, Thies, Thieß, This, Thissen, Thyssen. Auch Tewes, Tews.

Maurits, Mauritz, Mauritius, Marritius, auch **Maurus, Mauriz:** aus dem Lateinischen. Bedeutung: der Maure. Heute noch wird in der katholischen Kirche des heiligen Mauritius (3./4. Jh.) gedacht. War als ägyptischer Heerführer mit einer römischen Legion in der Schweiz unterwegs. Wurde wegen seines christlichen Glaubens verfolgt und zum Märtyrer. Namenstag: 22. September. Ein berühmter Benediktiner-Abt aus dem 9. Jh., der als warmherziger Lehrer weit über die Klostermauern hinaus dachte, hieß Maurus.

BIST DU SO, WIE DU HEISST?
Klaus, Dieter, Gabi, Dagmar – wer einen Namen hört, macht sich in der Regel ein erstes Bild von der Persönlichkeit. Erfolgreich oder nicht? Stadt oder Land? Intelligent oder weniger pfiffig? Wer einen Namen hört oder liest, assoziiert damit bestimmte Kennzeichen wie Geschlecht, Alter, sozialer Status. Vornamen machen Menschen in der Auffassung anderer attraktiver oder unattraktiver, klüger oder dümmer. Dieses Schubladendenken wird aber nach dem ersten Kennenlernen meist schnell wieder aufgegeben. Auf den zweiten Blick spiele der Vorname also keine wesentliche Rolle mehr bei der Beurteilung, sagen die Experten. Sowohl Klaus-Dieter als auch Manuela können Vorurteile, die ihre Namen eventuell auslösen, also schnell aus dem Weg räumen – und ihrem Namen durch ein sympathisches Auftreten einen ganz neuen, angenehmen Klang verleihen.

In England, in Frankreich: Maurice, auch Morris; in Spanien: Mauricio; in Italien Marizio, Maurizio; in Dänemark: Mourids. Abkürzungen: Mauro, Mat, Mats, Matts, Mauro, Rick, Ricky, Rik, Rino. → Moritz.

Maximilian: beliebt. Zeitlos, traditionell. Aus dem Lateinischen. Bedeutung: aus dem Geschlecht des Maximus oder der Größte. In Nordafrika gab es im 3. Jh. einen Märtyrer dieses Namens. Namenstag: 12. März. Der Name Maximilian war vom Mittelalter an über Jahrhunderte in Königs- und Fürstenhäusern im Süden beliebt, etwa bei den Habsburgern und Wittelsbachern. Im 17./18. Jh. lebte der berühmte Ingenieur und Baumeister Johann Maximilian von Welsch, der für den begeisterten Bauherrn Erzbischof Franz von Schönborn arbeitete. Spuren davon sind noch in Würzburg zu entdecken. In Frankreich: Maximilien; in Italien: Massimiliano. Abkürzungen: Max, Maxi,

Maximus, Maxim: aus dem Lateinischen. Bedeutung: der Größte. In Frankreich: Maxime; in Italien: Massimo; in Spanien: Maximo. Abkürzungen: Max, Maxi.

Meinhard, Meinert, Mainart: aus dem Althochdeutschen.

Bedeutung: Macht und hart, stark. In Frankreich: Menard. Abkürzungen: Maio, Maint, Meio, Meint, Mel.

Melchior: ein biblischer Name. Aus dem Hebräischen. Erinnert an einen der drei Heiligen aus dem Morgenland. Bedeutung: Gott ist Licht. Aus dem 16. Jh.: Melchior Hofmann, Kürschner (Pelzer genannt), der durch die Lande tingelte und als freier Prediger und Schwarzseher gegen die katholische Kirche wetterte. Sorgte für Aufruhr. Auf der anderen Seite: Melchior Graf von Hatzfeld, kaiserlich-habsburgerischer Feldherr, der an der Seite Wallensteins kämpfte. Weit schöngeistiger im 18./19. Jh.: Friedrich Melchior Grimm, Diplomat, Schriftsteller, der seine Karriere mit einem Job begann, von dem er sehr profitierte: Vorleser bei Herzog Friedrich von Sachsen-Gotha. Lebte später in Frankreich. Zählte dort zur künstlerischen Avantgarde seiner Zeit. Abkürzungen: Maiche, Mel, Melch, Melk.

Merlin, Marlin: englisch aus keltischen Zeiten. Bedeutung: der Falke. Ein berühmter Merlin aus grauer Vorzeit war Berater von Königen, dazu ein Prophet, Magier, Weiser. Er geisterte als geheimnisvolles Zaubererwesen durch die Artussage. Abkürzungen: Lino, Linn, Mel.

Michael, Michel: ein biblischer Name. Aus dem Hebräischen. Bedeutung: Wer ist wie Gott? In der Bibel wird vom Erzengel Michael erzählt, der → Adam und → Eva aus dem Paradies vertreibt. Er gilt als Bezwinger allen Unrechts und als Seelenwäger am Tag des Jüngsten Gerichts. Ein irdischer Michael: der Südtiroler Maler und Schnitzer Michael Pacher (15. Jh.), der zu den wichtigsten Meistern der Spätgotik zählt. In England: Mike; in Schottland: Micheil; in Frankreich: Michel; in den Niederlanden: Michel, Michiel, Michiels; in Skandinavien: Mickel, Mikkel, Mikael; in Italien: Michele; in Spanien, in Portugal: Miguel; in Russland: Michail, Miklas, Mikola, Mikolas. Abkürzungen: Mickel, Micki, Mikal, Mikki, Mich, Micha, Miche, Michel, Michl, Minja, Mitja, Mito, Mischa.

Moritz, Moriz: ein früh beliebter Name. Aus dem Lateinischen. Bedeutung: der Maure. Zwei berühmte Sachsen mit Namen Moritz: Erstens Herzog Moritz von Sachsen

(16. Jh.), der auf Seiten der Protestanten für die Reformation kämpfte, später aber zwischen alle Fronten geriet. Vermählte sich mit Anna von Hessen gegen den Willen seiner Eltern – eine Liebesheirat. Zweitens: Moritz von Sachsen (17./18. Jh.), Sohn des Kurfürsten Friedrich August von Sachsen, begabter, erfolgreicher Heerführer, kämpfte mit Eugen gegen die Türken, verstand es aber auch, es sich schön zu machen. → Adriana. Eine Berühmtheit im 19. Jh.: Moritz von Schwind, beliebter Maler der Spätromantik. Beschäftigte sich mit Märchen und Sagen. Richtig populär wurde der Name durch Wilhelm Busch, der Mitte des 19. Jh. seine Max-und-Moritz-Geschichte unter die Leute brachte. Bedeutung: der Maure. In England: Morris; in den Niederlanden: Mauritius, Maurits; in Italien: Maurizio; in Tschechien: Moric. Abkürzungen: Mo, Momo, Mosche, Rick, Ricky, Rik. → Maurits.

Mortimer: traditionell. Aus dem Englischen. Über die Grenzen Englands hinaus bekannt. Einst eine Ortsbezeichnung. Im Drama »Maria Stuart« (Anf. 19. Jh.) von → Friedrich Schiller will ein junger, mutiger Mortimer die schöne Schottin retten. Abkürzungen: Monty, Tim, Timmi, Timmy.

Morton: unverbraucht, unkompliziert. Aus dem Altenglischen. Bedeutung: Stadt am Moor. Berühmt geworden im 19./20. Jh.: Sir Henry Morton Stanley, britisch-amerikanischer Journalist, der nach einer grauenhaften Kindheit in England nach Amerika entfloh. Nach aufregenden Jahren im wilden Westen machte er sich als Journalist auf die Suche nach → David Livingstone. War später bei der Erforschung Afrikas dabei.

Mose, Moses: ein Name aus biblischer Vorzeit. Aus dem Hebräischen. Wohl die Abkürzung eines Gottesnamens. Vor allem in jüdischen Familien beliebt. Moses befreite das Volk Israel aus ägyptischer Gefangenschaft. Ein berühmter Namensträger aus dem 18. Jh., der unser Denken noch heute beeinflusst: der deutsch-jüdische Wegbereiter der Aufklärung, der Philosoph Moses Mendelssohn. → Felix, → Fanny. In den Niederlanden: Mozes; in Frankreich: Moise. Als Kosenamen: Moshe, Mosche.

N

Nathan: anspruchsvoller biblischer Name. Aus dem Hebräischen. Bedeutung: die Gabe. Lessing setzte seinem Freund →Moses Mendelssohn mit dem Drama »Nathan der Weise« ein Denkmal. Wird auch als Kurzform von → Jonathan verstanden. Abkürzung: Nat.

Nepomuk: slawisch. Märchenhaft. Bedeutung: nach einem Dorf bei Pilsen. Der heilige Nepomuk, im 14. Jh. Domherr zu Prag, war Beichtvater der Königin. König Wenzel wollte unbedingt vom Priester erfahren, was seine Frau gebeichtet habe. Als Nepomuk das Beichtgeheimnis heldenhaft wahrte, ließ ihn der König in die Moldau werfen. Namenstag: 3. Dezember. Abkürzungen: Nemo, Muck, Muk.

Nestor: aus dem Griechischen. Bedeutung eventuell: der immer Zurückkehrende. Ein Held des antiken Epos »Ilias« von Homer. Im 11. Jh. verfasste ein russischer Mönch dieses Namens eine erste Chronik, die seine Glaubensbrüder später fortführten. Abkürzungen: Ned, Net.

Nicolaus, Nikolaus, Niklas, Niklaus: ein biblischer Name. Aus dem Griechischen. Bedeutung: Sieg und Volk. Ein vorbildlicher Nikolaus im 3./4. Jh., der unserem Nikolausfest seinen Namen gab: Nikolaus von Myra, Bischof in Kleinasien. Der Sohn reicher Eltern soll sein Erbe an Arme verteilt haben. Namenstag: 6. Dezember. Ein großer Wissenschaftler: Nikolaus Kopernikus, beschäftigte sich im 15./16. Jh. mit den Sternen, war Vorreiter für ein neues Weltbild. In England: Nicolas, Nicholas; in Frankreich: Nicolas; in Italien: Niccolo, Nicola; in Spanien: Nicolás; in Russland: Nicolai, Nikolai, Nikolaj, Nikita; in den Niederlanden: Nicolaas; in Dänemark: Niels; in Schweden: Nils; in Finnland: Launy; in Friesland: Neklas, Nikoö. Kosenamen: Kolja, Kolinke. Abkürzungen: Clas, Claas, Colin,

Collin, Klas, Klaas, Klaus, Nic, Nico, Nicol, Nick, Nicke, Nickel, Nicki, Nickl, Nigg, Nik, Nikl, Niko, Nikol.

Nicolo, Niccolo: italienischer Name mit langer Tradition. Aus dem Griechischen. Bedeutung: der Sieger und das Volk. Verwandt mit →Nicolaus. Niccolo Machiavelli aus Florenz war im 15. Jahrhundert ein machtbewusster und sehr umstrittener Staatsmann und Philosoph. Nicolo Paganini, im 18. Jh. in Genua geboren, hochvirtuoser Violinist, der auch komponierte. Kosenamen: Nic, Nico.

Niels, Nils: Kurzform von →Cornelius. Aus dem Lateinischen. Wird auch als schwedische Form von →Nikolaus bezeichnet. Am Ende der Wikingerzeit, im 11./12. Jh., bangte der dänische König Niels um den Thron, als Kaiser Lothar seinem volkstümlichen, tüchtigen Freund Knut die Hoheit über Holstein und Mecklenburg übertrug. Im 19. Jh.: der Däne Niels Wilhelm Gade, Komponist, Dirigent. Schützling von Mendelssohn. In Dänemark: Niels, Nikhil; in anderen nördlichen Ländern: Nisse (auch Koseform).

Noah: biblischer Name. Aus dem Hebräischen. Bedeutung etwa: Ruhe, Trost. Noah wurde nach biblischer Überlieferung von Gott auserwählt, seine achtköpfige Familie und viele Tierpaare mit seiner Arche vor der Sintflut in Sicherheit zu bringen. Namenstag: 19. Dezember.

Noel: abgeleitet von Natalis. Aus dem Lateinischen. Ein alter französischer Name, weist auf Christi Geburt hin.

Norbert: aus dem Althochdeutschen. Bedeutung: der Norden und glänzend. Im 11. Jh., verzichtete der heilige Norbert von Xanten auf sein Vermögen, wurde Wanderprediger. Gründete den Prämonstratenser-Orden. Namenstag: 6. Juni. Abkürzungen: Bert, Bertel, Bertie, Nonno.

Norman, Normann: aus dem Englischen; ursprünglich aus dem Althochdeutschen. Bedeutung: der Norden und der Mann. Abkürzungen: Nono, Nouno, Mano, Manu.

Notker: in Deutschland bereits im Mittelalter bekannt. Bedeutung: Gefahr, Zwang und Speer. Im 9. Jh. berühmt geworden: Notker »der Stammler«, ein Mönch mit Sprachfehler, schrieb die berühmte Biographie »Gesta Karoli Magni« über Karl den Großen. Als Kosename: Nono.

O

Oberon: ein romantischer, märchenhafter englischer Name. Vom Namen → Alberich hergeleitet. Bedeutung: Elf, Naturgeist. Aus dem Althochdeutschen. Ein Oberon, König der Elfen – ursprünglich eine Sagengestalt aus dem 14. Jh. – geistert durch die Komödie »Ein Sommernachtstraum« (16. Jh.) von William Shakespeare. Christoph Martin Wieland hat Oberon im 18. Jh. ein Heldengedicht gewidmet. In Frankreich: Auberon, Aubry.

Octavian, Oktavian, Octavius, Octavianus: bezieht sich auf ein römisches Geschlecht. Im 12. Jh. ließ sich Octaviano de Montecello zum Gegenpapst einsetzen gegen Papst Alexander III. Natürlich brachte ihm das nicht gerade Ruhe und Ruhm ein. Vor ihm wurde Octavian (auch Oktavian) von Spoleto unter dem Namen Johannes VII. Papst. Ein Octavio aus dem 17. Jh.: Fürst Octavio Piccolomini d'Aragona – schon der Name ein Gedicht –, weltgewandt, weit herumgekommen. War während des Dreißigjährigen Krieges an Wallensteins Seite. Auch bei William Shakespeare, → Friedrich Schiller, → Hugo von Hofmannsthal und Richard Strauss taucht der klangvolle Name auf. In Italien: Octavio; in Frankreich: Octavien oder Octave.

Odin: ein uralter Name, der an den Gott Odin (Wotan) in der nordischen Mythologie erinnert: Gott der Schlachten, der Weisheit, der Magie, der Poesie. Der Name steht auch für Zorn und Inspiration. In Schweden: Odon.

Odo: schlicht und klar. Verwandt dem Namen → Otto. Heute vor allem in Friesland gebräuchlich. Aus dem Althochdeutschen. Bedeutung: Besitz. Ein Odo aus dem 9./10. Jh.: der heilige Odo von Canterbury, der wegen seiner Güte und Hilfsbereitschaft schon zu Lebzeiten den Beinamen »der Gute« erhielt. Namenstag: 2. Juni.

Ödön: ein ungarischer Name. Verwandt mit → Edmond. Bedeutung: der Besitz und der Schutz. Ein Ödön, der in Ungarn im 19./20. Jh. Maßstäbe setzte: der Architekt Ödön Lechner, der vom Jugendstil beeinflusste Bauten entwarf. Aus dem 20. Jh.: der Schriftsteller Ödön von Horvath, dessen sozialpolitisch geprägte, unterhaltsame Stücke in den Theatern noch heute viel gespielt werden.

Olaf, Olav: nordisch. Stammt aus grauer Vorzeit, war bereits bei den Wikingern gefragt, auch als Königsname. Bedeutung wahrscheinlich: Erbe, Nachkomme. Im 10. Jh. herrschte Olaf I. Tryggvason über Norwegen, hieß auch »Krähenbein«, weil er mit Hilfe von Vogelknochen die Zukunft voraussagte. Mehr weiß man über Olav II. Haraldsson, norwegischer König im 11. Jh., »der Dicke« genannt. Wurde trotz aller Schlachten, die er schlug, heilig gesprochen. Namenstag: 10. Juli. Ein beeindruckender Olaf aus dem 17./18. Jh.: Olaf Christensen Römer, dänischer Astronom, der nachweisen konnte, dass die Lichtgeschwindigkeit nicht unendlich groß ist. In Norwegen: Ola; in Schweden: Olof, Olov, Oluf; in Dänemark: Oluf, Ole.

Olerk, Olrik: → Adalrich.

Oliver: englisch. In vielen Ländern beliebt. Ursprünglich von → Olaf/Olav abgeleitet. Bedeutung: Ölbaumpflanzer. Vielleicht weist der Name auch auf einen Olivenbaum hin. Der berühmteste Oliver, in England laut Umfrage des BBC noch heute höchst beliebt: Oliver Cromwell, 16./17. Jh. Organisierte den Aufstand des Unterhauses gegen König Karl I., führte später das parlamentarische Heer an. In einer kurzen republikanischen Phase regierte er England, Schottland und Irland. Ein Kinderlied, vertont von Benjamin Britten, erinnert an ihn: »Oliver Cromwell lag begraben und tot, dort wuchs ein alter Apfelbaum über seinem Kopf …« In Italien: Oliviero; in Frankreich: Olivier.

Orlando: verwandt mit dem Namen → Roland. Aus dem Althochdeutschen. Bedeutung: Ruhm und kühn. Schon im 12. Jh. im Gespräch: Ein Orlando (Rolando) de Brandinelli, damals unter obskuren Bedingungen zum Papst mit Namen Alexander III. gewählt. Er gilt als einer der wichtigsten Päpste des Hochmittelalters. Ein bedeutender, vielseitiger Tonkünstler im 16. Jh. war Orlando di Lasso, dessen Werk vom Chanson bis zur Messe reicht. Ein Held aus Shakespeares Komödie »Wie es euch gefällt« (16. Jh.): der tapfere Orlando, der durch Mut, Geschick und Treue das Herz der schönen Rosalinde gewinnt.

Oskar, Oscar: individuell. Lange vergessen. Verwandt mit dem altenglischen Namen Osgar und dem alten deutschen Namen → Ansgar. Aus dem Althochdeutschen. Bedeutung: Gott und Speer. Mit den Bernadottes kam der Name ins schwedische Königshaus: Oskar I. war im 19. Jh. König von Schweden und Norwegen. Ein ganz anderer Oskar aus dem 19. Jh.: Oscar Wilde, irisch-englischer Erfolgs-, aber auch Skandal-Schriftsteller. → Dorian.

Osmund: ungewöhnlich, lässt aufhorchen. Verwandt mit → Esmond, einem alten englischen Namen. Bedeutung: Gott und Schutz. Osmund von Sées, im 11. Jh. Priester, war Beichtvater und Begleiter, als William der Eroberer in England Fuß fasste. War bei der Schlacht von Hastings dabei. Später Lordkanzler, danach Bischof von Salisbury. In Frankreich: Osmond. Abkürzungen: Mondi, Mondo.

Oswald: schön und schlicht. Aus dem Althochdeutschen. Bedeutung: Gott und walten. Ein frommer Oswald aus dem 10. Jh.: ein Benediktinermönch, später strenger und aufrechter Bischof von York und Worcester, erlebte, wie die Wikinger in England einfielen und auf ihren Kriegszügen auch Klöster zerstörten. Kümmerte sich um die Notleidenden und wurde deshalb schon zu Lebzeiten hoch verehrt. Gilt als Schutzpatron des Viehs. Namenstag: 29. Februar (in Schaltjahren auf den 28. vorgezogen).

Otmar, Ottmar: aus dem Althochdeutschen. Bedeutung: Besitz und berühmt. Im 7. Jh. war ein Benediktinermönch namens Otmar Missionsbischof in Nordfrankreich. Dort gelang es ihm, das religiöse Leben zu erneuern und das Christentum zu festigen. Namenstag: 9. September. Otmar von St. Gallen (7./8. Jh.) war der Gründer und erste Abt des Benediktinerklosters St. Gallen. Er baute das erste Haus für Aussätzige in der Schweiz und betreute auch Kranke,

Blinde und Arme. Er lebte sehr einfach, ritt auf einem Esel statt auf einem Pferd. Weil er die Rechte seines Klosters verteidigte, geriet er in einen Strudel aus Verleumdungen und starb schließlich auf der Rheininsel Werd. Als zehn Jahre später sein Leichnam nach St. Gallen überführt wurde, blieb das Weinfässchen der ihn abholenden Brüder stets gefüllt, auch wurde ein die Gegend verwüstender Sturm auf wunderbare Weise vom Schiff und den Wagen ferngehalten. Namenstag: 16. November. Abkürzung: Omer.

Otto: unkompliziert. Passt immer. Aus dem Althochdeutschen. Bedeutung: Besitz. Ursprünglich abgeleitet von Ode. → Odo. Im 10. Jh. war Otto I. aus dem Geschlecht der Liudolfinger, auch der Große genannt, Kaiser des römischen Reiches. Ein bedeutender Herrscher, der seine Macht durch geschickte Heiratspolitik sicherte und ausbaute. Im 11./12. Jh. wirkte Otto, Bischof von Bamberg, der wegen seines ausgeglichenen Gemüts, seiner Friedfertigkeit und Toleranz sehr beliebt war. Er schlichtete auch im Investiturstreit zwischen Papst und Kaiser. Otto wurde heilig gesprochen. Namenstag: 30. Juni, im Bistum Bamberg: 30. September. Ein ganz anderer, eindrucksvoller Otto aus dem 17. Jh.: der Wissenschaftler Otto von Guericke, Jurist, Politiker, Naturwissenschaftler. Er beschäftigte sich mit Vakuumtechnik, erfand die Luftpumpe und wies nach, dass zwar Licht den luftleeren Raum durchdringen kann, Schall jedoch nicht. Im 19. Jh. richteten sich alle Augen auf Otto von Bismarck, kämpferischer Staatsmann in Preußen, Gründer des Deutschen Reiches, erster und »eiserner« Kanzler dieses Reiches. Ein weiterer interessanter Otto aus dem 19. Jh.: Otto Lilienthal, Flugpionier. Hat die Fliegerei über erste Experimente hinausgebracht. In Frankreich: Othon; in Italien: Ottone, Ottorino; in Skandinavien: Audun; in Schweden Otte; in Tschechien: Ota.

Pankraz, Pankratius: aus dem Griechischen. Bedeutung: allmächtig. Der getaufte Römer Pankratius versuchte im 4. Jh. die Not der von Kaiser Diokletian verfolgten Christen mit Hilfe seines ererbten Vermögens zu lindern. Gerade 14 Jahre alt, musste er mit seinem Tod dafür bezahlen. Wurde später heilig gesprochen, gehört zu den »Eisheiligen«. Namenstag: 12. Mai. Abkürzungen: Paco, Paddy.

Pascal: romantischer französischer Name, heute international. Hergeleitet vom lateinischen Paschalis. Bedeutung: österlich oder der an Ostern Geborene. Der heilige Paschalis I. war im 9. Jh. jener Papst, der mit Kaiser Ludwig dem Frommen die Selbstständigkeit des Kirchenstaates und die freie Papstwahl aushandelte. Namenstag: 11. Februar. In Spanien: Pascual; in Italien: Pasquale. Abkürzungen: Calo, Pad, Paddy.

Patrick, Patrik, Patric, Patricius, Patrizius: ursprünglich aus dem Lateinischen. Bedeutung: der Patrizier. Der heilige Patrick (4./5. Jh.) ist der Nationalheilige von Irland und Island. Namenstag: 17. März. Eine dramatische Geschichte um einen Patricius: Im 5. Jh. wollte die resolute, skrupellose byzantinische Kaiserin Aelia Verina nach dem Tod ihres Mannes Leon I. den neuen Kaiser Zenon stürzen und ihren Geliebten Patricius zum Kaiser erheben. Das Vorhaben misslang. In Frankreich: Patrice; in Italien: Patrico, Patrizio. Kosenamen: Paddy, Patsy.

Paul, Paulus, Paulin: biblischer Name. Aus dem Lateinischen. Bedeutung: der Kleine. Im 16. Jh. lebte in Venedig Paolo Veronese, ein hoch angesehener italienischer Maler der Renaissance. Ein weiterer großer Maler mit Namen Paul: Paul Gauguin, der sein bürgerliches Leben hinter sich ließ, um Maler zu werden. Nach vielen Irrwegen ging er nach Tahiti, wo er seine großartigsten Bilder malte. → Flora. Ebenso berühmt: der französische Maler Paul Cézanne, der in der Provence lebte. In Friesland: Paale, Pai, Paj, Palle, Pals, Pol, Pole; in Dänemark: Poul; in Finnland: Paavo; in Island: Pall; in Spanien: Pablo; in Italien: Paolo; in Russland, in Polen: Pawel; in Tschechien: Pavel; in Ungarn: Pál. Kosenamen: Pascha, Pat, Polle.

Percy: charmanter englischer Name, der auf einen Familiennamen nach einem Ortsnamen in der Normandie zurückgeht.

Peter, Petrus: ein biblischer Name. Aus dem Lateinischen. Bedeutung: der Felsen. Die Liste bekannter Namensträger ist lang, egal in welchem Jahrhundert. Der Apostel Petrus hieß aber eigentlich Simon, den Namen Petrus gab ihm der Überlieferung zufolge Jesus. Ein fröhlicher, lebenszugewandter Heiliger dieses Namens aus dem 16./17. Jh.: der Franzose Pierre Fourier, einerseits Intellektueller, andererseits Priester, Pfarrer mit einem großen Herzen, aufgeschlossen für die Nöte der Menschen. Er richtete eine Volksküche ein, eine Darlehenskasse und gründete eine Freischule für Frauen. Namenstag: 9. Dezember. Im 18./19. Jh. lebte Johann Peter Eckermann, Ratgeber, Gefährte von Johann → Wolfgang Goethe und nicht etwa Sekretär. Auf diese Richtigstellung legte Eckermann Wert. Goethe, der ihn gerne um sich hatte, sagte von ihm: »Er bleibt wegen fördernder Teilnahme ganz unschätzbar!« In Friesland: Peeke, Peet oder Peeko, Peye, Pidder; in England auch Pete; in den Niederlanden: Petrus, Pier, Piet, Pieter, Pitter; in Finnland: Peko, Pekka, Pietari; in Schweden: Pär, Per; in Dänemark: Peder; in Russland: Prjotr; in Bulgarien: Petar, Petko; in Polen: Piotr; in den Niederlanden: Petrus, Pier, Piet, Pieter; in Irland: Peadar; in Frankreich: Pierre; in Italien: Pietro, Pier, Piero, Pero, Perino; in Spanien: Pedro, Perez; im Rheinland: Pitter. Abkürzungen: Flips, Peco, Peer, Peko, Pes, Pike, Pio, Pit, Pitt, Pier.

Philibert, Filibert: verwandt mit → Philipp. Aus dem Griechischen oder Althochdeutschen. Bedeutung: viel, groß, glänzend (althochd.). Der Name war früher gar nicht so selten. Im 7. Jh. wuchs am französischen Hof von König Dagobert I. Philibert von Jumièges auf. Er wurde Mönch, Abt, Gründer mehrerer Klöster und war eine so beeindruckende Persönlichkeit, dass er bis heute unvergessen ist. Im 16. Jh. lebte in Frankreich ein Architekt namens Philibert Delorme, der wunderbare Renaissancebauten hinterließ wie die Tuilerien oder Schloss Fontainebleau. In Italien: Filiberto. Abkürzungen: Bert, Fil, Fill, Fili, Fily, Filli, Filly, Phil, Phill, Phili, Phily, Philli, Philly.

P

Philipp: biblischer Name. Aus dem Griechischen. Bedeutung: der Pferdefreund. Philippus war ein Jünger Jesu. Später stand der Name in spanischen und französischen Königs- und Fürstenhäusern hoch im Kurs, war aber auch sonst sehr beliebt. Im 15./16. Jh. lehrte an der Universität Wittenberg der kluge, gebildete Philipp Melanchthon, Philologe, Philosoph, Humanist, Theologe. Hat sich neben Martin Luther für die Kirchenreformation stark gemacht. Aus dem 17. Jh.: Philipp von Zesen, schrieb einen bedeutenden Roman des Barockzeitalters. Zeigte, dass Schriftstellerei ein Beruf sein kann. In England: Philip; in Frankreich: Philippe; in Spanien: Felipe; in Portugal: Filipe; in Russland: Filip, Filipp; in Italien: Filippo; in Griechenland: Filippos; in Ungarn: Filko; in Irland: Filib. Abkürzungen: Lippo, Phil, Phili, Phily, Phill, Philli, Philly, Pippo.

Prosper, Prospero, Prosperus: sympathisch, auch weil die Bedeutung des Namens Freude macht. Aus dem Lateinischen. Bedeutung: glücklich, erwünscht. In Shakespeares Theaterstück »Der Sturm« (17. Jh.) strandet der Zauberer Prospero zusammen mit seiner Tochter → Miranda auf einer Insel. Doch selbst von dort aus versteht er es, die Geschicke sehr unterschiedlicher Menschen erfolgbringend miteinander zu verknüpfen … Ein berühmter Prosper aus dem 19. Jh.: Prosper Mérimée, eigentlich Jurist, doch bald schriftstellerisch tätig, sogar ziemlich erfolgreich. Sein bekanntestes Werk ist wohl die Novelle »Carmen«, populär geworden durch George Bizets gleichnamige weltberühmte Oper. Machte auch als Politiker von sich reden. In Italien: Prospero. Abkürzungen: Pero, Pio.

Quint, Quintin, Quintus: aus dem Lateinischen. Bedeutung: der Fünfte. Schon bei den alten Römern gebräuchlich. Etliche Mitglieder der alten Familie Caecilius Metellus hießen Quintus. Ein Quintus soll übrigens auf heimtückische Art von seiner Frau Clodia vergiftet worden sein. In England, in Frankreich: Quentin; in Spanien: Quito. Abkürzungen: Quin, Quinn, Tino.

Quirin, Quirinus: lateinischer Name, vor allem in Süddeutschland bekannt. Bedeutung etwa: Lanzenträger; geht auf einen altrömischen Gott zurück. Es gibt etliche Heilige dieses Namens. Einer davon: der heilige Quirin von Tegernsee, im 3. Jh. Opfer der Christenverfolgung. Namenstag: 16. Juni. In Frankreich: Corin. Abkürzung: Quire.

Alte Namen ja – aber nicht alle!

Neben internationalen Namen sind alte Vornamen aus Deutschland und anderen europäischen Ländern bei uns wieder sehr gefragt. Aber nicht alle »Oldies« sind wirklich »in«, nicht alle haben heute noch einen guten Klang:

- Die Bedeutung vieler alter Vornamen passt einfach nicht in unsere Zeit. Kaum jemand würde seine Tochter heute Heimtrude nennen – denn »Trautes Heim, Glück allein« ist längst nicht mehr der Wahlspruch junger Mädchen. Und der mit glänzender Waffe ausgestattete Egilbert dürfte als Vorbild für einen Jungen ebenfalls ausgedient haben.
- Viele der alten Namen, die aus dem Althochdeutschen stammen, gehen auf die Germanen zurück – sich an diese Wurzeln zu erinnern ist in Deutschland spätestens seit der Zeit des Nationalsozialismus wenig gefragt. Schlechte Karten also für Ingegund, Herbald, Eberhilde oder Dietbrand.

Raban: zeitlos. Aus dem Althochdeutschen. Bedeutung: der Rabe. Ein großer Denker und Gelehrter im 9. Jh.: Rabanus Maurus, enger Freund Kaiser Lothars I. und seiner Frau Irmingard. Später Erzbischof von Mainz. Zog sich später ins Privatleben zurück und widmete sich seinen Studien. Namenstag: 4. Februar. → Lothar.

Radolf: aus dem Althochdeutschen. Bedeutung: Ratgeber und Wolf. Im 9. Jh. gründete Radolf (Ratoldus), Bischof von Verona, nahe der Insel Reichenau die Stadt Radolfzell. In Frankreich: Raoul; in Spanien: Raúl; in Friesland: Redelf, Redlef. Abkürzungen: Dolf, Ralf, Ralph, Rato.

Rafael: → Raphael.

Ragnar, Ragner: nordisch. Vermutlich von → Regnar, Regner abgeleitet. Bedeutung: die Kraft und der Krieger. Ragnar Lodbrok, der legendäre Wikingerkönig, überfiel mit seinen Wikingern Paris. Isländer, Dänen, Friesen – alle haben ihre eigenen Sagen von Ragnars Kraft und Mut. Vielleicht auch verwandt mit → Rainer. Abkürzung: Rasso.

Raimar, Raimer: → Reimar.

Raimund, Raimond: zeitlos. Aus dem Althochdeutschen. Bedeutung: Rat und Schutz. Raimund von Poitiers (11./12. Jh.), Fürst von Antiochia, heiratete die schöne Konstanze, zum Kummer von deren Mutter, die sich selbst Hoffnungen gemacht hatte, den gutaussehenden, umgänglichen, allerdings auch eigensinnigen Mann zu heiraten. In Frankreich: Raymond; in Italien: Raimondo; in Spanien: Ramón; in Irland: Reamonn. Abkürzungen: Mondo, Raimar, Raimo, Ramon, Rasso, Ray, Rikko, Riko.

Rainald, Reinald, Rinald, Reginald: ein alter deutscher Name, fest wie eine trutzige Burg. Eng verwandt mit dem Namen → Reinhold. Bedeutung: Rat und herrschen. Ein

Rainald aus dem 12. Jh.: Rainald von Dassel, Erzbischof von Köln. Namenstag: 23. Januar. Ein anderer, ein Jh. später: Rainald, Bischof von Vicenza. Versuchte vergebens zu vermitteln zwischen dem Templerorden, der mit den Kreuzzügen zu Geld gekommen war, und dem französischen König, der an dieses Geld gelangen wollte. Namenstag: 18. August. In Italien: Rinaldo. Abkürzungen: Naldo, Rado, Rasso, Ray, Rikko, Riko, Rino, Rinzo.

Rainer, Reinar, Reiner: aus dem Althochdeutschen. Bedeutung: Rat und Heer. Der Name hat eine lange Tradition, unter anderem in Monaco. Rainier I. von Monaco, genuesischer Politiker, französischer Admiral, war im 13./14. Jh. der erste Herrscher aus dem Hause Grimaldi in Monaco, aber er wurde bald vertrieben und kämpfte daraufhin für die Franzosen. Ihm folgten noch zwei weitere Herrscher dieses Namens. In Frankreich: Rainier, Régnier. Abkürzungen: Rato, Ray, Rino, Rikko, Riko, Rinzo.

Rainhard, Rainhardt, Rainhart: → Reinhard.

Randolf, Randolph, Randulf: aus dem Althochdeutschen. Bedeutung: Schild und Wolf. Der Vater des heiligen Bischofs Hadulf von Flandern (7. Jh.) habe Randolf geheißen, so die Überlieferung. In England: Randal. Abkürzungen: Dolf, Rando, Ray.

Raphael, Rafael, Raffael: aus dem Hebräischen. Bedeutung: Gott heilt. Bezieht sich auf den Erzengel Raphael. Namenstag: 29. September. Raffael Santi, Maler und Baumeister der Renaissance (15./16. Jh.), war bereits zu Lebzeiten berühmt und umworben. Lebte erst in Florenz, später am päpstlichen Hof in Rom. In Spanien: Rafael, Raffael; in Italien: Raffaele, Raffaello; in Frankreich: Raphael. Abkürzungen: Affie, Elo, Rafi, Raffin, Rasso.

Reginald: → Rainald.

Regnar, Regner: nordischer Name. Bedeutung: die Kraft und der Krieger. In Dänemark: Rejer. Abkürzungen: Regis, Reno, Rexo.

Reimar, Reimer, Reimert, Raimar, Raimer, Reinmar: individuell, aber nicht zu ausgefallen. Angelehnt an den Namen Reimbert. Aus dem Althochdeutschen. Bedeutung: Rat und glänzend. Reinmar von Hagenau war einer der bedeutendsten Minnesänger des 13. Jh. Abkürzungen: Remke, Remko, Reimo, Reno, Rex, Rikko, Riko, Rino.

Reinald: → Rainald.

Reiner: → Rainer.

Reinhard, Reinhardt, Reinhart: aus dem Althochdeutschen. Bedeutung: der Rat und hart, stark. Bekannt sind drei Heilige dieses Namens. Der berühmteste (auch: Reginhard) war Bischof von Lüttich (11. Jh.). Namenstag: 5. Dezember. Im Weserbergland liegt in einer geschichtsträchtigen Gegend der bezaubernde Reinhardswald. In Frankreich: Renard; in den Niederlanden: Reinaert. Abkürzungen: Reimo, Reinke, Reinko, Reintje, Reint, Reno, Renz, Renzo, Rex, Rikko, Riko, Rino.

Reinhold, Reinold: aus dem Althochdeutschen. Bedeutung: der Rat und herrschen. In England: Reynold; in Frankreich: Renaud, Renault; in Italien: Rinaldo. Abkürzungen: Aldo, Naldo, Ole, Ollie, Regis, Reimo, Reinke, Reinko, Reintje, Reno, Rex, Rikko, Riko. → Rainald.

Rembert, Remmert: aus dem Niederdeutschen. Bedeutung: der Rat und glänzend. Verwandt mit Reimbert. Rembert Dodoens, im 16. Jh. flämischer Botaniker, Arzt, Hofphysikus bei Kaiser Maximilian II., stellte ein kostbares Kräuterbuch zusammen. Abkürzungen: Remt, Renz.

Remus: aus dem Lateinischen. Bezieht sich auf die Sage von Romulus und Remus (8. Jh. v. Chr.) aus der römischen Mythologie. Danach wurden die Zwillinge, auf dem Tiber ausgesetzt, von einer Wölfin gerettet. Später gründeten die beiden die Stadt Rom. Abkürzungen: Remo, Rex.

Renatus: aus dem Lateinischen. Bedeutung: der Wiedergeborene. Einst sehr verbreitet. Seit dem 13. Jh. wird Renatus (René) von Angers verehrt, im 5. Jh. Bischof von Angers. Patron der Holzschuhmacher. Namenstag: 6. Oktober. Im 18. Jh.: Renatus Gotthelf Löbel, dem wir viel Wissen zu verdanken haben, denn er war Mitautor eines »Conversationslexikons«, das Friedrich Arnold Brockhaus später erstanden hat. In Frankreich: René; in Italien: Renato. Abkürzungen: Natus, René, Reno, Renz, Rex.

Renz, Renzo, Rienzo: → Lorenz.

Richard: aus dem Althochdeutschen. Bedeutung: reich, mächtig und stark. Durch die Jahrhunderte beliebter Fürsten- und Königsname. Im 12. Jh.: Richard I., legendärer König von England, wegen seines Mutes Löwenherz genannt. → John. Musikliebhaber denken eher an Richard Wagner, Tondichter im 19. Jh. und Begründer der Festspiele in Bayreuth. → Cosima. In Norddeutschland: Reich, Rickert, Rickmer, Ridzaard, Righard, Ritzard oder Ritzart; in Schweden: Rickand, Rickard; in Finnland: Reku; in Frankreich: Ricard; in Italien: Ricardo, Riccardo. Abkürzungen: Dick, Hartl, Hardy, Ricci, Rico, Rick, Ricky, Riego, Riek, Rik, Rikkert, Rikko, Riko, Rino, Risto.

Richmar: viel seltener als der verwandte Name → Richard. Aus dem Althochdeutschen. Bedeutung: reich, mächtig und berühmt. Abkürzungen: Ricci, Rico, Rick, Ricky, Riego, Riek, Rik, Rikkert, Rikko, Riko, Rino, Risto.

Robert: aus dem Althochdeutschen. Bedeutung: Ruhm und glänzend. Robert Schumann (19. Jh.) war ein bedeutender Komponist der Romantik. Heiratete → Clara Wieck, die Tochter seines Lehrers. Im selben Jahrhundert forschte der Chemiker Robert Wilhelm Bunsen. Jeder kennt den nach ihm benannten Bunsenbrenner. Auch unvergessen: Robert Koch, Mediziner, Mikrobiologe. Entdeckte die Erreger gefährlicher Krankheiten. Erhielt den Nobelpreis für Physiologie. In Italien: Roberto. Abkürzungen: Bob, Bobby, Bert, Dobbin, Dobby, Ro, Rob, Robby, Röbbe.

Robin: englische Form von → Robert. Bedeutung: Ruhm und glänzend. Der beliebteste Robin: der legendäre Robin Hood, einst Räuber in Sherwood Forest, in zahllosen Balladen als edelmütiger Kämpe beschrieben, der mit seinen Gesellen die Reichen bestahl und die Armen beschenkte.

Rochus: selten; männlich herb. Aus dem Althochdeutschen. Bedeutung: Zorn. Legenden erzählen vom heiligen Rochus von Montpellier, Franziskanermönch im 13./14. Jh. Gab den Armen sein Vermögen, pflegte Kranke und wurde, selbst an Pest erkrankt, in einer Hütte von einem Engel gesund gepflegt. Namenstag: 16. August. Aus dem 19. Jh.:

Rochus Freiherr von Liliencron, Theaterprinzipal in Meiningen, Volksliedforscher und Herausgeber einer »Allgemeinen Deutschen Biographie«. In Frankreich, Spanien, England: Roche; in Frankreich auch Roch; in Spanien: Roque. Abkürzungen: Rob, Rocco, Roch.

Roderich: aus dem Althochdeutschen. Bedeutung: Ruhm und mächtig. Viele Balladen besingen das Schicksal von Roderich, König der Westgoten (8. Jh.). In Spanien, Italien, Portugal: Rodrigo; in England: Roderick; in Frankreich: Roderic. Abkürzungen: Rik, Rick, Rod. → Rüdiger.

Roger, Rodger: verwandt mit dem Namen → Rüdiger. Altenglisch/althochdeutsch. Bedeutung: Ruhm und Speer. Ab dem 11. Jh. hießen mehrere Herrscher Siziliens Roger. Im 13. Jh. wirkte der englische Mönch, Gelehrte und Philosoph Roger Bacon. Von seinen Anhängern wurde er »doctor mirabilis« (bewundernswerter Lehrer) genannt.

Roland: aus dem Althochdeutschen. Bedeutung: Ruhm und wagemutig. Im 11. Jh. entstand das Rolandslied, ein französisches Versepos über den Helden Roland und sein tragisches Ende. Auch → Karl der Große spielt in dem Werk eine wichtige Rolle. Und natürlich die Liebe. → Alda. In England: Rowland; in den Niederlanden: Roeland; in Italien, in Spanien: Orlando; in Italien: Rolando; in Frankreich: Rolland. Abkürzungen: Andi, Ro, Rolf. → Orlando.

Rolf, Rohlf, Roolf: → Rudolf.

Roman: zeitlos. Aus dem Lateinischen. Bedeutung: der Römer. Im ersten Jahrtausend trugen viele Bischöfe, Märtyrer, Heilige diesen Namen. Ein früher Namensträger: Roman I., Bischof von Gurk und Romanus, Kerkermeister von Laurentius, der sich zum christlichen Glauben bekehren ließ. Namenstag: 28. Februar. Im 9. Jh. wurde ein Romanus zum Papst gewählt. In Frankreich: Romain; in Spanien: Román; in Italien: Romano; in Griechenland: Romanos; in Polen: Romek. Abkürzungen: Rob, Robby, Ron.

Romeo: italienische Kurzform des Namens → Bartholomäus. → Julia.

Ronald: aus dem Schottischen. Bedeutung: der Rat und herrschen. Andere meinen, der Name sei keltischen Ursprungs und bedeute: das Schwert und altbewährt. Abkürzungen: Naldo, Ron, Ronnie, Ronny.

Rother: selten und eindrucksvoll. Aus dem Althochdeutschen. Bedeutung: Ruhm, Ehre und das Heer.

Ruben, Rubens, Rouwen, Rouven, Ruven, Ruwen: ein biblischer Name. Aus dem Hebräischen. Bedeutung: Seht, ein Sohn! Im Tanach, der hebräischen Bibel, heißt Jakobs erster Sohn Ruben. In England: Rube; in Spanien: Rubén.

Rudolf, Rudolph: aus dem Althochdeutschen. Bedeutung: Ruhm und der Wolf. Rudolf von Habsburg, römisch-deutscher König und erster der sogenannten Grafenkönige, galt im 13. Jh. als umsichtiger Herrscher, der sich für den Landfrieden und die Rechtsprechung stark machte. Jahrhunderte später: Rudolf Virchow (19. Jh.) wird als erster »moderner« Mediziner angesehen. Politisch engagiert, archäologisch interessiert und Freund und Förderer von → Heinrich Schliemann. Abkürzungen: Rolf, Rohlf, Roolf, Rotho, Rudi, Rude, Rudl, Rudo, Rul.

Rüdiger, Rütger, Rudgar, Rudger, Rutgar, Rutger: aus dem Althochdeutschen. Bedeutung: Ruhm und Speer. Mitte des 20. Jh. beliebt. Im Nibelungenlied unterstützt Rüdiger von Bechelarn Kriemhild beim Rachefeldzug gegen ihre Brüder. In England, Frankreich, Norddeutschland: Roger; in den Niederlanden: Rogier, Rutger; in Italien: Ruggero, Ruggiero; in Spanien: Rodrigo; in Friesland: Rötger. Abkürzungen: Ror, Rudo, Runi. → Roger.

Rufus, Rufin, Rufinus: biblisch. Ausdrucksvoll. Aus dem Lateinischen. Bedeutung: der Rothaarige. Bei den alten Römern gab es Namen wie Tiberius Rufus oder Marcus Iunius Rufus. Ein Beiname für alle Rothaarigen! Im 4. Jh. gab es einen heiligen Rufus, damals Bischof von Metz. Namenstag: 11. Mai. In Italien: Ruffo. Abkürzungen: Rul.

Rupert, Ruppert, Ruprecht, Rupprecht: aus dem Althochdeutschen. Bedeutung: Ruhm und glänzend. Ein Ruprecht aus dem 14./15. Jh.: Ruprecht I., zum römisch-deutschen König gekrönter Kurfürst der Pfalz. Er gründete die älteste Universität Deutschlands, die Ruprecht-Karl-Universität in Heidelberg. Abkürzungen: Rul, Rup, Rupp. → Robert.

S

Salomo, Salomon: ein klassischer biblischer Name. Aus dem Hebräischen. Bedeutung: Glück, Friede. Im 10. Jh. v. Chr. brachte der weise König Salomon sein Reich Israel und Juda zu Blüte und Reichtum. Im 19. Jh. hat Salomon Sulzer viele Menschen in seiner Heimat Österreich und ganz Europa mit seinen Gesängen zum jüdischen Gottesdienst begeistert. Schon als Dreizehnjähriger bewarb er sich um eine Kantorstelle, die er schließlich mit einer Sondergenehmigung vom Kaiser Franz bekam. Mit seiner Frau Fanni Hirschfeld hatte er sechzehn Kinder. In England Solomon; slawisch: Solms. Abkürzungen: Momo, Sasso.

Samson, Simson: Name mit langer Vergangenheit. Aus dem Hebräischen. Bedeutung: kleine Sonne. Der Samson aus dem Alten Testament ist mit übermenschlicher Kraft begabt, die er aber verliert, als man ihm die Haare abschneidet. Ein wichtiger Samson aus dem 17./18. Jh.: Samson Wertheimer, Oberrabbiner, gründete eine reiche, angesehene Familie und eine Bank. War Finanzberater und Kreditgeber für Kaiser Leopold I., vor allem im spanischen Erbfolgekrieg. Abkürzungen: Sam, Sammy, Sasso.

Samuel: klangvoller biblischer Name. Aus dem Hebräischen. Bedeutung etwa: von Gott gerufen. Der Prophet Samuel war der letzte der Richter Israels. Im 17. Jh. begann mit dem Rechtsgelehrten und Professor für Natur- und Völkerrecht Samuel Freiherr von Pufendorf eine neue Ära juristischen Denkens. Ein anderer Samuel, der heute noch viele Anhänger, aber auch Gegner hat: Samuel Hahnemann (18./19. Jh.), der Begründer der Homöopathie. Als Achtzigjähriger, längst Witwer geworden, erlebte er noch einmal eine stürmische Liebesgeschichte mit einer französischen Malerin, heiratete sie und zog mit ihr nach Paris.

Saul: ein biblischer Name. Aus dem Hebräischen. Bedeutung: der Erbetene. Ein berühmter Saul, König von Israel, spielt in einem im 18. Jh. von Händel komponierten Oratorium eine Rolle. Im 18./19. Jh. war Saul Ascher bekannt, ein geselliger Mann, der alles liebte, was mit Büchern zu tun hatte. Er schrieb, übersetzte, verlegte, arbeitete als Herausgeber. Wurde als Jude häufig angefeindet.

Sebald: unauffällig und doch originell. Ein alter Name. Verwandt mit → Siegbald. Aus dem Althochdeutschen. Bedeutung: der Sieg und kühn. Hinter dem Namen Johann Sebald Neusönner verbarg sich im 18. Jh. ein kurfürstlich Bayerischer Geheimsekretär, der seine Agenten bis nach Böhmen schickte. Eine andere Namensform: Sebert. Abkürzungen: Baldus, Bolo, Sebe, Sebo, Seth.

Sebastian: aus dem Griechischen. Bedeutung: der Erhabene. Ein Sebastian aus dem 17./18. Jh., der über alle Zeiten und Grenzen hinaus Menschen für Musik begeisterte und immer noch begeistert: Johann Sebastian Bach, der berühmteste Komponist überhaupt, dazu Organist, Cembalist, nicht zuletzt Vater musisch sehr begabter Kinder. → Friedemann. In Frankreich: Sébastien; in Italien: Sebastiano. Abkürzungen: Baste, Bastel, Basti, Bastia, Bastian, Basto, Bolo, Sebe, Sebo, Seth, Wast, Wastl.

Seraph, Seraphin: biblisch; märchenhaft. Ein Seraph (Plural: Seraphim) ist im Christentum ein besonderer, sechsflügeliger Engel. Abkürzungen: Sebo, Sepo.

Sergius: lateinisch. Bedeutung: einst ein Nachname. Vom 7. bis zum 11. Jh. gab es mehrere Päpste namens Sergius. In Russland ist der Name seit Jahrhunderten beliebt. In England, in Frankreich: Serge; in Russland: Sergej, Serguscha; in Italien, Spanien: Sergio. Abkürzungen: Gio, Sego.

Servaz, Servatius: individuell. Aus dem Lateinischen. Bedeutung: der Gerettete. Ein Servatius aus dem 4. Jh. war Bischof von Tongern. Der Legende nach sollen ihn Engel nach Tongern gebracht haben, wo er Wunder vollbrachte und entsprechend verehrt wurde. Namenstag: 13. Mai. In Frankreich: Servais; in Italien: Servazio; in den Niederlanden: Servaas. Abkürzungen: Sero, Varo, Zio.

Severin, Severinus: aus dem Lateinischen. Bedeutung: der Strenge, Ernste. Im 7. Jh. gab es einen Papst dieses Namens. Ein besonders verehrter Severin war im 4. Jh. Bischof von Köln. Er soll beim Tode seines Freundes Martin von Tours Gesang von Engeln vernommen haben, sagt man. Namenstag: 23. Oktober. In Dänemark, in den Niederlanden: Sören. Abkürzungen: Senz, Sten, Zerres. → Sören.

Siegbald, Siebald, Siegbold, Siebold, Seibold: aus dem Althochdeutschen. Bedeutung: der Sieg und kühn. Abkürzungen: Bolo, Baldus, Sibo, Siebert, Siebke, Siegi. Nebenform: → Sebald.

Siegbert, Sigbert, Sigibert: aus dem Althochdeutschen. Bedeutung: der Sieg und glänzend. Vom 4. bis zum 7. Jh. hießen so mehrere Könige aus dem alten fränkischen Geschlecht der Merowinger. In Friesland: Siebert. Abkürzungen: Bert, Bertel, Sigi, Siggi.

Siegfried, Sigfrid: aus dem Althochdeutschen. Bedeutung: Sieg und Friede. Der bekannteste Siegfried, der große, siegreiche Held, mit dem sich viele Jungen identifizieren können: Siegfried aus dem Nibelungenlied, Königssohn aus Xanten. Galt als unverwundbar, seit er im Blut des Drachen Fafnir gebadet hatte. Leider klebte dabei an einer Stelle seiner Schulter ein Lindenblatt, dort konnte ihn sein Widersacher Hagen dann mit dem Speer tödlich treffen. → Gunther, → Hagen. Aus dem 19. Jh.: Siegfried Marcus, hochbegabter Mechaniker, Erfinder. Entwickelte, verkaufte Patente. Kam als Erster auf die Idee, Benzin als Kraftstoff für Motoren zu verwenden. Baute auch ein selbstfahrendes Vehikel. In Frankreich: Siffre. Abkürzungen: Fried, Frid, Sibo, Sicco, Siff, Sig, Siggi, Siek.

Siegmar, Sigmar: aus dem Althochdeutschen. Bedeutung: der Sieg und berühmt. Abkürzungen: Siek, Sierk, Siert.

Sievert, Siewert, Siverd, Sivert, Siwert, Sewert: friesisch. Schlicht, einfach. Hergeleitet von Siegward. Aus dem Althochdeutschen. Bedeutung: Sieg und Hüter. Abkürzungen: Sicco, Siek, Sierk, Siert.

Sigurd: nordischer Name. Verwandt mit dem Namen Siegward. Aus dem Althochdeutschen. Bedeutung: Sieg und

Hüter, Schützer. Der Name spielte schon in der nordischen Mythologie eine Rolle (Edda). Und im 11. Jh. hieß ein norwegischer König Sigurd. Abkürzungen: Sicco, Sigi, Siggi, Sigo, Siko. → Asta.

Silvan, Silvanus, Silvius: aus dem Lateinischen. Bedeutung: Wald. Silvius war nach einer römischen Sage Sohn des Äneas (der auch in der »Ilias« von Homer eine wichtige Rolle spielt) und der → Lavinia. Bei den alten Römern galt Silvanus als Gott der Wälder und Weiden, Felder und Herden. Wurde gerne als Gärtner dargestellt. In Frankreich: Silvain, Sylvain; in Italien: Silvano, Silvio.

Silvester, Sylvester: lateinisch. Bedeutung: bewaldet, im Wald lebend. Zwischen dem 4. Jh. und dem 12. Jh. gab es mehrere Päpste dieses Namens. Die Bezeichnung Silvester für das Jahresende geht auf Papst Silvester I. aus dem 4. Jh. zurück, dessen Namenstag der 31. Dezember ist. In Frankreich, in Spanien: Silvestre; in Italien: Silvestro. Abkürzungen: Festl, Fesl, Sten, Syste.

Simon, Simeon: ein biblischer Name. Bedeutung: die Erhörung. Im Alten und Neuen Testament kommt er sehr häufig vor, so erkennt ein Simon in Jesus als Erster den Messias. Namenstag: 28. Oktober. Auch im alten Griechenland gab es den Namen: im 5. Jh. v. Chr. war Simon von Athen ein durch seine Schriften berühmter Pferdekenner. Jahrhunderte später ist Simon auch ein Fürstenname: So gab es im 12. Jh. einen Herzog von Lothringen namens Simon. Auch im 18./19. Jh. war der Name präsent. Ein berühmter preußischer Orgelbauer dieser Zeit hieß Johann Simon Buchholz. Er baute an die dreißig Orgeln und war entsprechend berühmt. In Italien: Simone; in Spanien: Simón; in Russland: Semjon. Abkürzungen: Sim, Sony.

Simson: → Samson.

Sixt, Sixtus: aus dem Lateinischen. Bedeutung: der Feine. Mehrere Päpste mit Namen Sixtus sind in die Geschichte eingegangen, einer von ihnen, Sixtus II., wurde im 3. Jh. Opfer der Christenverfolgung durch Kaiser → Valerian. Namenstag. 7. August.

Sören: dänischer Name, verwandt mit → Severin.

S

Sophus: anspruchsvoll und selten. Aus dem Griechischen. Bedeutung: klug, weise. Eine Berühmtheit aus dem 19. Jh.: der Norweger Marius Sophus Lie, der die Mathematik ein Stück weiterbrachte. Er lehrte wegen Heimweh nicht lange an der Universität Leipzig, sondern wurde lieber wieder Professor in Norwegen.

Stanislaus: slawischer Name, hergeleitet von Stanislaw. Bedeutung: standhaft und Ruhm. In vielen Ländern seit Jahrhunderten bekannt. In Italien: Stanislao; in Frankreich: Stanislas; in Osteuropa: Stanislav, Stanislaw. Abkürzungen: Stan, Stiva, Strasi.

Stefan, Stephan, Stephen: ein biblischer Name. Aus dem Griechischen. Bedeutung: der Bekränzte. Ab dem 3. Jahrhundert sind mehrere Päpste dieses Namens zu finden. Durch den Heiligen und Märtyrer Stephanus wurde der Name im Mittelalter bekannt. Namenstag: 16. August. Auch Herrscher in Ungarn und Bayern trugen diesen Namen. Ein bekannter Stephan aus dem 18./19. Jh.: Stephan Schütze, Schriftsteller, Theaterkritiker, Journalist, häufiger Gast im Hause Goethe zu Weimar. Etwas später, im 19./20. Jh.: Stefan George, bedeutender Dichter und Übersetzer. In Norddeutschland: Steffen; in Schweden: Staffan; in Dänemark: Staffen; in England: Stephen, Steve, Steven; in Ungarn: Istán; in Spanien: Estéban, Esteban, Estevan; in Italien: Stefano; in Frankreich: Étienne, Estienne, Stéphane; in Osteuropa: Stepan. Abgekürzt oder als Kosename: Fanyo, Steff, Steffe, Steffel, Stillo, Stoffel.

Sven, Svenn, Swen, Svend, Svende: nordisch. Bedeutung: junger Mann. Bereits im 10. Jh. gab es einen ungeheuer aktiven, dynamischen, machtbewussten König Sven I. Gabelbart, der seinen Vater Harald Blauzahn vom Thron in Dänemark vertrieb. Er herrschte über Norwegen, später über England. Im 11. Jh. wird auch in England ein Sven erwähnt, Bruder von König Harald II. Eine Koseform: Svenning. In Norwegen: Svein, Sveinn.

Sylvester: → Silvester.

Tamino: klangvoll, romantisch. Aus dem Griechischen. Bedeutung vielleicht: der Herr, der Gebieter. Erinnert an den Tamino aus der Oper »Die Zauberflöte« von → Wolfgang Amadeus Mozart. Abkürzungen: Nino, Tamo.

Tankred: selten; unabhängig von Moden. Aus dem Englischen, ursprünglich aus dem Althochdeutschen. Bedeutung: Dank und Rat. Verwandt mit → Dankrad/Dankrat. In Italien: Tancredo. Abkürzungen: Tan, Tani, Ted.

Tassilo, Thassilo: verspielt, italienisch. Aus dem Lateinischen. Bedeutung: die Eibe. Verwandt mit → Ivo, Iwo. Im 8. Jh. wurde Tassilo III., Cousin Karls des Großen, Herzog in Bayern. Abkürzungen und Kosenamen: Ilo, Tass, Tasso.

Thaddäus: aus dem Griechischen. Bedeutung: Lobpreis. Judas Thaddäus hieß einer der zwölf Apostel Jesu. In Italien: Taddeo; in Spanien: Tadeo.

Theo: früher sehr beliebt. Angelehnt an → Theobald oder den griechischen Namen → Theodor oder hergeleitet vom althochdeutschen Dietbald. Danach richtet sich die Bedeutung: Geschenk Gottes oder das Volk und kühn. Theo hieß der Bruder Vincent van Goghs (→ Vinzenz). Er unterstützte seinen zu Lebzeiten erfolglosen Bruder auf rührende Weise.

Theobald: aus dem Althochdeutschen. Bedeutung: das Volk. Wer Familienregister früherer Jahrhunderte durchsieht, stößt immer wieder auf diesen Namen. In Frankreich: Thibault, Thibauld; in Italien: Tebaldo. Abkürzungen: Baldo, Ted, Teddy, Theo.

Theodor: ein Klassiker. Aus dem Griechischen. Bedeutung: Geschenk Gottes. Im 4./5. Jh. v. Chr. war ein Theodorus von Kyrene Schüler des Protagoras, lehrte später selbst Mathematik. Im 19. Jh. lebten Theodor Storm, der wunderbare »norddeutsche« Gedichte und Geschichten hinterließ, und Theodor Fontane, Apotheker, Journalist, nach langen Mühen endlich erfolgreicher Schriftsteller. Beide werden noch heute viel gelesen. Außerdem machte sich Theodor Mommsen als Historiker einen Namen. Bekam den Literaturnobelpreis. In den Niederlanden: Dorus; in England: Theodore; in Frankreich: Théodore; in Italien, in Spanien: Theodoro; in Russland: Fjodor; in Ungarn: Tivedar. Abkürzungen: Dodo, Dorus, Fedor, Ted, Teddy, Tede, Tedo, Tetje, Theo. → Fedor.

Theophil: originell, eher selten. Aus dem Griechischen. Bedeutung: Gottesfreund. In Italien: Teofilo. Abkürzungen: Fili, Filo, Theo, Phil.

Thiemo, Tiemo, Timo, Timmo: angelehnt an Thietmar/ → Dietmar. Bedeutung: das Volk. Aus dem Althochdeutschen. Im 11. Jh. lebte ein heiliger Thiemo, Erzbischof von Salzburg. Namenstag: 28. September.

Thilo, Tilo: Kurzform von Vornamen mit der Anfangssilbe »Diet«. Aus dem Althochdeutschen. In jahrhundertealten Namensregistern häufig zu finden. Bedeutung: das Volk.

Thomas: durch alle Zeiten beliebter biblischer Name. Griechisch. Bedeutung: der Zwilling. Schon in der Bibel spielt ein skeptischer Thomas eine Rolle, der nicht gleich an die Auferstehung Jesus glaubt. Die Liste vorbildlicher Namensträger ist lang. Thomas von Aquin (13. Jh.), großer Theologe, Kirchenlehrer, Philosoph, beeinflusst die katholische Kirche bis heute. Namenstag: 28. Januar. Ein noch immer bekannter Tommaso aus der Barockzeit: Tommaso Albinoni (17./18. Jh.), venezianischer Komponist. Im 19./20. Jh.: Thomas Mann. Großer Schriftsteller, Nobelpreisträger. In Schottland: Tavis; in Dänemark: Tammes; in Finnland: Tuomo; in Frankreich: Thomé; in Italien: Tomaso oder Tommaso; in Spanien: Tomas (auch in Schweden); in Osteuropa: Toma; in Ungarn: Tamás. Kosenamen: Masetto, Masino. Abkürzungen: Tam, Tamme, Tammes, Tammo, Thoma, Thommy, Tom, Tomy, Tommi, Tommo, Tommy, Toms.

Thorsten, Torsten: bezieht sich auf Thor, den altnordischen Gott des Donners. Namen mit der Vorsilbe »Tor«

oder »Thor« waren in der Zeit der Christenbekehrung ein Hinweis auf heidnische Gesinnung. Bedeutung vielleicht auch: Steinwaffe. Abkürzungen: Tore, Torm, Toste.

Thorwald, Torvald, Torwald: nordischer Name. Erinnert an den altnordischen Donnergott Thor. Bedeutung der Nachsilbe »-wald«: herrschen. Schon bei den Wikingern präsent. So hieß im 10. Jh. der Großvater des Isländers Leif Eriksson (das ist der Mann, dem heute die wahre Entdeckung Amerikas zugeordnet wird) Thorvald Asvaldsson. Abkürzungen: Tore, Torm, Toste.

Tiberius: anspruchsvoller lateinischer Name. Erinnert an den Flussgott Tiberis. Der zweite römische Kaiser hieß Tiberius Claudius Nero (1. Jh.). In Italien: Tiberio; in Frankreich: Tibère; in Ungarn: Tibor. Abkürzungen: Tibo, Tibor, Tim.

Till, Tyl: ein fröhlicher alter Name; ursprünglich auch Til oder Dyl. Bedeutung: gilt als Kurzform von Namen mit der Anfangssilbe »Diet«, wird aber auch als Abkürzung von → Tillman verstanden. Ein berühmter Till aus dem 16. Jh.: Till Eulenspiegel, Gaukler und Held eines mittelniederdeutschen Volksbuchs.

Tillman, Tillmann, Tilman, Tilmann: ein norddeutscher Name. Bedeutung: Nachkomme von Till. Ein bewundernswerter Künstler dieses Namens aus dem 14./15. Jh.: Tilman Riemenschneider, Bildschnitzer, Bildhauer, Meister der Spätgotik. Abkürzungen: Til, Till, Tillo.

Tilo: → Thilo.

Timo: → Thiemo.

Timotheus: ein biblischer Name. Aus dem Griechischen. Bedeutung: Gott ehrend. Ein Timotheus begleitete den Apostel Paulus auf seinen Missionsreisen. Namenstag: 24. Januar. In Frankreich: Timothée; in Russland: Timofej; in Italien und Spanien: Timoteo; in England: Timothy. Abkürzungen: Tim, Timo, Timm, Timmi, Timmie, Timmy.

Titus: ein klassischer, altrömischer Vorname. Der berühmteste Titus war der römische Kaiser, der Jerusalem zerstörte (1. Jh.). → Flavius. Erwähnenswert um Christi Geburt:

der römische Geschichtsschreiber und Lehrer von Kaiser Claudius, Titus Livius. In Italien: Tito, Tizian, Tiziano.

Tizian, Tiziano, Titian: elegant, anspruchsvoll. Verwandt mit Titianus (→Titus). Aus dem Lateinischen. Ein Tizian ist heute noch weltberühmt: Tiziano Vecellio, venezianischer Maler, dessen Bilder Glanzstücke großer Museen in aller Welt sind (15./16. Jh.).

Tobias: ein biblischer Name. Aus dem Hebräischen. Bedeutung: Gott ist gütig. Im Alten Testament macht sich Tobias, der Sohn des erblindeten Tobit, mit dem Erzengel Raphael auf den Weg, um ein Heilmittel für den Vater zu finden. In Griechenland: Tobit. Abkürzungen: Bibi, Tobi, Toby, Tom, Tommi, Tommy.

Tristan: selten, klingt angenehm. Keltisch. Bedeutung: das Waffengeklirr. Eine frühe Quelle des Namens: Gottfried von Straßburg schuf im 12./13. Jh. eine neue Version der alten Sage um die innige Liebe Tristans zu →Isolde. Richard Wagner schrieb über diese Liebe im 19. Jh. seine berühmte Oper »Tristan und Isolde«.

Tycho: dänisch. Bedeutung: der Glückliche. Schon im 16. Jh. beobachtete der dänische Astronom Tycho Brahe die Sterne. Sein Assistent dabei war Johannes Kepler. Ein Krater auf dem Mond ist nach Tycho Brahe benannt, ebenso ein Asteroid.

Tyl: →Till.

Lieber einen unkomplizierten Namen?

Bei komplizierten Namen geraten (nicht nur) Kinder beim Buchstabieren und Schreiben und oft auch beim Aussprechen leicht ins Schleudern. Manche Eltern nehmen deshalb von zu exotischen Namensgebilden Abstand. Auch unter den alten Namen gibt es sehr schlichte, die gerade deshalb gut klingen. Und es gibt ja immer noch die Möglichkeit, einen etwas komplizierteren Wunschnamen als zweiten Vornamen zu wählen.

Udo, Ude, Uto, Utto: ursprünglich Kurzform von → Ulrich, verwandt mit → Odo. Aus dem Althochdeutschen. Bedeutung: Erbe. Im 12. Jh. heiratete eine Oda von Werl ihren Lothar Udo II., Graf von Stade.

Ulbert: aus dem Althochdeutschen. Bedeutung: Heimat und glänzend. Abkürzungen: Bert, Ule, Ullo, Ulo, Utz, Uz.

Ulf, Ulff, Ulfo: nordisch. Bedeutung: der Wolf. In grauer Vorzeit ein Fürstenname. In Schweden: Ulv oder Ulw.

Ulrich: aus dem Althochdeutschen. Bedeutung: Erbe und reich. Im 15./16. Jh.: Ulrich von Hutten, Humanist, Dichter, Publizist, setzte sich für die Reformation ein. In Frankreich: Ulric; in Italien: Ulrico, Uldarico; in Polen: Ulrych; in Norddeutschland: Ulerk, Ulrik. Abkürzungen: Ule, Uli, Ulli, Ullo, Ulo, Utz, Uz, Rick, Rik, Ricky, Rikky.

Umberto: → Humbert.

Urban: aus dem Lateinischen. Bedeutung: der fein Gebildete, auch: der Städter. Ein Papst Urban I. ließ im 3. Jh. alle heiligen Gefäße aus Silber machen. Vielleicht wurde er deshalb Patron der Weinbauern und -berge. Namenstag: 25. Mai. Im 14. Jh.: Urban V., Exilpapst in Avignon. Wurde als guter Papst »Licht der Welt« genannt. In Frankreich: Urbain; in Italien: Urbano. Abkürzungen: Ben, Urs.

Ursus, Ursin, Ursinus, Urs: aus dem Lateinischen. Bedeutung: der Bär. In der Schweiz unvergessen: der heilige Ursus von Solothurn (4. Jh.). Namenstag: 30. September.

Uriel: hebräisch. Bedeutung: Gott ist mein Licht. Name eines biblischen Engels. Namenstag: 25. Mai. Im 17. Jh. floh Uriel Acosta, jüdischer Philosoph, vor der Inquisition nach Amsterdam. Abkürzung: Uri.

Uve, Uvo, Uwe, Uwo: norddeutsch. Bedeutung: die Erbschaft. In Schweden: Ove.

Valentin: aus dem Lateinischen. Bedeutung: kräftig und gesund. Bereits bei den alten Römern ein Kaisername. Ein Valentin aus dem 17. Jh.: Valentin Conrart, französischer Literat und Gründungsmitglied der bedeutendsten Institution zur Pflege der französischen Sprache, der Académie française. In Italien: Valente, Valentino. Abkürzungen: Valtin, Vasja, Velten, Veltin, Tino, Tinto.

Valerian, Valerius: alter römischer Familienname. Der römische Kaiser Valerian (3. Jh.) führte Kriege, entfachte Revolten oder schlug sie nieder. Viel friedlicher: der heilige Valerian (3. Jh.) wurde als heidnischer Jüngling mit der Jungfrau Cäcilia vermählt, die ihn zum Christentum bekehrte. Weil er ihren Wunsch der Unberührtheit akzeptierte, schenkte ein Engel ihm Lilien und Rosen. Namenstag: 14. April. In Italien: Valerio; in Frankreich: Valérie, Valéry, Valérien. Abkürzungen: Jan, Valtin, Vasja, Tino, Tinto.

Veit: aus dem Althochdeutschen. Bedeutung: der Wald, Holz. Angelehnt an Wido/Guido. Im 15./16. Jh. lebte Veit Stoß, ein begnadeter Bildschnitzer und Bildhauer der Spätgotik. Schuf zahlreiche kostbare Altäre. In Schweden: Witas; in Südeuropa: Vito; in Frankreich: Voit, Vit. → Vitus.

Victor, Viktor, Viktorian: aus dem Lateinischen. Bedeutung: der Sieger. Ein deutscher Papst Victor II. lebte im 11. Jh. Eine große Berühmtheit im 19. Jh.: Victor Hugo, einer der bedeutendsten Schriftsteller Frankreichs. Legte sich mit Napoleon III. an. Musste ins Exil. Kam später hoch geachtet zurück. In Dänemark: Viggo; in Italien: Vittorio, Vittorino; in Frankreich: Victorien; in Russland: Vitulja. Abkürzungen: Torio, Vick, Vico, Vicco, Viko, Vikko.

Vilmar: fast in Vergessenheit geraten. Bedeutung: viel und berühmt. Abkürzungen: Vilo, Vit.

Vinzenz, Vinzent: aus dem Lateinischen. Bedeutung: der Sieger. Ein italienischer Vinzenz aus dem 16./17. Jh.: Vincenzo Scamozzi, Architekt, erbaute in seinem Heimatland wunderbare Kirchen, Theater, Palazzi. Im 19. Jh.: Vincent van Gogh, der erste moderne Maler. Wer seinen Namen hört, hat sofort eins seiner Bilder vor Augen – ein Selbstporträt, die Sonnenblumen, eine Provencelandschaft … → Theo. In England, Frankreich, den Niederlanden: Vincent; in Italien: Vincento, Vicente, Vincenzo; in Polen: Vincenty. Abkürzungen: Cenz, Cento, Senz, Sentz, Vido.

Vital, Vitalis: aus dem Lateinischen. Bedeutung: lange lebend. Im 8. Jh. hieß der Salzburger Bischof Vitalis. Namenstag: 20. Oktober. Im 18./19. Jh.: Ignaz Paul Vitalis Troxler, Schweizer Mediziner, Politiker, Philosoph. Mit Beethoven befreundet und beim Wiener Kongress Abgesandter der Schweiz. Hatte wegen seines kritischen politischen Engagements Ärger, ließ sich aber nicht beirren.

Vitus: verwandt mit → Veit, Guido. Aus dem Althochdeutschen. Bedeutung: der Wald, Holz. An den heiligen Vitus (4. Jh.) erinnert die Prager Vituskirche. Namenstag: 15. Juni. Im 18. Jh. war Vitus Bering, Kapitän der russischen Marine, in Diensten des Zaren unterwegs. Entdeckte die Meerenge, die nach ihm Beringstraße genannt wurde. In Russland: Firko. Abkürzungen: Veit, Veitl, Vit.

Vivian: edel. Angelehnt an Vivianus. Aus dem Lateinischen. Bedeutung: der Lebhafte. In Italien: Viviano; in Frankreich: Vivien. Abkürzungen: Vit, Vito.

Volker: aus dem Althochdeutschen. Bedeutung: Volk und Heer. In der Nibelungensage ist Volker von Alzey ein Ritter, Spielmann und ein starker, mutiger Held. → Folker.

Volkert, Folkert, Volkard, Volkart: verwandt mit Volkhard. Aus dem Althochdeutschen. Bedeutung: das Volk und hart. Abkürzungen: Fock, Focko, Fokko, Volko.

Volkmar, Volmar: aus dem Althochdeutschen. Bedeutung: das Volk und berühmt. Vom 10. bis 12. Jh. hießen mehrere Äbte im Kloster Corvey Volkmar. Im 19. Jh.: der Lehrer Karl Volkmar Stoy tat viel für die Pädagogik als Wissenschaft. Abkürzungen: Fock, Focko, Fokko, Volko.

Walter, Walther, Wolter: aus dem Althochdeutschen. Bedeutung: herrschen und Heer. Der Walthersage nach übergab der König von Aquitanien dem Hunnenkönig Attila seinen Sohn Walther als Friedenspfand. Gleiches taten die Burgunder, sendeten Hildegund. Aus Walther wurde ein starker Recke, aus Hildegund eine wunderschöne Frau – wen wundert es, dass sich die beiden ineinander verliebten, flohen, weil sie bei Attila keine Chance für ihre Liebe sahen und, endlich am Ziel angelangt, heirateten. Aus dem 12./13. Jh.: Walther von der Vogelweide, gepriesener Minnesänger. Seine berühmteste Zeile: »Ich saß auf einem Steine …«. In England: Walt; in Frankreich: Gauthier; in den Niederlanden: Wout, Wouter; in Friesland: Woltje. Abkürzungen: Walo, Walt.

Welf: prägnant. Aus dem Althochdeutschen. Bedeutung: junger Hund, Fuchs, Wolf. Bezieht sich wohl auch auf das Geschlecht der Welfen. Im Mittelalter musste Welf VI., aus Bayern stammender Markgraf der Toskana, mit König Konrad um seine Macht kämpfen.

Wendel, Wendelin: heiter, leicht. Kurzform von Wendelbert, Wendelmar. Bedeutung: der Wortanfang »Wendel« bezieht sich auf den Stamm der Wandalen. Aus dem 6. Jh. ist der heilige Wendelin bekannt, welcher der Legende nach ein Königssohn gewesen sein soll, aber lieber missionierend in Europa unterwegs war. Nach ihm ist die Stadt St. Wendel im Saarland benannt. Namenstag: 20. Oktober.

Wenzel: Kurzform des slawischen Namens Wenzeslaus. Bedeutung: mehr und Ruhm. Ein böhmischer Königsname. Der heilige Wenzel ist seit dem 11. Jh. der Schutzpatron Böhmens. Namenstag: 28. September. Abkürzung: Wenz.

Werner, Wernher, Warner: aus dem Althochdeutschen. Bedeutung: Hinweis auf den germanischen Stamm der Warnen. Im 19. und Anfang des 20. Jh. besonders beliebt. Ein wirtschaftlich besonders erfolgreicher Werner aus dieser Zeit: Werner von Siemens, deutscher Erfinder. Gründete die Firma Siemens, die mit Telegraphenleitungen ihr erstes Geld verdiente. In Dänemark, in Schweden: Verner; in Frankreich: Varnier, Vernier.

Wichert, Wichard, Wickart, Wickhart: aus dem Althochdeutschen, hergeleitet von Wighard. Bedeutung: Kampf und hart. Abkürzungen: Wigge, Wigger, Wiggo.

Widukind: aus dem Althochdeutschen. Bedeutung: der Wald und das Kind. Im 8. Jh. unterstützte ein störrischer Widukind die Ostfriesen darin, Heiden zu bleiben. Leistete → Karl dem Großen zunächst Widerstand, ließ sich dann doch taufen und schloss Frieden mit den Franken. Abkürzungen: Ido, Idu, Wido, Widu, Wigge, Wigger, Wiggo, Win, Winnie.

Wiegand, Wigand, Wienand, Winand, Wynand: aus dem Althochdeutschen. Bedeutung: Kampf und kühn. In Friesland: Wychmann. Abkürzungen: Nando, Wick, Wig, Wigge, Wigger, Wiggo, Widar, Win, Winno, Wyn, Wyne.

Wieland, Weiland, Wielant, Welant: altnordisch. Bedeutung wohl: List und Gesinnung. Im nordischen Völundlied kommt Wieland vor, ein listiger Schmied, der in der Sage sein Handwerk von Zwergen erlernt und dann die Schwanenjungfrau Alwit heiratet. In Dänemark: Völund; in Frankreich: Galland. Abkürzungen: Lando, Win.

Wilhelm: traditionell. Aus dem Althochdeutschen. Bedeutung: Wille und Helm. Im 11. Jh. wurde ein großer, kraftvoller, mutiger William unehelich geboren; als William II. wurde er gegen viele Widerstände Nachfolger seines Vaters Robert I. als Herzog der Normandie. Nach vielen Wirren machte er sich an die Eroberung Englands und erreichte wirklich sein Ziel, denn er besiegte König → Harold und wurde König von England. Der Name Wilhelm war in den vergangenen drei Jahrhunderten vor allem in Preußen gefragt, auch bei Königen und Kaisern (Wilhelm I. und

Wilhelm II.). Aus dem 18./19. Jh.: Wilhelm von Humboldt, Staatsmann und Gelehrter, Gründer der Humboldt-Universität in Berlin. Ist zusammen mit seinem Bruder → Alexander berühmt geworden. Ein weiteres berühmtes Gespann: Die Brüder Grimm. Wilhelm Grimm sammelte zusammen mit seinem Bruder → Jakob Märchen. Außerdem: Wilhelm Busch, Zeichner, Dichter. → Moritz. In England: William; in Schweden, in Bulgarien: Vilhelm; in Dänemark: Villum, Willum; in den Niederlanden: Willem, Wellem; in Frankreich: Guillaume; in Spanien: Guillermo; in Tschechien: Vilém; in Ungarn: Vilmos. Abkürzungen: Bill, Helm, Will, Willi, Willy, Wilm, Wim.

Wilken, Wilko: hergeleitet von → Wilhelm. Aus dem Althochdeutschen. Bedeutung: Wille und Helm. Abkürzungen: Wiko, Will, Wilm, Willm, Wim.

Wilm, Willm: norddeutsche Kurzform von → Wilhelm.

Wolf, Wulf: bezieht sich auf die Stärke eines Wolfs, schon vor Jahrhunderten bekannt. Im 17./18. Jh. gab es einen Wolf Dietrich von Beichlingen, Großkanzler, Oberfeldmarschall beim Kurfürsten Friedrich August I. von Sachsen, auch dessen Freund. Intrigen brachten ihn und seine Sippe zu Fall.

Wolfgang: aus dem Althochdeutschen. Bedeutung: der Wolf und der Streit. Im 18. Jh.: Wolfgang Amadeus Mozart weckte mit seiner Musik Begeisterung, die bis heute ungebrochen anhält. Johann Wolfgang von Goethe, unübertroffener Dichterfürst, Theaterleiter, Naturwissenschaftler, Staatsmann (18./19. Jh.). Er war der eindrucksvollste, interessanteste Vertreter der Weimarer Klassik. Abkürzungen: Woife, Wolf.

Wolfram: aus dem Althochdeutschen. Bedeutung: stark wie ein Wolf. Sicherlich der bedeutendste Wolfram, weil ihm der Versroman »Parzival« zu verdanken ist: Wolfram von Eschenbach, im 12./13. Jh. Ritter und Minnesänger. Abkürzungen: Woife, Wolf.

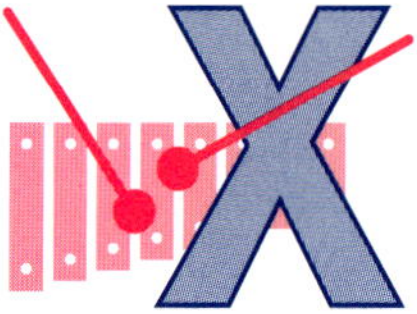

Xander: Kurzform von → Alexander.
Xaver: vor allem in Süddeutschland beliebt. Erinnert an die Burg Javier in Spanien. Im 16. Jh. begab sich der heilige Franz Xaver, eigentlich Francisco Javier de Jassuy Azpilcueta, Angehöriger des Jesuitenordens, im Auftrag Papst Pauls III. und des portugiesischen Königs nach Goa. Von dort aus missionierte er in Indien, in ganz Ostasien, sogar in Japan. Namenstag: 3. Dezember. In Frankreich, England und Spanien: Javier, Xavier.
Xenox, Xeno: englischer Name griechischen Ursprungs. Bedeutung: der Fremde.
Xerxes: aus dem Griechischen. Bedeutung: Herrscher über Helden. Erinnert an einen persischen König (6. Jh. v. Chr.), der ein Riesenreich regierte und auch Griechenland erobern wollte. Dort erlitt er empfindliche Niederlagen. In England: Xeno, Xeres, Xerus; in Spanien: Jerez, Jerges.
Xylon: ein englischer Name griechischen Ursprungs. Bedeutung: Holz.

Ein passender Name wird sich finden

Die meisten Eltern entscheiden sich schon vor der Geburt ihres Kindes für einen Namen. Manche haben allerdings ihre Schwierigkeiten damit: Wie kann man einem Kind, das man noch gar nicht kennt, einen Namen geben, der auch zu ihm passt? Großeltern, Paten, Tanten und Onkel warten schon ganz ungeduldig auf das Baby und seinen Namen. Lassen Sie sich nicht unter Druck setzen! Der Name des Kindes kann dem Standesamt noch innerhalb von vier Wochen nach der Geburt mitgeteilt werden. Vielleicht fällt Ihnen – wie vielen Eltern – beim Anblick Ihres Babys die Entscheidung leichter.

Yorck, York: deutsch-slawische Form von →Georg. Bedeutung: Bauer. Im 18./19. Jh. demonstrierte ein Hans David Ludwig Yorck Graf von Wartenberg gegen seinen Vorgesetzten, der eine kostbare Altardecke geraubt hatte. Auf Geheiß von Friedrich II., König von Preußen, musste der Graf die Armee verlassen. Nach dem Tod des Preußenkönigs kehrte er zurück, wurde Generalfeldmarschall.

Yvan: →Ivan, Iwan.

Yves: →Ivo, Ivon.

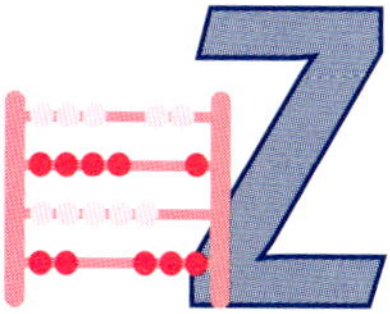

Zacharias: aus dem Griechischen. Bedeutung: Gott hat sich meiner erinnert. Von Zacharias ist im Neuen Testament die Rede. Wegen seines ungläubigen Staunens, als ihm Erzengel →Gabriel die Geburt eines Sohnes ankündigt, verstummt er. Nach der Geburt seines Sohnes →Johannes kann er wieder sprechen. Namenstag: 5. November. In England: Zachary; in Italien: Zaccaria; in Frankreich: Zacharie; in Russland: Sachar. Kosename: Zach.

Zeno, Zenon: aus dem Griechischen. Bedeutung: Geschenk des Zeus. In der Antike trugen zahlreiche Philosophen und Politiker diesen Namen. Im 18./19. Jh. lebte Karl Zeno Rudolf Schadow, Bildhauer, Sohn und Schüler von Johann Gottfried Schadow.

Zyprian: →Cyprian.

Stammgäste auf den Hitlisten: alte Vornamen

Seit Jahren – und in manchen Fällen seit Jahrhunderten – tauchen bestimmte alte Vornamen immer wieder unter den zehn beliebtesten Namen eines Jahrgangs auf, und insgesamt sind die alten Vornamen wieder groß im Kommen. Dies gilt für Jungennamen sogar noch in höherem Maße: Kevin & Co. werden zunehmend verdrängt von Luca, Paul oder Jonas. Hier eine kleine Aufzählung besonders beliebter alter Namen der letzten Jahre:

- Mädchennamen: Alina, Anna, Antonia, Charlotte, Clara, Emma, Hanna(h), Johanna, Julia, Katharina, Lea, Lina, L(o)uisa, Marie, Paula, Sara(h), Sophie.
- Jungennamen: Alexander, Daniel, David, Felix, Jan, Jonas, Julian, Justin, Leon, Luca(s)/Luka(s), Maximilian, Moritz, Noah, Paul, Philipp, Simon, Tim.

Weitere Klassiker, die in früheren Jahrzehnten recht beliebt waren – etwa Johanna oder Michael – sind im Mittelfeld der Namenshitlisten stark vertreten. Das Gleiche gilt für ausgefallenere alte Vornamen wie Elena oder Linus. Die beiden Favoriten unter den zeitlos beliebten Namen sind dagegen ganz eindeutig Anna und Paul: In der Hitliste von 2006 etwa sind beide unter den Top Ten zu finden – genau wie schon im Jahre 1906!

Internet-Tipp

Weitere hilfreiche Tipps und die Namenshitlisten der einzelnen Jahrgänge finden Sie unter

- www.beliebte-vornamen.de
- www.gfds.de, Stichwort Vornamen → beliebte Vornamen

Im Überblick: Informationen rund um die Namensgebung

Impressum

© 2007 GRÄFE UND UNZER VERLAG GmbH, München
Alle Rechte vorbehalten. Nachdruck, auch auszugsweise, sowie Verbreitung durch Bild, Funk, Fernsehen und Internet, durch fotomechanische Wiedergabe, Tonträger und Datenverarbeitungssysteme jeder Art nur mit schriftlicher Genehmigung des Verlages.

Programmleitung: Ulrich Ehrlenspiel
Redaktion: Reinhard Brendli
Lektorat: Barbara Kohl
Fotos: Vordere Umschlagseite: Tom Roch; hintere Umschlagseite: Getty (li.), Corbis (Mitte), GU-Archiv/Antje Anders (re.)
Wir danken der Firma www.littlebabyjo.de, die uns Kettchen für die Coverproduktion zur Verfügung gestellt hat.
Illustrationen: Isabelle Fischer
Gestaltung und Layout: independent Medien-Design
Herstellung: Markus Plötz
Satz: Filmsatz Schröter, München
Druck und Bindung: Druckerei Auer, Donauwörth

ISBN 978-3-8338-0645-2

1. Auflage 2007

GRÄFE UND UNZER 100 JAHRE GANSKE VERLAGSGRUPPE

Ein Unternehmen der
GANSKE VERLAGSGRUPPE

Umwelthinweis:
Dieses Buch wurde auf chlorfrei gebleichtem Papier gedruckt. Um Rohstoffe zu sparen, haben wir auf Folienverpackung verzichtet.

Die **GU Homepage** finden Sie im Internet unter
www.gu-online.de